KB253619

사유와 상상력

문예신서
389

배영달

東文選

사유와 상상력

사유와 상상력

* 이 저서는 2013학년도 경성대학교 학술연구비지원에 의하여 연구되었음.

머리말

　세계를 바라보는 관점을 바꾸는 것, 거기에는 상상력이 필요하다. 인간이 자신의 비전과 세계관을 가질 수 있는 것은 오직 자신의 관점을 근본적으로 변화시킬 수 있는 상상력을 지닐 때이다. 그것은 무의미(non-sens)의 세계에 빠져드는 것이 아니라, 세계가 의미의 힘을 지니고 동시에 모든 권력의 공간이 되기 전에 세계의 힘과 독창성을 되찾는 것이다.

　사유 자체는 이런 과정을 지녀야 한다. 그것은 비약·변화·잠재적 발전을 나타내야 한다. 여기서 관건은 체계를 그 자체와 모순되게 하는 것이 아니라 '바이러스성의 사유'를 침투시켜 체계를 불안정한 상태로 만드는 것이다. 그런데 흔히 사람들은 체계가 모순의 순환 속에서 개혁된다는 것을 알고 있다. 어떻게 보면 반성적 사유는 창조적인 동시에 모순적인 사유가 될 수 있다. 그것은 체계 속에 싹트는 커다란 모순을 발견하고, 그것의 가능성을 표현하기 때문이다.

　하지만 반성적이고 비판적인 사유를 거부하는 보드리야르는 독특한 이론적 상상력을 펼친다. 그는 이론 문화의 본질이기도 하지만 이전의 역사와 삶의 영역에 속하는 반성적이고 비판적인 사유를 버리기를 요청한다. 그가 보기에 반성적이고 비판적인 사유의 차원은 기만적이다. 심리학적인 것, 사회학적인 것, 이데올로기적인 것의 담론 세계는 함정이며, 그것은 여전히 유클리드적 차원 속에서 움직이기 때문이다.

사실 현대 세계는 시뮬라크르의 질서 속에서 객관적 현실의 개념에 맹목적으로 집착하면서 오래전부터 자기도 모르는 사이에 동요해 왔다. 현대 세계의 진짜 속임수가 이러한 맹목적 집착에 있는 것은 아닐까? 그러면 분열적이고 불안정하고 지수(指數)에 의한 세계, 극단적 현상의 세계, 가상현실·테크놀로지·정보·미디어에 의해 지배되는 세계, 불확실성의 관계에 의해 지배되는 세계를 어떻게 사유해야 할까? 세계의 상황이 이렇게 모호하고 불확실하다면, 어떤 형태의 사유를 찾아내야 할까? 사실 객관적 사유는 결정적이던 세계의 이미지에 적합했지만, 더 이상 불안정하고 불확실한 세계에는 적합하지 않는 듯하다. 불확실성을 원리로 삼고 센세이션을 일으키는 사유의 일종을 찾아내는 것이 바람직한 것처럼 보인다.

오늘날 현실은 우리가 현실에 대한 관찰과 분석으로부터 끌어낼 수 있는 사유를 전혀 개의치 않는 듯하다. 현실의 모든 것이 피상적이고 일시적인 확인에 지나지 않는다. 현실 자체는 시뮬라시옹 장치나 그것을 넘어선 새로운 장치가 되고, 우리에게 그 근본적인 난해성을 참고케 한다.

그러면 사유와 현실 사이의 관계를 어떻게 규정해야 할까? 보드리야르의 견해에 따르면 사유의 어떤 형태는 현실과 밀접한 관계를 맺고 있다. 그것은 관념의 기준과 현실의 가능한 관념화가 있다는 가정으로부터 출발한다. 이는 '형편에 따른 변증법적·철학적 해결이라는 위안이 되는 극성(polarité)'이다.

사유의 다른 형태는 현실의 중심에서 벗어나며 변증법과 비판적 사유와는 아무런 관계가 없다. 그것은 현실 개념을 부정하는 것은 아니다. 그것은 환상이자 환상의 힘이다. 말하자면 그것은 현실과의 게임이다. 유혹이 욕망과의 게임이듯이, 은유가 진리와의 게임이듯이. 이 급진적이고 극단적인 사유는 철학적 회의로부터, 유토피아적 이동으로부터, 관념적 초월성으로부터 생겨나는 것은 아니다. 그것은 이른바 이 현실 세계에 내재하는 구체적인 환상이다. 따라서 보드리야르의 상상력 속에서 구체화되는 이런 사유는 환상의 결정적인 형태 속에서 작용한다.

어쨌든 사유와 현실 사이에는 양립불가능이 존재한다. 사유에서 현실로의 이행, 혹은 현실에서 사유로의 이행은 없다. 다시 말해서 사유와 현실 사이에는 필연적 혹은 자연적인 이행은 없다. 교체도 없고 해결책도 없다. 물론 사유와 현실의 관계는 반드시 그렇게 된 것은 아니었다. 비판적 사유의 초기에 계몽주의와 근대성의 그늘에서, 관념과 현실의 결합은 가능할 수 있었다. 그러나 맹신적·종교적 혹은 이데올로기적 환상에 맞섰던 현실은 실제로 끝날 수밖에 없었다. 설사 현실이 자신의 세속화에서 살아남았다 할지라도, 오늘날 관념과 현실의 관계는 어떻게 해서든 파괴될 것이다.

요컨대 그것은 현실로부터 해방된 가상의 자율성을 위해, 그리고 동시에 현실의 자율성을 위해 기술적이고 정신적인 시뮬라시옹의 압력 아래 해체될 것이다. 따라서 사람들은 더 이상 현실을 현실로서 생각하지 않고 다른 세계에서 본 것, 즉 환상으로서 생각하게 되었다. 이는 바로 현실 세계와는 다른 현실 세계의 창조인가? 왜 상상의 세계들만큼이나 현실 세계들은 없는가? 왜 유일한 현실 세계는 없는가? 실제로 가능한 다른 모든 것들 중에서 현실 세계는 상상할 수 없는 것이다. 그러므로 보드리야르는 "예전에 비판적 사유가 현실의 이름으로 종교적 미신에서 벗어났듯이, 이제 우리는 비판적 사유로부터 벗어나야 한다"고 역설한다.

오늘날 과잉의 현실, 과잉의 사건, 과잉의 의사소통, 과잉의 정보와 미디어 속에서 끝을 넘어서는 것은 역설적인 상태로 들어가는 것인데, 이때 "역설적인 상태는 전통적인 가치의 회복에 만족하지 않고 역설적인 사유를 필요로 한다"고 보드리야르는 말한다. 따라서 보드리야르에게 있어서 역설적인 사유는 곧 급진적이고 극단적인 사유를 의미하며, 사유의 급진성 혹은 극단성이란 사태의 근원에까지 이르는 것이며, 현실을 의심하고 현실을 갈고 닦는 것이다. 그는 경험의 축적에 대해서는 말하지 않는다. 사유의 급진성 혹은 극단성은 늘 현실에 대해 더 많이 아는 것이 아니라 현실의 다른 쪽을 뛰어넘는 것이다. 따라서 객관적 세계의 보증에 근거를 두고자 하는 현실의 담론과는 반대로, 급진적이고 극단적인 사유는 현실 세계에 내재하는 환상에 기대를 건다. 이런 사유의 논리에 비추어 보면 세계 자체는 진리로서가 아니라 환상으로서 재구축된다. 세계의 현실성 상실은 세계 자체의 행위일 것이다.

보다 구체적으로 말하면, 현실은 가려진 채 다가오며 자신의 진실을 고려하지 않는 듯하다. 오늘날 자신의 관념을 감추면서, 현실은 시뮬라시옹 혹은 가상의 모든 수사학으로 장식된다. 이는 바로 현실을 부정하는 모든 사유의 패러독스를 낳는다. 보드리야르가 보기에, 급진적이고 극단적인 사유는 현실의 이러한 정체를 폭로하려고 하며, 현실 속에 파고들어 현실을 함정에 빠뜨리고 현실보다 더 빨리 나아간다. 어떻게 보면 이런 바이러스성의 사유는 예외적이고 예상적이며 여지가 있는 듯하다.

보드리야르의 상상력은 사유와 현실 세계의 관계를 독특한 방식으로 보여준다. 그것은 우리에게 아이러니컬하면서도 역설적이고 극단적이라는 인상을 준다. 그러나 이는 오늘날 현대인들이 겪고 있는 극적이고 놀랄 만한 세계의 변화를 이해하는 데 도움이 될 수 있다. 어떻게 보면 보드리야르는 급진적이고 극단적인 사유와 이론적 상상력을 통해 현대의 이론을 좀 더 기름진 이론의 들판으로 이끌어 가는 길을 터줄 수 있을 것이다. 그는 이론의 바른길과 옆길을 통해 새로운 이론적 길을 늘 모색해 왔기 때문이다.

이 책에서 부분적으로 논의하게 될 비릴리오의 사유는 많은 사람들이 피상적으로 보는 것과는 달리 보드리야르의 사유와는 거의 관련이 없다. 실제로 비릴리오와 보드리야르가 지적·정신적 교류를 가졌음에도 불구하고, 비릴리오가 마르크스주의·기호학·허무주의를 수용하지 않는다는 사실은 그가 보드리야르의 하이퍼리얼리티나 시뮬라시옹 개념 반대편에 서 있다는 점을 잘 보여준다. 좀 더 가까이에서 자세히 살펴보면, 비릴리오의 이론적 상상력은 정말 독창적이어서, 그의 창조적 사유는 인간의 삶을 이해하고 현대 세계를 사유하는 새로운 길을 열어주리라 믿어진다.

제1부

사유의 전환
——기호의 시대에서 디지털 시대로

1. 사물의 체계 혹은 사물의 기호학

보드리야르의 《사물의 체계 *Le système des objets*》는 당대 최고의 지성들인 롤랑 바르트·앙리 르페브르·피에르 부르디외가 심사를 했던 파리10(낭테르)대학 사회학 박사 학위 논문이다. 이 책은 바르트의 기호학과 르페브르가 발전시킨 현대 사회의 새로운 현상, 즉 일상성의 비판이라는 문제틀에서 많은 영감을 얻고 있다. 1960년대부터 프랑스 현대 사회의 일상 생활은 커다란 변화를 겪게 되는데, 보드리야르는 현대 사회를 '소비 사회'로 지칭하면서 소비가 사회를 움직이는 주요한 원동력이며, 나아가 소비주의가 일상의 다양한 측면을 지배한다고 주장한다. 당시 보드리야르는 자본주의에 대한 마르크스주의적 비판의 범위 안에서 소비의 영역을 분석하고 있다고 생각했다. 특히 일상의 중요성과 같은 사회적 경험은 분석과 비판을 필요로 하는 자본주의 구조의 극적인 변화를 가져왔다. 마르크스주의와 보드리야르가 갈라지는 지점은 바로 소비주의의 특질들을 새로운 방식으로 인식할 수 있도록 만드는 기호학 이론을 사용한 데 있다.

보드리야르에 따르면, 현대 사회에서 소비는 기호의 소비를 포함하는 과정으로 설명된다. 즉, 사물이 소비되는 것이 아니라 기호가 소비된다는 것이다. 예를 들어 사람들은 광고나 텔레비전의 기호를 소비하며, 그리하여 소비의 사물이 기호로서의 가치를 지닌다는 것이다. 여기에는 사물의 기능을 기호로 보고 소비를 사회의 언어 활동으로 보는 기호학적 사유가 깔려 있다. 보드리야르의 《사물의 체계》는 '소비 사회의 기호학' 또는 '사물의 기호학'에 대한 통찰력 있는 분석으로 간주될 수 있다. 그의 작업은 물질 문화의 기호학과 일상 생활의 상품화 사이의 관계, 즉 일상 생활의 변화에 대한 감수성에서 촉발된 일상성에 대한 분석과 소비 상품과 기호의 관계에 대한 연구에 집중된다.

《사물의 체계》에서 보드리야르는 소비 상품의 폭발적인 확산과 밀접한 관련이 있는 사물의 새로운 세계를 탐색한다. 이러한 기획은 주체-사물의 변증법의 틀 안에서 작동한다. 여기서 주체는 자신을 매혹하고 자신의 인식과 사고와 행동을 때때로 통제하는 사물의 세계에 직면하게 된다. 이와 같은 분석들은 루카치 같은 마르크스주의자들이 제시한 자본주의에서의 일상 생활의 상품화 이론과, 사물이 의미 작용의 체계 속에서 조직된 기호로서 해석되는 기호학 이론을 전제로 한 것이다.

보드리야르의 작업은 사물의 새로운 체계와 지배적인 구조를 기술하고, 그것들이 어떻게 욕구와 행위를 조절하고 구조화하는가를 지적하는 것이다. 《사물의 체계》는 그가 '새로운 기술 질서' '새로운 환경' '일상 생활의 새로운 영역' '새로운 형태의 하이퍼 문명(hypercivilisation)'이라고 특징지었던 새로운 사회 질서를 기술하고 있다는 점에서 주목할 만하다. 그는 특히 새로운 환경을 기술하기 위해 '현대성(modernité)'과 '현대적(moderne)'이라는 용어를 자주 사용한다. 그리하여 그는 현대성의 영향 아래서 사물의 체계와 소비 사회의 출현을 설명한다. 이 책은 보드리야르의 후기 저작에서 엿볼 수 있는 흥미 있는 통찰력과 예측들로 가득하다. 사실 인식하고 욕망하는 주체가 사물과 기호의 세계에 직면하는 틀은 보드리야르 사상의 궤적을 규정한다. 따라서 이 책은 주체가 일상 생활을 구성하는 사물과 기호의 체계에 관계하는 방식과, 그러한 체계를 사용하는 방식, 그리고 그러한 체계를 지배하거나 그것에 지배되는 방식을 기술하려는 그의 기획을 보여준다.

《모드의 체계 *Le système de la mode*》에 대한 바르트의 작업이 보드리야르의 《사물의 체계》에 모델을 제공한 것은 거의 의심의 여지가 없다. 사실 보드리야르는 바르트와 유사한 개념들을 도입하지만, 일상 생활의 변화에서의 테크놀로지의 문제에 많은 관심을 갖는다. 바르트와는 달리 그는 일상 생활을 통제하는 이데올로기의 힘보다는 오히려 현대성의 영향 아래서 모든 문화적 사물이 상품화로 전환되는 문화적 변화의 효과를 탐구한다. 다시 말하면 그는 사물의 세계로 이루어진 새로운 사회 질서를 묘사하면서 자본주의에서의 일상 생활의 상품화를 분석한다. 보드리야르에 따르면, 사물은 더 이상 다양화되고 축적되고 생산되기만 하는 것이 아니다. 이제는 사물의 의미가 바뀌었다. 사물은 실제적 기능과 물질성에서 자신의 의미를 고갈시키는 것이 아니라 기호의 체계로서 존재하는 것이다.

보드리야르의 이러한 분석은 이데올로기에 대한 바르트의 강조보다 자본주의의 효과에 대한 마르크스의 분석에 더 가깝다. 이는 보드리야르의 작업이 사물의 기호학에 마르크스의 분석을 추가한다는 것을 암시한다. 그러나 이와 동시에 그는 일상 생활의 변화 속에서 (현대성의 움직임으로 개념화된) 경제적 변화에 대립되고 있는 문화적 변화의 힘을 보여줌으로써 (자신이 나중에 실행한) 마르크스주의를 초월하는 단단한 기초를 다져 나간다. 따라서 일상 생활의 상품화는 문화적 움직임처럼, 그리고 다른 움직임에 뒤지지 않으면서 '현대적'이 되려고 하는 노력의 일환처럼 진행된다. 요컨대 사회적 변화를 가져오는 현대성의 형태들은 모드와 디자인의 언어 기술(logotechnique)을 통해서, 소쉬르와 바르트가 이해한 어떤 언어의 힘을 통해서 이루어진다.

이처럼 《사물의 체계》에서 보드리야르는 '사물의 기호학'을 실천하려고 한다. 그러면 그의 관점에서, 소비 사회에서 사물이란 무엇인가? 바로 이 물음은 보드리야르의 사회 문화적 분석을 움직이는 철학적 주제다. 보드리야르에게 현대적 사물의 '진리'는 무엇에 쓰인다는 데에 있는 것이 아니라 의미 작용을 한다는 데에 있다. 그는 소비 사회에서의 사물의 의미 작용에 관해 깊은 생각을 하는 것이다. 그리하여 그는 의미 작용의 체계가 어떻게 일상적 사물을 명확히 하고 일상 생활을 상품화하는가를 구체적으로 보여주고자 한다. 예를 들어 그는 현실 세계에 침투해 있는 여러 사물(자동차, 집, 가제트, 로봇 등)에 대해서 뿐만 아니라 또한 사물을 조직하고 계열화하며 그것들에 의미를 부여하는 구조에 대해서도 면밀히 검토한다.

따라서 그는 사물을 구성하고 있는 세 가지 차원에서 사물의 체계를 고찰한다. 맨 먼저 그는 사물의 배치와 분위기의 구조 속에서 행해지는 사물의 기능적 체계를 탐구하고, 그 다음에는 (골동품과 수집 같은) 사물의 비기능적 체계와 (가제트와 로봇 같은) 메타 기능적 체계를 분석하며, 마지막으로 사물, 특히 신용 판매와 광고가 그 속에 빠져 들어가 있는 사물과 소비의 이데올로기적 체계를 연구한다. 보드리야르의 이러한 체계적인 작업은 우리에게 인간과 사물의 관계를 더 잘 이해하도록 해주는 분석의 촘촘한 매듭을 형성한다. 따라서 우리는 보드리야르 작업의 출발점을 이루는 사물의 체계를 탐색하면서 그가 전통적인 체계에서 현대적인 체계로의 사회적 전환을 기술하는 과정을 구체적으로 검토할 수 있을 것이다.

소비 사회에서 사물은 단순히 소비되지는 않는다. 사물은 어떤 욕구를 만족시키기 위해서보다는 어떤 지위를 의미화하기 위해 소비된다. 이는 오직 사물간의 차이 관계 때문에 가능하다. 《사물의 체계》에서 보드리야르는 자신의 탈근대의 중요한 개념들 중에서 차이와 모델의 개념을 전개한다. 분위기로서의 실내 디자인의 지배를 통한 감정적 관계의 감소는 장식을 강조하는 소비주의에 의해 실현된다. 소비주의는 사물의 기계적 재생산을 포함한다. 사물간의 차이와 모델은 어떤 사회적 지위에 따라 일반화될 수 있다. 따라서 하나의 행위로서의 소비는 차이와 모델의 소비가 된다.

보드리야르는 실내 디자인의 체계에 의한 색의 수용과 관련해 차이와 모델의 과정을 설명한다. 모든 색은 모드의 담론을 통해 감정 상태(따뜻함 · 차가움 · 우울 · 명랑 등)를 표현한다. 가령 색의 따뜻함은 기능적 따뜻함이다. 색의 따뜻함은 따뜻한 실체에서 생겨나는 것이 아니라 다른 색과 관련해 차이에서 생겨나는 것이다. 그것은 의미를 갖는 따뜻함이어서 결코 실현되지 않는다. 따라서 색의 따뜻함은 담론의 관계이며, 의미 작용의 체계에 없어서는 안 될 요소인 장식의 담론을 필요로 한다.

오늘날 모델의 차원에서 색은 분위기의 가치로서의 색의 단계로 향한다. 분위기의 체계 속에서 "색은 자신의 작용에만 따르며, … 어떤 절대적 필요성, 즉 분위기의 계산에만 응한다." 색은 동시에 각 사물을 강조하고, 그것을 장식 속에서 고립시키는 것은 아니다. 색들은 자주 형태에서 분리된 감각적 특성 속에서 점점 가치가 덜 부여되는 대조적인 부분들이다. 그리고 방에 리듬을 주는 것은 색조의 차이다. 그리하여 현대의 장식을 따르는 것은, 실내 디자인의 추상화에 의한 사물의 관계를 의미한다.

사물의 체계에 대한 분석에서, 보드리야르는 현대적 사물의 체계가 분위기에 의해 지배되고 전통적 가정의 감정적 관계와 가족주의를 대신한다고 주장한다. 즉 현대적 사물의 체계는 다음과 같은 세 가지 측면에서 전통적 체계를 대신하게 된다.

(1) 감정적 관계와 사용 가치에서 분위기로의 사물의 일차적 기능의 변화.

(2) 전통에서 소비주의로의 일차적 욕구의 변화.

(3) 역사성과 가족주의에서 남근 중심적 계산과 분위기의 영향 아래의 통제로 나아가는 (1)과 (2) 사이의 상징적 관계의 변화.

여기서 한걸음 더 나아가 보드리야르는 사물의 체계가 차이의 논리에 지배되는 것으로 파악한다. 따라서 그는 차이의 논리에 의거해 현대 생활에 대한 독특한 비전을 갖게 된다. 그러면 차이의 논리는 무엇인가? 그에 따르면, 현대 사회에서 인간의 욕구란 특정한 사물에 대한 욕구가 아니라 차이에 대한 욕구(사회적 의미에 대한 욕구)다. 여기서 그는 사회적 차이의 논리를 만들어 낸다. 사회적 차이의 논리란, 사람들이 사물의 구입과 사용을 통해 자신을 돋보이게 하는 동시에 사회적 지위와 위세를 나타내는 것이다. 이러한 차이를 부여하는 것이 기호다. 기호는 동질한 공간을 가정함으로써 그 공간 위에 차이의 선을 긋는다. 이러한 기호 체계가 사회인 것이다. 보드리야르가 구상하는 사회는 의미 공간으로서의 질서, 또는 가치와 기호 체계로서의 질서다. 이러한 가치와 기호의 관계 속에서 주체와 사물의 관계는 사라지고 다른 모든 기호들에 대한 체계적인 관계만이 남는다. 즉 사용 가치를 넘어서 가치 체계가 성립되는 것이다. 게다가 사물의 가치는 역시 이러한 관계 속에서 부여된다. 따라서 사물로서의 기호 가치는 동시에 사용 가치와 교환 가치를 지니는 사물의 지위에 연결된다.

《사물의 체계》는 사물의 기호학을 따르는 전형적인 실천이다. 보드리야르에게 현실 세계의 사물은 의미 작용의 체계를 구성한다. 이 체계와 일상 생활의 담론에 소비주의와 광고의 언어 기술에 속하는 의사소통의 체계가 덧붙는다. "현대적 사물의 체계의 경우에 기호 가치는 내포의 수준에서 특수화되고, 기능적 또는 외연적 수준에서 작용하는 사용 가치와 교환 가치와는 명확히 구분된다." 이런 점에서 기호 가치와 소비주의, 혹은 보드리야르가 '사물의 체계'라고 부르는 것은 소비 사회에서 중요한 것이 된다. 이제 기호 가치는 물질 문화를 지배하고, 이러한 지배를 통해서 일상 생활은 상품화된다. 이러한 과정은 바로 현대성의 특성을 나타내는 것이다.

2. 기호가 소비되는 사회

보드리야르의 《소비의 사회》(1970)는 자본주의의 생산 양식, 특히 소비에 대한 탁월한 비평서이다. 이 책은 1960년대부터 신자본주의의 출현과 함께 소비 양식이 근본적으로 변화하던 시기에 출간되었는데, 프랑스 사회의 일상 생활과 일상성을 분석의 대상으로 삼았다. 이 책에서 보드리야르는 소비에 대한 완전히 새로운 해석을 제시하며 경제적 측면에서보다는 사회 문화적 측면에서 소비를 분석한다. 그리하여 그는 그동안 자본주의 사회를 지배하던 생산/효율성/합리성의 논리에 대항해 '소비의 신화' 개념을 이념적으로 설정한다. 그는 "소비는 하나의 신화이다(…) 소비는 현대 사회가 자신에 대하여 스스로 말하는 방식이다"[1]라고 주장한다.

따라서 소비는 현대 사회를 움직이는 원동력이며, 현대 사회는 자본주의의 전례 없는 새로운 단계이다. 자본주의의 이 새로운 단계를 주목한 보드리야르는 현대 사회를 소비 사회로 규정하고, 소비 개념을 통해 현대 사회를 해부하고 진단한다. 무엇보다 그는 경제학에서 정의되는 소비 개념과는 완전히 다른 소비 개념을 사용한다.

예전에 소비는 일반적으로 인간이 자신의 욕망과 필요를 충족시키는 가장 기본적인 경제 활동이었다. 그리고 소비 행위는 원래 경제적 현상이었다. 따라서 소비의 대상이 되는 사물(상품)은 품질·

1) Jean Baudrillard, *Ls société de consommation*, Denoël, 1970, p.311(약호 *SC*).

성능·기능 등의 유용성으로 이루어진 사용 가치와 교환 가치를 지녔다. 그러나 보드리야르가 보기에 오늘날 인간의 문화 양상과 삶이 다양해짐으로써, 소비는 단순한 경제적 현상으로 간주될 수 없으며, 사물(상품)의 가치는 사용 가치와 교환 가치보다는 사물(상품)에 부여된 기호 가치를 지닌다는 것이다.

보드리야르는 사물과 소비의 관계를 통하여 소비에 대한 독창적인 정의를 내린다. "소비는 물질적 사용도 풍부함의 현상학도 아니다. 그것은 사람들이 소화하는 음식물에 의해서도, 사람들이 입는 옷에 의해서도, 사람들이 이용하는 자동차에 의해서도 정의되지 않고 의미 작용을 하는 실체를 지닌 그 모든 것의 조직에 의해 정의된다. 이제 그것은 다소 일관성 있는 담론 속에서 구성된 모든 사물과 메시지의 잠재적 총체성이다. 소비가 어떤 의미를 지니는 한, 그것은 기호를 체계적으로 조작하는 활동이다."[2]

이제 소비의 사물이 되기 위해서는 사물은 기호가 되어야 한다. 이렇게 보드리야르는 사물을 물질적 실체가 아닌 기호로 파악했다. 그리고 이 사물의 기호가 체계를 지니는 것으로 보았다. 그는 이 기호 체계 안에서 소비의 개념을 이해한 것이다. 따라서 소비 사회에서 중요한 범주는 사물의 사용 가치나 교환 가치보다는 기호 가치, 특히 광고 언어가 사물에 부가하는 기호 가치이다. 그러므로 생산이 소비의 논리에 의해 이루어지는 상황에서 대중매체는 광고 언어를 통해 기호 가치의 창출에 나선다. 결국 사람들은 광고 상품 그 자체보다는 기호 가치를 위해 소비한다.

가령 사람들이 코카콜라를 마실 때 소비하는 것은 단순한 탄산음료가 아니라 '젊음'이라는 기호 가치이다. 그리고 사람들이 세탁

2) Jean Baudrillard, *Le système des objets*, Gallimard, 1968, p. 276.

기를 사용할 때 소비하는 것은 빨래를 하는 기계가 아니라 '행복'과 '위세'라는 기호 가치이다. 이러한 기호 가치는 소비의 맥락에서 사회 현실 전체에 침투한다. 게다가 기호 체계는 현실 자체를 구성하고 창출한다.

보드리야르의 관점에서 보면, 기호 가치와 기호 체계가 현실의 지배적인 구성 요소가 되는 상황에서 사람들은 온전히 기호의 세계 속에서 살아간다. 말하자면 사람들은 기호가 생산되는 사회의 일상생활에서 기호를 수용하며, 기호의 영역을 벗어날 수 없다.

거리의 수많은 광고에 새겨진 기호, 사회적 신분과 위세 또는 차별적 개성을 나타내는 상품에 담겨진 기호, 사람들의 욕망을 유혹하는 패션과 화장에 배어 있는 기호, 문화적 공간이나 실내 분위기가 바깥으로 표출하는 기호, 이러한 것들이 사회 현실 전체에 파고들어 현실 자체를 움직인다. 그러므로 사회 현실의 논리는 사람들로 하여금 기호로서의 사물을 따라 움직이게 하는데, 이는 끊임없이 계속된다. 이러한 상황에서 사람들은 점점 더 기호를 소비할 수밖에 없게 되며, 소비는 당연히 기호의 소비를 포함하는 과정으로 설명된다. 이것이 바로 보드리야르가 말하는 소비 사회의 본질적인 특성이다.

그러면 소비 사회에서 개인으로서의 존재는 기호에 맞설 수 없는가? 보드리야르의 견해에 따르면 "개인으로서의 존재는 기호의 조작과 계산 속에서 사라진다. 소비의 인간은 자신의 욕구와 자신의 노동의 생산물을 직시하는 일도 없으며, 자신의 이미지와 마주 대하는 일도 없다. 그는 자신이 늘어놓은 기호의 내부에 존재한다."[3]

소비 사회에서 소비의 진정한 주체는 개인이 아니라 기호의 질서

3) *SC*, p.309.

라는 것이다. 따라서 모든 것은 기호의 질서에 둘러싸여 존재한다.

가령 쇼윈도를 바라보는 개인으로서의 인간은 어떻게 되는가? 그는 거기서 기호로서의 사물을 바라볼 뿐이며, 바라보는 것에 의해 그는 사회적 지위나 차별적 개성을 의미하는 기호의 질서 속으로 흡수되어 버린다. 따라서 쇼윈도는 소비 그 자체가 그리는 궤적을 반영하는 장소이며, 개인으로서의 존재를 반영하기는커녕 오히려 흡수해 버린다.

결국 소비 사회에서 사물의 존재나 개인의 존재는 기호의 질서 안에서 흡수되고 소멸된다. 존재하는 것은 사물이나 개인이 아니라 기호이다. 그리고 존재하는 것을 존재하게 하는 것은 기호 체계인 코드(code)이다. 코드는 현대의 소비 사회가 낳은 신화가 되고 있다.

사실 오늘날 차이화된 기호로서의 사물의 유통·구입·판매는 우리의 언어 활동이며 코드인데, 그것에 의해서 사회 전체가 의사소통하고 서로에 대해 말한다. 따라서 코드는 의사소통 체계에 특유한 언어 또는 기호 체계이다. 모든 언어가 개인에게 말하는 것으로 이해될 수 있듯이, 코드는 개인에게 기호 체계로서 말한다. 마치 언어가 의사소통을 규제하는 코드를 내포하듯이, 사회도 우리의 일상 생활을 조직하고 구조화하는 코드를 갖는다는 것이다. 보드리야르는 이같은 코드가 오늘날 소비 사회 전체를 구성한다고 말한다. 코드의 원리가 소비 사회 조직의 모든 분야에 침투하는 것이다.

3. 기호의 지배는 여전히 유효한가?

보드리야르의 초기의 세 저서 《사물의 체계 *Le système des objets*》(1968), 《소비의 사회 *La société de consommation*》(1970), 《기호의 정치경제학 비판을 위하여 *Pour une critique de l'économie politique du signe*》(1972)는 그의 사유 세계에서 상당히 중심적인 자리를 차지한다. 《사물의 체계》는 보드리야르의 작업의 출발점으로 그의 사유 세계를 구축하는 것으로 평가된다. 이 책에서 그는 사물의 새로운 의미를 제시한다. 두번째 저서 《소비의 사회》는 《사물의 체계》의 논리적 연장선상에 놓여 있다. 이 책은 사물을 둘러싼 소비가 어떻게 현대 소비 사회의 새로운 신화가 되었는지를 보여준다. 세번째 저서 《기호의 정치경제학 비판을 위하여》는 앞선 두 책에서 제기된 문제들을 심화시키고 좀더 체계적으로 탐구한다. 어쨌든 이 세 저서들은 직접적으로든 간접적으로든 서로 연결되어 있다. 이 세 저서들에서 핵심적인 개념들은 사물·소비·기호·기호 가치인데, 이 개념들에는 결코 분리될 수 없는 상관 관계가 있다. 단지 텍스트에 따라 이 개념들 중에서 한 개념이 번갈아 가며 논의의 중심을 차지하고 있을 뿐이다. 가령 《사물의 체계》에서는 사물이 다른 개념들에 비해 주도적인 역할을 맡는다. 《소비의 사회》에서는 소비와 기호가 분석과 탐구의 초점을 이루며, 《기호의 정치경제학 비판을 위하여》에서는 기호 가치가 분석과 비판의 핵심 요소를 이룬다.

보드리야르의 초기 작업의 핵심을 제공한 것은 바로 소비 사회였다. 보드리야르의 초기의 세 저서는 소비 사회의 새로운 현상을 분석하고 탐구한다. 이러한 분석과 탐구의 과정에서 그는 소비 사회의 논리를, 이를테면 인간이 일상 생활을 구성하는 사물과 기호의 체계에 관련하는 방식을 읽어낸다. 사물과 기호의 체계를 출발점으로 삼아 일상 생활의 구조, 사물의 의미, 소비 사회와 기호의 지배, 기호 가치를 밝혀내는 셈이다. 바로 여기에 보드리야르의 상상력과 독창성이 있다고 생각된다. 보드리야르가 초기의 세 저서를 통해 일상 생활과 현대성에 대한 새로운 사유, 새로운 성찰의 영역을 확립했다는 평가 또한 바로 여기에 연원을 두고 있을 것이다.

따라서 보드리야르의 초기의 세 저서를 통해 소비 사회에서의 사물·소비·기호·기호 가치를 비판적으로 분석하는 것은 매우 중요하다. 보드리야르의 사유 세계에서 일관된 철학적 문제인 '사물의 의미'와 '사물의 체계'와 관련하여 그의 사회문화적 분석은 어떻게 이해되어야 하는가? 소비 사회에서 왜 소비는 기호의 소비인가? 왜 기호의 지배가 이루어지며, 왜 소비를 사회적 차별화의 논리로 해석해야 하는가? 소비 사회에서 상품과 소비를 구성하는 본질적인 요소가 되고 있는 기호 가치에 대한 보드리야르의 견해를 성찰하면서 그의 기호 가치 이론을 다각적으로 분석할 수 있을 것이다. 이러한 분석의 과정에서 소비 사회에서의 기호의 지배, 기호 가치에 대한 보드리야르의 사유는 여전히 소비 사회와 소비를 둘러싼 이론적 논의에 새로운 의미를 부여할 수 있을까?

I. 사유와 분석의 출발점: 《사물의 체계》

보드리야르가 근대철학과 기술 문명 사이의 관계를 규명할 때 전면에 부각되는 주제는 '사물'의 의미이다. 문제는 어떻게 근대철학이 사물에 대한 이해를 변화시켰는가에 있으며, 어떻게 여기서부터 필연적으로 기술 문명이 탄생하게 되는가에 있다. 말하자면 기술 문명에 대한 탐구에서 보드리야르의 상상력과 독창성을 집약하는 탐구 주제는 사물 개념이다. 사실 한 문명 전체의 위상은 사물의 존재 방식과 더불어 변화한다. 문명 이해의 문제를 사물의 주제를 통해서 사유하고 탐구하는 것은 보드리야르의 첫번째 저서 《사물의 체계》에서 시작되고 있다.

이 책에서 사물의 의미를 규명하기 위하여 먼저 보드리야르는 주체와 사물의 관계를 뒤집어 놓는다. 보드리야르는 "예전에 주체가 사물의 안정된 외관 속에서 존속했다면, 오늘날에는 사물이 주체에게 자신의 불연속적인 리듬을 부과하게 될 것이다"[4]라고 말한다. 그는 기술 문명이 낳은 체계적이고 불안정한 세계 속에서 주체를 유혹하고 매혹하는 사물의 새로운 체계를 탐구한다.

보드리야르의 관점에서 사물은 전형적인 '암호'였을지도 모른다. 처음부터 그는 이런 관점을 택했다. 왜냐하면 그는 주체의 문제와 결별하고자 했기 때문이다. 사물의 문제는 바로 사물의 해결책을 의미했는데, 그것은 그의 사유 방식으로 존속했다. 그 점에 있어서는 시대와 연결된 이유들이 있었다. 말하자면 1960년대에 생산의 우위에서 소비의 우위로의 이행은 사물을 가장 중요한 것으로 평가했다. 그러나 실제로 보드리야르의 관심을 끌었던 것은 자체 속에서 만들어진 사물들이 아니라 사물들이 서로에게 말했던 것, 즉 사물들이 만들어 내었던 기호의 체계이다.[5] 보드리야르에게 소비 사

---

4) Jean Baudrillard, *Le système des objets*, Gallimard, 1968, pp.222-223.

회는 사물의 체계 위에 걸쳐 있는 기호의 체계이다. 그러므로《사물의 체계》에서 보드리야르는 주체가 일상 생활을 구성하는 사물과 기호의 체계에 관련하는 방식과, 그러한 체계를 지배하거나 그것에 의해 지배되는 방식을 기술하려고 한다.

보드리야르의 사유와 분석의 출발점은 따라서 기호의 체계를 내포하고 자신의 고유한 삶을 지닌 사물의 체계이다. 어느 사회에서이든 인간은 사물의 생산과 사용을 통해서 자신의 일상 생활을 늘 조직하였다. 보드리야르는 바르트처럼 일상 생활에서 흔히 볼 수 있는 사물을 늘 사유하고 탐색했는데, 각각의 사물을 체계로 보았다. 그가 보기에 각각의 사물은 시니피앙인 동시에 시니피에이기 때문이다. 보드리야르는 자신이 현대적 사물의 체계의 특성으로 이해하는 것과, 현대적 사물의 체계를 이전 사회의 그것과 구별짓는 것을 기술하고자 한다. 그는 일상 생활의 사물들을 조직하는 구조를 기술하면서 사물의 새로운 세계를 탐색한다. 그의 견해로는 사물의 새로운 세계는 결합과 배치를 변화시키면서 사물을 지배하고 통제할 수 있는 조직적인 인간을 필요로 한다. 기술 문명에 의한 새로운 생활 양식이 사물을 조작하고 배치하며, 또한 질서의 체계를 생산할 수 있는 개인을 요청하는 것이다. 게다가 기술적 질서는 전체와 구조와 의미 작용 속에서 사물의 체계 및 그 관계와 조직을 묘사하는 기술 언어를 필요로 한다. 보드리야르는 "사물의 이러한 기술적 체계는 욕구와 가치의 주관적 체계에 비하면 본질적인 것"[6]이라고 주장한다.

보드리야르가 보기에 문명의 진화에 따른 사물의 기능적·구조적

---

5) Jean Baudrillard, *Mots de passe, Pauvert*, 2000, pp.13-14 참조.

6) *Le système des objets*, p.9.

분석은 기술 발전에 연결된 사회 구조의 변화를 알려주지만, 사물이 어떻게 존속하게 되는지, 사물이 기능적인 욕구 이외에 다른 어떤 욕구에 따르게 되는지, 사물의 일상성이 어떤 문화적 체계 위에서 이루어지는지를 규명하지 않는다. 보드리야르는 《사물의 체계》에서 이러한 문제들을 밝히려고 시도한다. 그에게 중요한 것은 적절한 분석을 위해 기능에 따라 정해진 사물이 아니라 인간이 사물과 관계를 맺는 과정, 그리고 인간 행위와 그로 인한 인간 관계의 체계이다.

보드리야르에 따르면 사물의 체계, 즉 사물이 확립하는 의미 작용의 체계에 대한 분석은 기능적 묘사를 초월한 구조적 계획—기술적 계획—을 가정한다. 이 기술적 계획은 하나의 추상이다. 실제로 우리는 사물의 기술적 현실로 이루어진 일상 생활 속에서 무의식적이 된다. 그러나 이 추상은 근본적인 현실이다. 환경의 근본적인 변화를 지배하는 것이 바로 이 추상인 것이다. 그것은 패러독스 없이 말한다면 사물 속에 있는 가장 구체적인 것이다. 왜냐하면 기술적 과정은 객관적이고 구조적인 발전의 과정 자체이기 때문이다. 엄밀히 말해서 기술적 영역 속에서 사물에 도달하는 것은 본질적이며, 욕구의 심리학적 내지 사회학적 영역 속에서 사물에 도달하는 것은 비본질적이다. 여기서 보드리야르의 사유를 유추해 보면 사물의 체계는 이 욕구와 기술의 열린 상호 작용을 대신할 수 있을 것이다.

따라서 사물은 욕구에 따라 구조화되지 않고, 기술적 세계의 질서에 따라 체계화된다. 사물의 기술적 세계는 사물을 환경 속에 배열하고 새로운 분위기를 산출한다. 사물의 기술적 세계 속에서 사물을 조직하는 구조를 묘사한 후 보드리야르가 어떻게 새로운 분위기의 구조를 분석하는지 살펴보자. 먼저 그는 색과 재료와 형태와 스타일이 새로운 생활 양식과 새로운 환경을 산출하기 위해 어떻게 결합되는지를 논의한다. 전통적인 가구와 마찬가지로 전통적인 색이 표현적인 데 반해, 현대의 파스텔색은 자연으로부터 분리되어 보다 인위적이 되고, 의미 작용의 전통적인 체계로부터 해방된다. 따라서 색은 전체에 관련된 체계 속에서 유기적으로 구성됨으로써 자체의 특이한 가치를 상실하게 된다. 마찬가지로 플라스틱이나 합성섬유 같은 인공적인 재료들은 나무나 무명 같은 자연적인 재료를 대체하게 된다. 이 재료들은 "문화적 기호로서 동질적이기도 하며, 일관성 있는 체계 속에 자리잡을 수도 있다. 따라서 이 재료들의 추상화는 그것들을 마음대로 결합할 수 있게 한다. 현대의 모든 환경은 기호 체계의 차원에서 통틀어 분위기를 바꾼다."[7]

　여기서 우리는 보드리야르가 일상 생활의 구조를 설명하기 위해 어떻게 기호 이론을 사용하는지를 파악할 수 있다. 기술 문명 사회에서 사물과 기호의 체계가 그의 사유와 분석의 핵심을 구성할 것이라는 것이 예상된다.

　사실 분위기는 사물의 차원에서 체계적인 문화적 특성이다. 따라서 분위기의 체계적이고 문화적인 조직은 사물의 기술적 조직에 일치한다. 그것은 전체적으로 현대의 일상 생활을 구조화한다. 간단히 말해서 사물의 체계는 인간을 새로운 현대 세계에 적응하게 하는데, 이 새로운 현대 세계는 환경의 전통적이고 물질적인 조직에서 보다 합리화된 문화적인 조직으로의 전환을 나타낸다. 보드리야르는 이 새로운 세계에 대한 다차원적인 분석을 시도하는 동시에 사물이 어떤 문화적 체계 위에서 조직되는지를 밝히고자 한다. 그

---

7) *Le système des objets*, pp.54-55.

러나 그는 사물이 새로운 환경에서 배태된 기술의 절대 필요성을 수용할 수밖에 없는 상황을 강조한다.

보드리야르의 《사물의 체계》는 따라서 그 당시 프랑스에 유포되어 있던 '기술 사회'의 이론과 밀접한 관련이 있다. 기술의 급속한 발전은 사회 발전의 원동력이 되었고, 그 결과는 질적으로 새로운 형태의 기술 사회를 낳았다. 보드리야르의 분석은 사물의 체계의 구조에 대한 면밀한 비판적 검토를 통해 이루어졌기 때문에 기존의 분석들과는 구별되었다. 그는 다양한 사물을 둘러싼 신화에 대한 문화적 분석을 완성했다. 특히 소비·신용·광고가 생산의 윤리보다는 소비와 여가의 윤리에 근거를 둔 새로운 도덕을 산출한 방식에 대한 그의 분석은 매우 이채롭다. 이러한 분석은 사물의 체계에 내포된 주관적 투영과 반응에 대한 논의를 가능하게 하며, 소비 사회에 대한 분석의 틀을 제공한다고 말할 수 있다.

II. 소비 사회와 기호의 지배: 《소비의 사회》

사물의 체계를 탐구하면서 현대 세계의 일상성과 일상 생활의 변화를 고찰하는 보드리야르는 자신의 두번째 저서 《소비의 사회》에서 인간이 어떻게 사물을 소비하게 되는가라는 근원적인 문제에 관심을 가지면서 소비라는 개념을 체계적으로 검토한다. 그는 "소비라는 용어가 일상적으로 사용되었다는 사실 자체가 새로운 사회의 출현"[8]을 나타낸다고 말한다. 보드리야르의 분석은 소비의 새로운 세계에 대한 어떤 묘사로 시작된다. "오늘날 우리 주변에는 사물·

8) Jean Baudrillard, *La société de consommation*, Denoël, 1970, p.313.

서비스 · 물적 재화의 증가로 이루어진 소비와 풍요라는 놀라운 자명한 사실이 존재하는데, 이는 인류의 생태계에 근본적인 변화를 일으키고 있다. 엄밀히 말하자면 풍요로운 인간들은 언제 어느 때에나 그랬듯이 다른 사람들에 의해 둘러싸여 있지 않고, 사물들에 의해 둘러싸여 있다."[9]

보드리야르는 일상 생활은 다른 사람들과의 사회적 상호 작용에 의해서보다는 사물들과의 상호 작용에 의해 결정된다고 넌지시 말한다. 사물들과의 이러한 끊임없는 상호 작용은 인간의 일상 생활에 상당한 영향을 미친다. 이제 새로운 사회인 현대 사회에서는 소비가 일상 생활을 움켜쥐게 됨으로써, 보드리야르가 주목한 점은 사물의 시대를 살아가는 인간이 전혀 다른 근거로 가치가 매겨지며, 사물의 연속적 사슬 혹은 사물의 소비라는 새로운 유형에 따라 자신의 삶을 영위하게 된다는 것이다. 따라서 인간은 일상 생활을 조직하고 구조화하는 소비의 중심에 있게 된다.[10]

II-1. 소비의 정의를 향하여

이런 상황을 인식한 보드리야르는 현대 사회를 소비 사회로 규정하면서, 소비가 사회를 움직이는 원동력이라고 주장한다. 그는 이 소비 사회에서 넘쳐나는 사물과 소비 현상을 이론적으로 설명할 수 있는 구조적 모델을 제시하고자 한다. 사실 소비는 우리의 기술 문명의 독특한 양상으로서 간주될 수 있다. 우리가 결정적으로 그리고 분명히 소비를, 욕구를 만족시키는 과정이라는 일반적인 의미로

---

9) Jean Baudrillard, *La société de consommation*, Denoël, 1970, p.17.
10) 배영달, 《보드리야르의 아이러니》, 동문선, 2009, p.20 참조.

부터 벗어나게 한다면 말이다. 보드리야르에 따르면 "소비는 우리가 행동의 순수한 구조를 균형잡히게 하기 위해 생산의 능동적 양식에 대립시키는 흡수와 적응의 수동적 양식이 아니다."[11] "소비는 사물·집단·세계와의 적극적인 관계 양식이자, 우리의 문화 체계가 근거를 두는 체계적 활동과 전반적 반응의 양식이다."[12] 여기서 우리는 물질적 사물이 소비의 대상이 아니라 욕구와 만족의 대상일 뿐이라는 사실을 분명히 지적해야 한다. 욕구의 만족은 소비의 개념을 정의하는 데 충분하지 않으며, 소비의 전제 조건에 불과하다.

보드리야르의 이러한 관점에서 보면, 오늘날 소비는 물질적 사용도 풍요의 현상학도 아니다. 그리고 소비는 사물의 양도, 욕구의 만족도 아니다. 소비는 욕구의 질적 변화에 의해서도, 욕구의 전반적 확산에 의해서도 명확해지지 않는다. 따라서 소비를 본능적 욕구와 향유의 과정으로 보는 이데올로기적 관점을 넘어서야 한다. 그러므로 소비는 음식물을 소비하고, 옷과 신발을 소비하고, 자동차와 텔레비전을 소비하는 것이 아니다. 분명히 보드리야르의 소비 개념에는 사물을 소비하는 것을 넘어선 뭔가 다른 의미가 있음에 틀림없다. 그에게 소비라는 개념은 전혀 사물을 지시하거나 지칭하지 않는다. 따라서 소비는 가시적이고 구체적인 물건에 의해서도, 이미지와 메시지의 시각적인 실체에 의해서도 정의되지 않고, 의미 작용을 하는 실체를 지닌 그 모든 것의 조직에 의해 정의된다.[13]

여기서 보드리야르의 견해를 정리해 보면 "소비는 다소 일관성 있는 담론 속에서 구성된 모든 사물과 메시지의 잠재적 총체성이

---

11) *Le système des objets*, p.275.
12) 같은 책, 같은 쪽.
13) 《보드리야르의 아이러니》, p.22 참조.

다. 소비가 어떤 의미를 지니는 한, 그것은 기호를 체계적으로 조작하는 활동이다."[14]

　말하자면 소비는 단순히 경제적인 실천이라기보다는 언어와 비슷한 방식으로 의미를 생산해 내는 기호의 체계이다. 이제 소비는 인간이 자신을 표현하는 형식이자 기호이다. 소비의 기호적 표현을 통해서, 사물은 하나의 질서를 이루게 된다. 그리고 소비의 사물이 되기 위해서는 사물은 기호가 되어야 한다.

II-2. 사회적 지위의 코드

　보드리야르의 이러한 논리에 따르면 소비 사회에서 소비는 기호의 소비이다. 따라서 보드리야르는 모든 사물의 소비는 기호의 소비로 귀결된다고 본다. 그는 "오늘날 모든 욕망·계획·필요, 모든 열정과 관계는 기호로 추상화(또는 물질화)된다. 따라서 이들은 상품으로 구매되고 소비된다"[15]고 주장한다. 이제 상품은 단지 객관적 실체로서의 물질이 아니라 욕망·필요 등 심리적 요인까지도 기호화하여 상품화하는 셈이다. 그렇다면 현대인이 소비하는 상품은 기호로 환원할 수 있게 된다. 보드리야르의 분석에서 상품의 소비는 행복·성공·명성·지위·에로티시즘·현대성 등을 의미한다. 그는 사물을 지배하는 트렌드를 "기호가 지닌 절대적인 힘에 대한 믿음"[16]으로 해석해야 한다고 보았다. 현대인은 사회적 지위나 명성 등의 기호를 지니거나 드러냄으로써 실제의 행복과 사회적 지위

14) *Le système des objets*, p.276.
15) 같은 책, p.278.
16) *La société de consommation*, p.27.

를 갖게 될 것이라고 믿기 때문이다. 따라서 그는 현대인이 사물에 마법과 같은 힘을 부여한다고 주장한다.

그러나 그 힘은 상상과는 거리가 멀다. "우리는 사물 자체를 (그 사용 가치를 통해) 소비하지 않는다. 우리는 이상적인 기준으로 삼은 집단에 속하기 위해서든, 혹은 자기가 속한 집단을 보다 우월한 집단과 구분하기 위해서이든 자신을 타인과 구별짓는 기호로서 (가장 넓은 의미에서의) 사물을 늘 조작한다."[17]

그렇게 되면 현대인은 사물의 마법에 걸려든 존재처럼 행동할 것이다. 그리고 그의 세계는 시뮬라크르에 불과한 기호가 지배하는 현실의 껍데기가 될 뿐이다. 가령 스타벅스 커피를 마시는 것은 고급스런 분위기에서 브랜드 가치의 상징을 기호로 소비하는 것이다. 달리 말하면 이는 바로 이미지이자 환상일 뿐이다. 사람들은 대체로 환상에 사로잡혀서 주위를 에워싼 허구를 인식하지 못한다. 보드리야르는 이러한 인식 부재가 기호의 체계를 지속시킨다고 보았다. 소비주의가 지속되려면 개인을 만족할 줄 모르는 소비자로 바꾸어 놓아야 한다. 그래서 트렌드는 변덕스러운 소비자에게 체계가 제공하는 기호를 손에 넣도록 부추길 수밖에 없다.[18]

이제 보드리야르의 관점에서 소비 사회에서 사물이란 무엇인가? "현대적 사물의 '진리'는 무엇에 쓰인다는 데 있는 것이 아니라 의미 작용을 한다는 데 있다. 이것은 도구로서가 아니라 기호로서 조작되는 것이다."[19] 소비 사회는 사물의 기호화를 재촉하고 심화시킨다. 소비 사회 안에서 사물은 어떤 구체적 필요성을 만족시키는

---

17) *Le système des objets*, p.79.

18) Guillaume Erner, *Sociologie des tendances*, PUF, 2009, p.104 참조.

19) *La société de consommation*, p.180.

기능이나 사용 가치 때문에 소비되는 것이 아니라 기호로서 소비된다. 즉 사물은 사회적 지위나 명성, 또는 차별적 개성을 표시하는 기호이다. 따라서 보드리야르는 《소비의 사회》에서 개인이 상품의 구매를 통해 자신을 타인과 구별짓고 사회적 지위나 명성에 도달하게 되는 사회적 차별화의 논리에 초점을 맞춘다. 말하자면 그는 소비를 사회적 차별화의 논리로 해석해야 한다고 설명하고, 어떤 상품도 그 자체로 구매 욕구를 불러일으키거나 마음을 사로잡지는 않는다고 생각한다. 그에 따르면 상품의 구매 행위는 사회적 지위나 명성, 사회 계층에 대한 소속감 등과 관련이 있다. 결국 소비자는 상품의 구매를 통해 상품의 효율성을 향유하기보다는 사회적 지위를 드러내고 계급적 소속감을 느끼고자 한다.

따라서 상품은 사회적 지위를 드러내는 기호이기 때문에 소비는 강력한 잠재력을 지닌 명성의 상징이 된다. 예를 들어 미국의 자동차 회사는 타인의 시선을 끌고 사회적 명성을 더 잘 드러내도록 자동차 뒤에 날개를 장착한 바 있다. 우리가 상품을 사회적 지위의 상징물로 여기고 자랑스러워하듯이 광고도 상품을 사회적 지위의 상징물로 과장한다. 예쁘게 화장한 고급스럽고 우아해 보이는 여자들이 자동차나 텔레비전 광고에 등장하는 것도 그러한 맥락이다.

보드리야르의 분석에 따르면 사물/광고의 체계는 사회적 지위를 측정하는 보편적 체계, 즉 '사회적 지위의 코드' 속에서 형식화된다. 소비 사회의 범위 내에서 사회적 존재를 결정하는 기준으로서의 지위의 개념은 점점 더 단순화되고, 사회적 지위의 개념과 일치하는 경향이 있다. 그런데 모든 광고는 분명히 사물에 관계된다. 마치 모든 광고가 불가결한 기준('사람들은 …을 보고 당신을 판단할 것이다' '우아한 여자는 …로 분간된다')에 관계되듯이 말이다. 사물은 언제나 측정 체계를 구성했을 것이지만, 다른 체계들(제스처·의례·출생·신분·도덕적 가치의 코드 등)과 병행하여, 그리고 다른 체계들에 자주 덧붙여서 그 체계를 구성했을 것이다. 소비 사회의 특성은 다른 식별 체계들이 사회적 지위의 코드만을 위해 점차 거기에 다시 흡수된다는 것이다.[20]

그러므로 소비자는 단 하나의 상품 구매에 유혹되기보다는 사물과 욕구의 완전한 체계 속에서 구매하게 되며, 이 체계를 통해 자신을 타인과 사회적으로 구별짓고 자신을 소비 사회 속에 통합하게 된다는 것이다. 보드리야르는 이러한 소비 활동은 소비의 사물을 기호로, 소비 사회를 기호의 체계로, 소비를 차별의 상징적 장으로 파악함으로써 가장 잘 개념화될 수 있다고 역설한다. 가령 "세탁기는 도구로서 사용되고, 안락·위세 등의 요소로서의 역할도 한다. 소비의 영역은 바로 이 후자의 영역이다(…) 욕구는 특정한 사물에 대한 욕구가 아니라 차이에의 욕구(사회적 의미에서의 욕구)이다."[21]

소비와 기호의 논리에서는 사물은 더 이상 명확하게 규정된 기능이나 욕구와 관련이 없다. 모든 욕구는 기호와 차별에 대한 객관적인 사회적 요구에 따라 재조직된다. 이 사회적 요구는 개인적 만족으로서의 소비가 아니라 무제한적인 사회 활동으로서의 소비 개념을 확립한다. 따라서 보드리야르는 소비는 욕구의 만족과 관련하여 해석되지 않고 사회 활동의 한 양식으로 해석된다고 말한다.

여기서 우리는 보드리야르가 소비를 자연스런 욕구의 만족에 근거를 두기보다는 오히려 코드에 의해 조직된 기호 체계로 간주한다는 점을 지적할 수 있다. 따라서 보드리야르에게 상품과 소비는 욕

---

20) *Le système des objets*, p.27 참조.

21) *La société de consommation*, pp.106-108.

구의 우발적인 세계, 즉 자연적이고 생물학적인 질서를 가치의 사회적 질서로 대체하는 일관성 있는 기호 체계를 구성한다. "재화와 차별화된 기호로서의 사물의 유통·구매·판매·획득은 오늘날 우리의 언어인 우리의 코드를 구성하는데, 그것에 의해 사회 전체가 의사소통하고 서로에 대해 말한다."[22]

그러므로 소비는 소비 사회에서 사회적 통합의 근본적인 양식이자 근본적인 활동이다.

II-3. 기호의 지배

보드리야르의 초기 저서에서 소비는 일종의 활동 자체, '기호의 조작,' 소비 사회에 편입하여 자신을 타인과 구별지으려는 방법이다. 그러나 보드리야르에게 기호의 조작은 자신의 기호나 소비 행위에 저항하거나, 그것을 재정의하거나 산출하는 능동적인 주체를 내포하지 않는다. 소비 사회에서 '기호의 지배'에 대한 보드리야르의 분석은 그를 훨씬 더 비관적인 결론에 이르게 한다. 왜냐하면 보드리야르는 사물 세계에 의한 주체의 패배를 통해 '개인의 종말'의 문제를 인식했기 때문이다.

여기서 보드리야르의 사유 세계를 정리해 보면, 소비 사회에서 소비란 기호를 흡수하고 기호에 의해 흡수되는 과정이다. 이것은 소비 사회에서 '기호의 지배'를 명백하게 드러내는 것이다. 이제 소비 사회에서 개인으로서의 존재는 허구가 된다. "말하자면 개인으로서의 존재는 기호의 조작과 계산 속에서 사라진다. 소비의 인간은 자신의 욕구와 자신의 노동의 생산물을 직시하는 일도 없으며,

22) *La société de consommation*, p.308.

자신의 이미지와 마주 대하는 일도 없다. 그는 자신이 늘어놓는 기호의 내부에 존재한다."[23]

보드리야르의 이러한 사유에 비추어 보면 소비 사회에서 소비의 진정한 주체는 개인이 아니라 기호의 질서이다. 모든 것은 기호의 질서에 둘러싸여 존재하는 듯하다. 사물의 존재나 개인의 존재는 기호의 질서 안으로 흡수되어 소멸된다. 존재하는 것은 사물이나 개인이 아니라 기호이다.[24] 특히 사물의 세계는 자신의 사용을 넘어선 무엇인가 말할 것을 지녔다. 그것은 아무 일도 그저 단순히 일어나지 않는 '기호의 지배' 속으로 들어갔다. 왜냐하면 기호는 언제나 사물을 사라지게 하는 것이기 때문이다.

III. 기호 가치: 《기호의 정치경제학 비판을 위하여》

한 사회는 해석 가능한 기호와 상징을 생산한다는 것이 일반적인 견해이다. 보드리야르에 따르면, 소비 사회에서 모든 생산(그것이 상품이든 예술이든 사상이든 무엇이든지 간에)은 기호로서 즉각 생산된다. 소비 사회는 상품이 기호로서 생산되고, 기호가 상품으로서 생산되는 사회로 정의될 수 있다. 《기호의 정치경제학 비판을 위하여》에서 보드리야르는 기호의 체계로 접근하는 데 윤곽을 잡아줄 만한 글들을 모아 놓았다. 그는 다양한 관점에서 사회적 형식인 기호를 분석한다. 마르크스가 자신의 《정치경제학 비판》에서 사회적 형식인 상품을 비판했듯이, 보드리야르는 형식-기호에 대해 정치경

23) *La société de consommation*, p.309.
24) 배영달, 《보드리야르와 시뮬라시옹》, 살림, 2005, p.41 참조.

제적인 비판을 가한다.

　보드리야르가 마르크스와 갈라서는 지점은 소비 사회의 특성을 새로운 방식으로 인식할 수 있도록 만드는 기호학 이론을 사용한 데 있다. 소쉬르의 표현을 빌리면 기호학이란 '사회적 삶 속에서 기호의 삶'에 대한 연구인 동시에 모든 사회적 의미에 대한 연구이다. 보드리야르는 기호학을 소비 사회의 상품에 적용했다. 그는 소비 사회에 새로운 의미 구조가 출현함을 파악했기 때문이다. 이러한 의미 구조의 등장은 오로지 기호학 이론에 의해서만 분석될 수 있는 차이의 논리에 근거하고 있다.

　가령 사물의 관점에서 냉장고나 자동차에 대해 말하는 것은 정확하게 냉장고나 자동차의 객관적인 의미에서, 곧 차가움과 이동에 대한 그것들의 객관적 관계 속에서 냉장고나 자동차에 대해 말하는 것이 아니라, 냉장고나 자동차가 기능의 맥락을 벗어난 듯이 냉장고나 자동차에 대해 말하는 것이다. 달리 말하면 자체의 표지에 의해 특수성이 부여되는, 바로 지위·명성·위세의 차이를 표시하는 내포적 의미를 지닌 사물에 대해 말하는 것이다. 이 사물들은 위계를 이루는 의미 작용의 코드에 따라 오로지 다른 사물들과의 차이를 통해서만 의미를 지닌다. 이것이 바로 소비의 사물을 규정짓는다. 따라서 소비의 사물에 대해 말할 수 있는 것은 오로지 사물들이 차이를 표시하는 기호로서 자율성을 부여받고 체계화될 때이다.

　그러므로 보드리야르는 상품 체계의 분석을 위해 기호의 차별적 체계를 개념화한다. 보다 구체적으로 말하자면 그는 물질적 상품이 아니라 사회적 기호로서의 상품을 강조한다. 여기서 그는 상품이 코드와 사회적 논리에 의해 지배되는 '기호 가치'의 체계 속에서 구조화된다고 암시한다. 뿐만 아니라 그는 사용 가치와 교환 가치에 의한 마르크스의 상품 분석에 기호 가치의 특징을 부가할 것을 제안한다. 마르크스주의적 접근을 보완하려는 보드리야르의 이러한 계획은 〈욕구의 이데올로기적 기원〉에서 윤곽을 드러내는데, 여기서 그는 기호와 차이의 논리인 소비의 논리를 다른 논리들과 구별지을 필요성을 지적한다. 그리고 그는 다음의 네 가지 논리가 논쟁의 대상이 된다고 본다.

1. 사용 가치의 기능적 논리
2. 교환 가치의 경제적 논리
3. 상징적 교환의 논리
4. 기호 가치의 논리[25]

위의 네 가지 논리에 따라 조직된 사물은 제각기 '도구' '상품' '상징' '기호'의 지위를 지니게 된다. 네번째 논리만이 소비라는 특수한 영역을 규정짓는다. 그러면 결혼 반지와 주거(주택·아파트)의 예를 들어 살펴보기로 하자. 먼저 부부 관계의 상징인 결혼 반지는 다른 것으로 대체될 수 없는 사물이다. 바꿀 수도 없고, 여러 개를 낄 수도 없다. 상징적인 사물은 그 지속에 의해 관계의 영속성을 나타낸다. 엄밀하게 상징적인 차원에서 유행은 효력을 미치지 못한다. 반면 단순한 반지는 다르다. 그것은 더 이상 관계를 상징하지 않는다. 그것은 특별하지 않은 사물, 다른 것에 견주어지는 기호이다. 사람들은 바꿀 수도 있고 여러 개 낄 수도 있다. 그것은 액세서리 세트와 유행의 별자리 안으로 들어간다. 그것은 소비의 사물이다. 오늘날 미국에서는 결혼 반지 자체가 이 새로운 논리에 휩쓸리고

25) Jean Baudrillard, *Pour une critique de l'économie politique du signe*, Gallimard, 1972, p.64.

있다. 부부를 부추겨 결혼 반지를 해마다 바꾸게 한다. 공동 관계의 상징이었던 것의 가치 변동이 유행에 결부되고 있는 것이다.

주거의 경우는 어떠한가? 대체로 주거는 공업 생산이나 생활 수준에 연결되는 미묘한 의미론적 차이를 생산해 낸다. 물론 주거가 '소비재'로 인식되지 않는 사회들도 존재한다. 고도로 발전된 자본주의 사회에서 주거의 변동은 사회의 유동성에, 신분과 지위의 궤도에 결부되어 있다. 주택이 지위의 전반적인 별자리에 연결되어 있고 생활 수준을 나타내는 어떤 다른 사물의 경우와 똑같은 가치 변동에 종속되어 있는 까닭에 주택은 소비의 사물이 된다. 따라서 주거는 유행이 갖는 차이를 표시하는 내포적 의미의 논리에 휩쓸린다. 말하자면 주거는 사물 그 자체와는 관계가 없으며, 오로지 의미작용의 논리를 따른다. 그러므로 사물은 이제 기호로서 해방되어야만, 그리고 유행의 논리에, 다시 말해서 차별화의 논리에 휩쓸려야만 진정한 소비의 사물이 된다.[26]

앞서 언급한 네 가지 논리의 구별을 통해 보드리야르는 마르크스 이론의 한계와 기호학적 보완의 필요성을 강조한다. 그는 무엇보다도 마르크스의 상품 분석이 '기호 가치'에 주의를 기울이지 않다고 말한다. 마르크스는 상품을 주로 사용 가치와 교환 가치 사이의 관계를 검토하면서 분석했다. 사용 가치는 일상 생활에서 상품의 사용과 향유에 의해 정의된 반면, 교환 가치는 시장 가치에 의해 정의되었다. 보드리야르의 '기호의 정치경제학'은 생산 개념 위주의 마르크스적 가치 이론에 대한 비판으로부터 시작한다. 보드리야르가 보기에 사용 가치는 교환 가치와 마찬가지로 이미 추상적 가치이며, 교환 가치와 동시적으로 태어난다. 그것은 사용 가치가 노동량

---

26) Jean Baudrillard, *Pour une critique de l'économie politique du signe,* Gallimard, 1972, pp.64-66 참조.

이나 개인의 특수한 욕망에 근거하는 것이 아니라 기존의 정치경제학적 교환 체계에 의해 결정되기 때문이다. "사용 가치, 유용성 자체는 상품의 추상적 등가성과 마찬가지로 어떤 물신화된 사회 관계이다. 그것은 어떤 추상적 관념, (…) 욕구 체계의 추상적 관념이다."[27]

개인의 욕구는 자기를 확대 재생산하려는 사회 관계와 정치경제적 체계의 산물이다. 개인의 경제적 욕망은 자발적 의사의 표현이 아니라 조작된 충동의 표현이다. 그러므로 물신 숭배는 사회 체제가 자기를 유지하기 위해서 개인에게 행사하는 속임수이며 미혹이다.[28]

보드리야르는 이 물신 숭배가 자본주의 사회에 만연해 있다고 생각한다. 이 물신 숭배에 의해 상품은 힘(행복·건강·안전·명성·위세 등)을 제공하는 것으로 받아들여진다. 이 마술적 실체는 기호, 기호의 일반화된 코드, 차이의 자의적인 코드이다. 보드리야르의 견해로는 소비는 상품이 즉각 기호로서, 기호 가치로서 생산되고 기호가 상품으로 생산되는 단계를 규정한다. 달리 말하면 소비는 기호 가치가 두드러지게 소비되는 과정으로 이해되며, 상품의 물신 숭배는 어떤 특정한 재화에 가치를 투영하고 부여하는 것이 아니라 사회적 명성과 차별화의 체계 전체에 대한 물신 숭배와 관련이 있다. 따라서 보드리야르에게 "물신 숭배는 정치경제학·사회적 구별·명성의 코드에 의해 조직되고 기능화된 사회적 차별화의 체계 전체의 뒤얽힘을 내포한다."[29]

보드리야르의 관점에서 기호 가치와 물신 숭배에 대한 분석은 어떻게 사회적 지배가 발생하는가에 대한 새로운 통찰력을 제공할 수

27) Jean Baudrillard, *Pour une critique de l'économie politique du signe*, Gallimard, 1972, p.155.
28) 김상환, 《해체론 시대의 철학》, 문학과지성사, Gallimard, 1996, p.422 참조.
29) Douglas Kellner, Jean Baudrillard: *From Marxism to Postmodernism and Beyond*, Polity Press, 1989, p.22.

있을 것이다. 보드리야르는 대부분의 마르크스주의자들이 이러한 현상을 무시함으로 인해 소비 사회의 가치의 희생이 되고, 소비 사회의 위계와 상품의 기호 가치에 따라 사물을 평가하는 개인들이 어떻게 자본주의에 의해 통제되고 지배되는지를 파악하지 못한다고 지적한다. 마르크스 이론에서 주장되는 사용 가치의 우위에 대해 반론을 펼치는 보드리야르는 "사물은 자신의 기능 속에서 결코 고갈되지 않는다. 사물이 위세의 의미 작용을 지니는 것은 이 지나친 현존 속에서이다. 사물은 더 이상 세계를 나타내지 않고, 그 소유자의 존재와 사회적 지위를 나타낸다"[30]고 기술한다. 그러므로 상품은 고전 정치경제학이 주장하는 것처럼 욕구 만족의 중심이 아니다. 상품은 소비 사회에서 사회적 지위를 표시하는 '사회적 의미와 명성'을 제공한다.

　따라서 정치경제학은 기호 가치의 이론 없이는 왜 상품이 욕망과 매혹의 사물이 되는지, 왜 어떤 유형의 소비가 발생하는지, 왜 어떤 상품이 다른 사람들에게 선호되는지, 왜 소비가 현대 사회에서 중요한 작용을 하는지 설명할 수 없다고 보드리야르는 주장한다. 게다가 자신이 '기호의 정치경제학'이라고 부르는 것과 결합한 기호 가치 이론은 사회적으로 구성된 기호 가치가 소비 속에서 전유되고 과시된다는 사실을 지적함과 아울러 이러한 현상을 설명한다고 보드리야르는 강조한다. 보드리야르의 기호 가치 이론은 어떤 사물이나 브랜드가 지닌 기호 가치 때문에, 다시 말해서 다른 브랜드나 다른 유형의 상품들에 대한 그것들의 상대적 명성 때문에 어떤 사물이나 브랜드가 다른 사람과 관련하여 선택된다는 것을 내포한다. 그의 이론에 따르면 소비 사회는 기호 가치의 위계에 의해 구성된

---

30) *Pour une critique de l'économie politique du signe*, p.11.

다고 볼 수 있는데, 이 경우 사람들이 소비와 기호 가치의 기호학적 체계 안에서 어느곳에 위치하느냐에 따라 그들의 사회적 지위와 명성이 결정된다.[31]

보드리야르는 소비 사회에서 개인은 코드나 체계·기호 가치를 어느 정도 의식하고 있으며, 다른 사람이 드러내는 기호 가치를 통해서 그의 지위를 설명할 수 있다고 말한다. 그러나 어떻게 보면 그가 말하는 지위의 코드는 다소 모호하고 불확실하다. 보드리야르는 사회적 논리를 포함한다 할지라도 각 상황에 고유한 논리에 따라 언제나 복원되고 조작되는 사물의 코드에 대한 형식적 재구성을 고려하지 않았다. 사실 보드리야르는 소비 사회의 사회적 논리를 연구하는 것만큼이나 소비 사회에서 위계화된 소비 가치의 실제 체계를 경험적으로 기술하는 데 관심을 갖지 않았다. 그는 오로지 사물의 기호 아래 행해지는 가치의 끊임없는 사회적 과정에만 전념한 듯이 보인다.

IV. 보드리야르 이론의 한계와 가능성

보드리야르의 저서에서 일관적이지는 않지만 꾸준히 제기되는 존재론적 물음은 사물의 의미와 사물의 체계에 대한 물음이다. 소비 사회에서 사물이란 무엇인가? 바로 이 물음은 보드리야르의 사회문화적 분석을 움직이는 철학적 주제이다. 보드리야르에 따르면 현대적 사물은 도구로서가 아니라 기호로서 조작된다. 그리고 소비 사회를 소비 사회로서 특징짓는 것은 사물이 본질적으로 기호 가치

31) Douglas Kellner, *Baudrillard: A Critical Reader*, Basil Blackwell, 1994, p.171.

를 지닌다는 사실이다.

그런데 사물이 기호 가치를 지닌다는 표현과 소비가 기호의 체계적인 조작 활동이라는 사실은 무엇을 뜻하는가? 기호는 다른 사물에 대해서 가치를 나타내는 기능을 갖고 있다. 우리는 사물의 체계에서 분위기의 구조에 대한 보드리야르의 분석을 검토하였다. 가령 재료는 그 자체로는 가치를 지니지 않고 의미 작용을 하는 능력 때문에 가치를 지닌다. 재료는 기호로 전환되기 때문에 하나의 체계 속에서 통합될 수 있는 것이다. 보드리야르의 이러한 분석은 사물의 체계의 구조에 대한 비판적 검토를 통해 이루어졌기 때문에 기존의 분석들과는 구별된다고 말할 수 있다.

소비 사회에서 사물의 체계의 구조를 분석한 후, 보드리야르는 사물에 대한 전략적 분석을 실행하면서 소비의 사회적 논리를 설명하는 방향으로 나아간다. 그는 소비 사회에서 "모든 사람은 자신의 사물에 의해 규정된다"[32]는 사실, 다시 말해서 "각자는 자신이 자신의 사물에 의해 판단된다는 것을, 자신의 사물에 따라 판단된다는 것을 느끼지는 못한다 할지라도 알고 있으며, 결국 이러한 판단에 따른다"[33]는 사실을 강조한다. 여기서 우리는 보드리야르가 소비 사회에서 사회적 지위의 코드와 함께 자신이 '기호 가치'라고 부르는 것에 대하여 비판적으로 논의해 볼 필요가 있다.

보드리야르의 기호 가치 이론은 소비 사회에서 소비의 원동력에 대한 중요한 통찰을 보여주긴 하지만, 소비에 대한 다소 제한된 이론을 제시한다는 점을 지적할 수 있다. 보드리야르에게 소비는 사물의 사용과 향유(jouissance)보다는 기호 가치의 전유와 과시에 있다.

---

32) *Le système des objets*, p.273.

33) *Pour une critique de l'économie politique du signe*, p.23.

그는 자본주의는 기호 가치 체계의 강요를 통해 사회적 논리를 확립하며, 소비 사회의 내부에 위치하는 개인은 소비 활동을 통해 사회적 논리에 따르게 된다고 주장한다. 그러나 보드리야르의 이러한 주장은 소비가 자기 활동과 자기 가치 부여의 영역, 그리고 자신의 목적을 위한 사물의 사용과 향유의 영역이 될 수 있는 가능성을 사전에 없애 버린다는 느낌을 준다.[34]

게다가 보드리야르는 기호 가치는 코드에 의해 결정된다고 말하면서도 코드가 어떻게 산출되는지를 언급하지 않는다. 그는 코드를 상품이 지니는 상대적 명성 또는 기호 가치를 결정짓는 지배적인 원리 또는 체계로 파악한다. 일반적으로 코드는 정치경제학의 체계 전체의 구조와 관련이 있는데, 이때 모든 상품에는 마치 마르크스의 이론에서 교환 가치가 정해지듯이 전체로서의 체계를 통해 기호 가치가 정해진다. 보드리야르에게 기호가 교환 가치와 사용 가치로서 기능할 수 있는 것은 바로 상품과 정치경제학의 논리가 기호의 핵심 자체에, 이를테면 의미 작용의 논리에 자리잡고 있기 때문이다. 보드리야르는 소비 법칙의 체계화와 형식화에 분석적 도구를 제공하기보다는 오히려 소비가 의사 소통하고 의미 작용하는 방식에 대하여 초점을 맞추는 듯하다.

덧붙여 말하면 보드리야르는 대체로 소비와 의미 작용에 대한 자신의 분석과, 생산과 자본의 논리에 대한 분석을 구별한다. 그는 생산 양식이나 노동 과정, 혹은 생산·분배·교환·소비의 체계들 사이의 관계는 거의 분석하지 않는다. 설사 그가 《소비의 사회》에서 소비는 생산 체계와 관련하여 분석되어야 한다고 지적할지라도 말이다. 정치경제학을 재구성하는 보드리야르에게 문제시되는 것은

---

34) *Mike Gane, Jean Baudrillard volume I,* Sage Publications, 2000, p.252 참조.

어떤 경우에 그가 마르크스의 입장에 강하게 맞서기 때문에 생산과 자본의 논리가 사라져 버린다는 점이다. 사실 보드리야르는 의미 작용의 논리, 즉 기호 가치의 논리가 자본의 논리와 무관한 것인지, 혹은 자본의 논리를 결정짓는 것인지에 대한 분명한 견해를 밝히지 않는다. 자본의 논리가 그의 분석의 초점이 되지 못하기 때문에, 그는 자본의 실제 관계를 분석하지 않는다. 따라서 보드리야르의 초기 저서를 읽으면, 그가 마르크스의 정치경제학을 거부하려고 하는 것인지, 혹은 그의 기획이 소비 사회에서 소비와 의미 작용의 역할에 대한 분석과 함께 마르크스의 정치경제학을 보완하거나 대체하려고 하는 것인지 단정하는 것은 불가능하다.

보드리야르의 분석을 이용하는 가장 좋은 방법은 정치경제학에 관한 마르크스의 이론을 기호학적으로 보완하는 것이라고 여겨진다. 마르크스가 대체로 생산과 노동 과정의 분석에 관심을 기울였기 때문에, 보드리야르의 소비 분석은 마르크스주의에 유용한 보완을 제공한다. 더욱이 보드리야르의 기호 가치 이론은 소비 사회에서 가치가 어떻게 사회적으로 구성되는지에 대하여, 상품이 어떻게 인간의 삶 속에서 작용하는지에 대하여 깊은 성찰을 하게 한다.

그러나 보드리야르의 이러한 이론과 사유는 오늘날의 소비 사회에서도 여전히 통용될 수 있는가? 우리의 견해로는 보드리야르가 말하는 소비 사회는 어디까지나 1950년대에서 1970년대에 이르는 시기의 사회를 지칭한다. 오늘날에는 '대중소비 사회' '과소비 사회'라는 용어가 이미 등장했다. 앞으로 소비는 영원하고 무한한 제국으로 군림할 것이라는 견해도 있다. 이렇게 소비 사회와 소비는 우리의 일상 생활과 현대성을 나타내는 중요한 현상으로 자리매김하고 있다.

　오늘날 도처에서 관찰되는 브랜드 기호 성향과 감정적 소비를 어떻게 조정할 수 있을까? 오늘날 물신 숭배 현상에 비추어 볼 때 우리는 베블런이 주장하는 과시적 소비 모델을 따라갈 수밖에 없는 것일까? 물론 물신 숭배도 그렇지만 남과 다르게 보이려는 욕구도 사라지지 않았다. 그러나 유명 브랜드를 구매하는 이유는 더 이상 사회적으로 인정받기 위해서가 아니다. 오히려 그보다는 스스로 좋은 이미지를 누리면서 얻게 되는 자기 만족과 남보다 특별해지려는 자기 도취의 욕망 때문이다. 다시 말하면 자신을 위해 자기 만족을 느끼려는 감정적이고 주관적인 논리 때문이다.[35]

　따라서 브랜드 열광은 특별한 존재가 되려는 은밀한 욕망에서 비롯되며, 또한 이러한 현상은 남보다 우월하고 남과 다른 존재이고자 하는 자기 도취의 욕망에서 생겨난다. 우리는 이러한 소비의 열광을 어떻게 설명해야 하는가? 이제 소비는 우리의 삶의 열정을 실현할 뿐만 아니라 사회적 이상으로서의 욕망과도 분리될 수 없다. 욕구의 이데올로기를 부정하는 비판들은 소비의 향유적 차원을 배제하려다 결국 길을 잃게 된 셈이다. 보드리야르의 경우도 마찬가지다. 보드리야르에 따르면 "소비는 향유를 배제하는 것으로 정의된다. 사회적 논리로서의 소비 체계는 향유의 부정을 바탕으로 이루어진다."[36]

　그러므로 사회적 지위와 명성을 상징하는 기호와 코드에서 점차 벗어나는 오늘날의 인간의 욕망과 소비 행위를 보드리야르의 이론으로 설명하는 데는 다소 어려움이 있다고 여겨진다.

---

35) Gilles Lipovetsky, *Le Bonheur paradoxal*, Gallimard, 2006, p.53 참조.

36) 보드리야르에 따르면 "소비는 향유를 배제하는 것으로 정의된다. 사회적 논리로서의 소비 체계는 향유의 부정을 바탕으로 이루어진다."(*La société de consommation*, pp.109-110.)

4. 기호의 살해

미디어와 가상현실, 네트워크의 시대가 도래하자 '현실의 살해'에 대한 논의가 활발히 전개되었다. 반면 현실이 언제부터 존재했는가에 대해서는 충분히 검토되지 않았다. 그런데 조금 더 깊이 파고들면 우리는 현실 세계가 근대에 이르러 현실 세계를 변형시키고자 하는 결심과 함께 시작되었음을 알게 된다. 그리고 이 변형은 과학, 세계에 대한 분석적 지식, 그리고 기술을 사용하면서 이루어진다.

오늘날 현실이 체계적으로 사라지는 것을 무엇보다 잘 보여주는 것은 이미지가 처한 현재의 운명일 것이다. 즉 아날로그에서 디지털로 냉혹하게 이동하면서 사라지는 이미지의 운명일 것이다. 이미지의 운명이 전형적인 예가 되는 까닭은, 모든 형태의 기술적 이미지란 우리가 객관적 현실을 악착스럽게 추구하면서 만들어낸 것이기 때문이다. 어떻게 보면 보드리야르의 지적처럼 기술은 우리가 추구했던 객관적 현실을 잘 비추어 줄 거울을 우리에게 제공해 주었을 것이다. 그런데 수동적이고 객관적인 반영의 거울이 이제 모든 것을 가상의, 디지털의, 수치적인 현실로 바꾸어 놓는 듯하다.[37]

어쨌든 물질적이든 정신적이든 끊임없는 기술 발전에 힘입어 모든 것이 현실의 과잉으로 인해 사라질 수 있다는 느낌이 든다. 보드리야르는 "우리는 현실 세계를 사라지게 했다"[38]고 말한다. 그러

---

37) Jean Baudrillard, *Pourquoi tout n'a-t-il pas déjà disparu*, L'Herne, 2007, pp.22-23 참조.

면 그의 견해에 따르면 어떤 세계가 존속하는가? 기호의 세계인가? 이는 전혀 아니다. 그는 "우리는 현실 세계와 동시에 기호의 세계를 살해했다"[39]고 주장한다. 그리고 그는 '기호의 살해(meurtre du signe)'는 오히려 완전한 현실(réalité intégrale)에 길을 터주게 될 것이라고 믿는다.

흔히 실재가 기호·이미지·시뮬라크르의 지배권을 뛰어넘지 못했다고 한다. 요컨대 현실이 기호·이미지·시뮬라크르의 술책을 뛰어넘지 못했다는 것이다. 하지만 우리는 오늘날 이와 반대로 말해야 한다. 즉 우리는 완전한 실재를 위해 기호와 술책을 상실했다는 것이다. 우리는 동시에 스펙터클·소외·거리·초월성·추상을 상실했는데, 이 모든 것이 완전한 현실의 출현으로부터, 그리고 직접적인 세계의 실현으로부터 우리를 멀어지게 한다는 것이다.

보드리야르가 보기에 이제 가상과 디지털의 영역에서 기호의 단계는 실재의 단계와 함께 사라져 간다. 실재의 단계뿐만 아니라 기호의 단계는 가상과 디지털에 대처하지 못하고 가상과 디지털 속에 흡수되었기 때문이다. 보드리야르에게 가상 혹은 가상현실의 중요한 차원은 정보통신기술과 디지털화, 인공지능과 생물복제이다. 보드리야르는 가상과, 시뮬라크르의 네번째 질서와 완전한 현실을 관련지어 생각한다. 다시 말해서 가상과 시뮬라시옹의 단계를 넘어선 새로운 단계와 시뮬라시옹의 최종 단계와 관련지어 생각한다.

어떻게 보면 시뮬라시옹은 기호에서 해방되긴 했지만 실제로 재현의 고전적 분석에서 벗어나지 못했다. 보드리야르가 보기에 "시뮬라시옹은 여전히 현실과 가상현실 사이의 게임이다."[40]

---

38) Jean Baudrillard, *Le Pacte de lucidité ou l'intelligence du mal*, Galilée, 2004, p.57(약호 *PLIM*).

39) 같은 책, 같은 쪽.

40) Jean Baudrillard, *Les Exilés du dialogue, entretien avec Enrique Valiente Noailles*, Galilée, 2005, pp.91-92 (약호 *ED*).

가상이 우리를 점유할 때, 기호와 실재를 대체하는 가상 사이의 복잡한 게임은 끝난다. 의미의 변증법과 고전적 기호의 균형에 뒤이어 시뮬라크르에 의한 의미와 의미 작용의 불균형[41]이 생겨났으며, 시뮬라시옹의 최종 단계에 뒤이어 의미의 프랙털화(fractalisation)와 공허 안에서의 가속화가 생겨났다. 심지어 우리는 스펙터클의 개념과 스펙터클의 사회에 일치하는 의미의 상실을 갖지 못한다. 심지어 지시 대상의 그림자조차도 없다. 숫자와 디지털 계산이 정보와 인공지능의 모든 영역을 점령하는 듯하다. 더욱이 기호의 미분(calcul différentiel)에 뒤이어 가상의 적분(calcul intégral)이 생겨난다.[42]

가상현실은 "끝없는 복제의 가능성을 여는 가상의 인공물, 우리 세계와 동일한 복제"[43]로 구성된다. 이런 관점에서 가상은 세계를 폐기하기를 시도하고 세계의 복제를 만들어낸다. 가상은 잠재적인 현실이 아니다. "궤도의, 그리고 탈궤도의 가상은 더 이상 현실 세계와 일치할 수 없다. 원형을 흡수한 후, 그것은 결정불가능한 세계를 산출해낸다."[44] 가상현실은 완전히 등질화되고 디지털화되고 조작화될 수 있는 현실이다. 가상현실은 비현실적이 아니다. 그것은 초과현실(hyperréalité)보다 더 현실적이다. 말하자면 "가상현실은 매우 완전하기 때문에 우리가 시뮬라크르로서 정당화했던 것보다 더 현실적이다."[45]

따라서 가상은 기호나 이미지의 영역에 속하지 않는다. 가상은 기호를 살해하기 때문에 시뮬라시옹이 아니다. "만약 시뮬라시옹의

---

41) 실재 속에는 더 이상 일반적인 등가가 없으며, 기호는 더 이상 현실과 교환되지 않는다.
42) *ED*, p.92 참조.
43) Jean Baudrillard, *The Vital Illusion, Columbia University Press*, 2000, p.8.
44) Jean Baudrillard, *L'échange impossible, Galilée*, 1999, p.21.
45) Jean Baudrillard, *Mots de passe*, Fayard, 2000, p.52.

단계가 실제로 실재를 살해하는 단계이라면, 가상은 기호를 살해하는 단계이다."[46] 현실을 살해하는 것보다 더 파괴적인, 기호를 살해하는 것은 역시 환상을 살해하는 것이고, 상징적 차원을 궁극적으로 제거하는 것이다.

어떻게 보면 가상은 기호에 대한 최종적 해결책이 될 수 있다. 보드리야르는 가상은 상징적 형태와 기호를 전멸시킴으로써 파국적일 수 있다고 넌지시 말한다. 이제 가상의 영역에서는 가치와 기호는 허용되지 않는다. 그런데 가치의 추상적 초월성 말고는 무엇이 교환을 가능하게 하는가? 기호의 추상적 초월성 말고는 무엇이 언어의 교환을 가능하게 하는가? 보드리야르의 견해로는 가치와 기호는 오늘날 청산되고 전멸되는 듯하다. "가치와 기호는 현기증을 일으키는 동일한 규제 완화에 관계된다. 실재가 아닌 기호를 통해서 의미 작용과 의사소통의 세계는 시장의 규제 완화와 동일한 규제 완화를 겪는다."[47]

가령 라스코(Lascaux) 동굴은 그 전형적인 예가 되고 있다. 동굴의 원형은 오래전부터 폐쇄되었으며, 사람들은 시뮬라크르인 라스코 Ⅱ 앞에 줄을 선다. 대부분의 사람들은 그것이 시뮬라크르와 관계 있다는 사실을 알지 못한다. 원형은 더 이상 어디에서도 눈에 띄지 않는다. 그것은 우리를 기다리는 세계를 예고하는 어떤 방식이다. 그것은 바로 완벽한 복제인데, 우리는 그것이 복제라는 사실조차 알지 못한다. 그런데 복제가 복제이기를 멈출 때 원형은 어떻게 되는가?

이것이 바로 자신의 사라짐의 최종 단계에서 시뮬라크르의 아이

46) *ED*, p.92.
47) *PLIM*, pp.57-58.

러니컬한 변증법이다. 심지어 원형조차 술책처럼 느껴진다. 기술적으로 완성된 세계에서 원형이 다른 것들 사이의 비유에 지나지 않을 때 일종의 공평함이 실현된다.

　마찬가지로 지시 대상이 지시 대상이기를 멈출 때 기호의 자의성은 어떻게 되는가? 그런데 기호의 자의성이 존재하지 않으면, 차별적 기능도 언어도 상징적 차원도 존재하지 않는다. 기호이기를 멈추는 기호는 사물들 중의 사물로 다시 된다. 이 단계는 기호의 정치경제학의 종말, 시뮬라시옹의 황금시대의 종말일지도 모른다.

　보드리야르의 견해에 따르면, 예전에 시뮬라크르는 "사라짐의 예술 속에서 모든 뉘앙스와 함께 실재와 실재의 사라짐의 끝에서의 유희"[48]였다. 오늘날 가상과 가상현실은 기호와 재현의 쇠퇴기를 연다. 가상과 가상현실은 디지털의 세계 전체와 관계되는데, 이 세계는 수치의 조작과 적분과 집적회로만을 허용한다. 그리고 거리는 사라진다. 구체적으로 말하자면 현실 세계 외부의 거리와 기호에 고유한 내부의 거리가 사라진다. 무엇보다 기호는 재현과 유혹과 언어의 장면이기 때문이다. 언어를 통해 기호들은 의미를 넘어서 서로 유혹하며, 기호들의 구성 그 자체 속에서 시니피에와 시니피앙은 유혹의 이중적 관계 속에 놓여 있다. 따라서 기호가 만들어내는 이러한 장면의 사라짐은 보드리야르가 자주 말하는 외설스러움의 원칙, 포르노그래피의 구체화를 향한다. 가령 성행위의 직접적인 스펙터클은 시각적인 퍼포먼스로 되어 버렸기 때문이다. 이제 가상과 가상현실의 세계에서는 어떠한 유혹도 재현도 존재하지 않는다.

　가상에 의한 '기호의 살해'는 보드리야르가 《불가능한 교환 *L'échange impossible*》에서 언급하는 '상황의 시적 이동(transfert poétique de

48) *PLIM*, p.58.

situation)'을 향한다.

예를 들어 실제 사물과 그것의 의미 작용의 단계를 뛰어넘는 마르셀 뒤샹이 기호와 미학적 세계의 고전적 배치에 타격을 가하면서 자신의 병걸이(porte-bouteilles)를 미술관의 숭배 대상으로 삼을 때, 그의 실행에는 상황의 시적 이동이 이루어진다. 게다가 이 새로운 급변은 물신 숭배의 보다 일반적인 문제로 향한다. 다시 말하면 사물이 기호로 된 이후 기호가 사물로 되는 것이다.

성과 관련하여 구체적으로 설명해 보면, 성의 명부 속에서 숭배 대상은 더 이상 기호가 아닌 의미 없는 순수한 대상이다. 말하자면 그것은 교환이 불가능하고 절대적 가치를 지니는 어떤 부차적인 것이다. 그것은 어떤 다른 것이 아닌 저 대상이다. 하지만 어떤 특이성으로 인해 어떤 대상이건 숭배 대상이 될 수 있다. 그것의 가상현실은 완전하다. 그 대상이 성의 모든 은유나 지시 대상을 넘어서 자리잡고 있기 때문이다. 그것이 실제의 성을 대신한다는 점에서는 성의 완벽한 대상, 성의 완벽한 실현이다. 마치 가상현실이 현실 세계를 대신하고 현대적 물신 숭배의 일반적 형태가 되듯이 말이다.

현대인의 거대한 정보 배열은 어떻게 보면 타락한 진짜 욕망의 대상이 되어 버렸다. 보드리야르는 "물신 숭배가 추상화와 술책에 연결되기 때문에, 물신 숭배는 추상화가 완전한 만큼 더욱더 극단적이 된다"[49]고 지적한다. 상품과 돈의 물신 숭배, 그리고 시뮬라크르와 스펙터클의 물신 숭배에 대해 떠들썩한 논의가 있었다 할지라도, 그것은 기호 가치에 관련된 제한된 물신 숭배에 지나지 않았다. 오늘날 탈의미 작용(désignification)과 실재의 끝없는 조작, 즉 모든 은유를 넘어서 기호가 순수한 대상으로 되는 것에 연결된 극단적 물

49) *PLIM*, p.61.

신 숭배의 세계가 우리에게 펼쳐지는 듯하다.

그러면 기호가 사물이나 대상으로 되어 버리는 물신 숭배의 극단에서 사유는 어떻게 대처해야 하는가? 보드리야르가 보기에 "사유가 진리와 교환될 수 없는 경계선을 뛰어넘자마자, 사유가 진리의 행위로 옮겨가자마자 행위로의 동일한 이행, 거리의 동일한 상실, 그리고 실재 속으로의 동일한 추락이 사유를 위협한다."[50]

사유는 반드시 현실을 경계해야 하며, 관념을 실제로 투영하는 것과 관념을 행위로 표현하는 것을 경계해야 한다. 그러나 만약 우리가 가상의 변화에서 현실의 투영으로 옮겨간다면, 우리는 모든 철학적 거리를 상실하게 되며, 사유는 사태의 현실적 흐름과 뒤섞이면서 시스템의 조작 자체에 대한 왜곡된 대안만을 제시하게 된다. 사유는 미래의 현실을 통해 깨우치거나 알게 되는 것을 경계해야 한다. 바로 이런 게임에서 사유는 언제나 현실을 독점하는 시스템에 의해 함정에 빠질 가능성이 있기 때문이다.

어쨌든 사유와 현실 사이에는 양립불가능이 존재한다. 사유에서 현실로의 이행, 혹은 현실에서 사유로의 이행은 없다. 다시 말하면 사유와 현실 사이에는 교체도 해결책도 없다. 그래서 보드리야르는 우리에게 극단적 사유를 권유한다. 극단적 사유는 사태의 근원에까지 이르는 것이며, 현실을 의심하고 현실을 갈고 닦는 것이다. 말하자면 "극단적 사유는 늘 현실에 대해 더 많이 아는 것이 아니라 현실의 다른 쪽을 뛰어넘는 것이다."[51] 우리가 보드리야르의 극단적 사유를 이해한다면, 가상에 의한 현실의 살해, 가상에 의한 기호의 살해에 보다 구체적으로 침잠할 수 있을 것이다.

50) *PLIM*, p.61.
51) "Jean Baudrillard: 《Viral et métaleptique》", entretien avec Pierre Boncenne, *Le Monde de l'éducation*, octobre 1999, p. 14.

5. 완전한 현실과 가상

오늘날 우리는 현실과 현실 세계를 변화시키는 이상적인 전망에 직면해 있다. 더욱이 우리는 세계를 실현시키고 세계가 기술적으로, 그리고 완전히 현실이 되도록 하는 계획에 직면해 있다. 보드리야르는 "끝없는 조작적 계획으로 세계에 범죄를 저지르는 것, 즉 모든 것이 현실적이 되는 것, 모든 것이 가시적이고 투명하게 되는 것, 모든 것이 해방되는 것, 모든 것이 실현되고 어떤 의미를 갖는 것은 '완전한 현실(réalité intégrale)'이라고 명명한다."[52] 보드리야르가 보기에 세계를 바라보는 관점을 바꾼다는 것, 거기에는 상상력이 필요하다. 그런데 그의 상상력 속에서 우리가 어떤 원칙을 만들었던 현실이 사라지고 있다. 현실을 지시 대상이나 가치로 되살리고자 하는 것은 있을 수 없는 일이다. 왜냐하면 현실 원칙이 사라졌

52) Jean Baudrillard, *Le Pacte de lucidité ou l'intelligence du mal*, Galilée, 2004, p.11(약호 *PLIM*).

기 때문이다. 따라서 객관적 실재의 사라짐 뒤에서 목격되는 것은 바로 가상현실, 완전한 현실의 잠재적인 상승이다.

실제로 우리는 실재가 실재로 되지 못했던 돌이킬 수 없는 상황을 파악할 수 없을 것이다. 물론 현실적인 것은 존재한다. 그러나 흔히 현실이 사라졌다고 말할 때, 이는 현실이 물리적으로 사라졌기 때문이 아니라 현실이 형이상학적으로 사라졌기 때문이다. 만약 실재에 어떤 의미를 부여하는 재현의 원칙이 사라진다면, 실재는 완전히 사라진다. 아니 오히려 실재는 자신의 원칙을 벗어나 더 이상 어떤 법칙에도 따르지 않는 제한없는 확장 속으로 들어간다.

보드리야르의 견해에 따르면 의미와 재현에 관련된 객관적 현실은 무한한 현실인 '완전한 현실'을 허용하는데, 이 '완전한 현실'에서는 모든 것은 어떤 원칙이나 궁극 목적에 준거하지 않은 채 실현되고, 기계적으로 구체화된다. 따라서 '완전한 현실'은 실재의 살해를, 실재에 대한 모든 상상의 상실을 거친다.[53] 말하자면 실재에 연결되는 상상은 사라진다. '완전한 현실'에는 상상이 존재하지 않는다.

어떻게 보면 우리는 원칙과 개념으로서의 현실에서 실재의 기술적 실현으로 옮겨가고 있다. 무엇보다도 현실의 과잉으로 인해 사람들은 현실을 더 이상 믿지 않는다. 세계가 포화 상태에 이르고 삶이 기술적 포화 상태에 이르며, 가능성이 넘쳐나고 욕구와 욕망의 실현이 넘쳐난다. 현실의 생산이 기계적인 것이 되어 버린 이상 어떻게 현실을 믿어야 하는가?

현실은 자신의 축적으로 마비된다. 사람들은 현실의 과잉에서 벗어날 줄 모른다. 따라서 온갖 형태의 현실의 과잉은 견딜 수 없는 것이 된다. 그러면 현실의 과잉으로 현실은 사라질 수밖에 없는가?

53) Jean Baudrillard, *Le Pacte de lucidité ou l'intelligence du mal*, Galilée, 2004, p.12 참조.

아니면 현실은 존재하는가? 우리는 현실 세계 속에 있는가? 이는 바로 현재의 우리 문화의 중심 테마이다. 그러나 이것은 현실에 사로잡힌 세계를 우리가 극단적인 부정의 형태로만 지탱할 수 있다는 사실을 나타낼 뿐이다. 즉 세계가 더 이상 다른 세계 속에서 정당화될 수 없기 때문에 이제 세계는 스스로 현실의 힘을 나타내면서, 그리고 모든 환상을 제거하면서 다른 세계 속에서 정당화되어야 한다. 하지만 동시에 역전이(contre-transfert)의 효과를 통해 실재 그 자체의 부정이 증대된다.

그러면 현실 그 자체는 증대되는가? 현실은 증식하는 종(種)처럼 증대되는 반면, 실재는 사막처럼 증대된다. 그런데 증대되는 이 현실을 파괴하고 약탈하는 것은 환상·꿈·열정·광기·술책·시뮬라크르인 것처럼 보인다.[54] 그래서 보드리야르는 현실은 "자신의 에너지를 상실했으며, 인위적인 등가물을 찾아내어야 한다. 그렇지 않으면 자신의 임계질량에 도달하게 되면, 현실은 온갖 형태의 가상(virtuel)을 허용하면서 마침내 저절로 파괴될 것이고, 그 자체로 내파할 것이다"[55]라고 지적한다.

여기서 보드리야르는 가상과 현실 사이의 아이러니컬한 관계를 다음과 같이 설명한다. "가상은 마치 바이러스성의, 자기 파괴적인 물질처럼 스스로 분비되는 현실의 최종적인 약탈자이자 파괴자이다."[56]

요컨대 현실은 가상현실의 희생물이 되었다. 이러한 과정의 최종

---

54) 이 점에 대해 지젝은 "일상 생활 속에서 우리는 현실 속에 침잠해 있는데, 이는 어느 정도 환상(거짓 연출)에 의해 구조화되고 지탱된다"고 지적한다. 이러한 가상과 실재의 변증법에서, 귀환하는 실재는 또 다른 가상의 지위를 지닌다. 즉 실재는 과잉적인 성격 때문에 우리는 그것을 우리의 현실 안으로 통합할 수 없는 것이다. Slavoj Žižek, *Welcome to the desert of the real*, Verso, 2002, pp.32-33(약호 *WDR*).

55) *PLIM*, p.21.

56) 같은 책, 같은 쪽.

적인 결과는 객관적 현실의 추상화에서 시작되어 완전한 현실로 끝난다.

가상의 관점에서 세계의 대체는 완전하다. 그것은 완전한 환상이다. 문제는 상징적 실체의 무조건적인 전멸에 의해 해결된다. 객관적 현실조차도 쓸모없는 기능이나 일종의 폐물이 되며, 그것의 교환이나 순환은 점점 더 어려워진다. 따라서 객관적 현실에서 최종적 단계, 즉 동시에 현실과 환상을 끝내 버리는 일종의 극단적 현실(ultraréalité)로의 이행이 가능해진다.

그러면 보드리야르가 말하는 극단적 현실이란 무엇인가? 그것은 '완전한 현실'을 뜻하는 듯하다. 보드리야르가 예를 들어 설명하는 '완전한 현실'은 완전한 음악 속에 있다. 그것은 4채널 방식의 공간 속에서 발견되거나 컴퓨터상에서 구성될 수 있다. 이 완전한 음악 속에서는 소리는 맑아지고 소리의 불순한 부분은 제거된다. 그리고 모든 잡음을 넘어서 완벽한 기술로 복원되는 듯하다. 음향은 더 이상 어떤 형태의 놀이가 아닌 어떤 프로그램의 실현이다. 음악은 순수한 파장으로 환원되고 최종적 수신, 즉 청취자가 느낄 수 있는 효과는 정확히 말해서 닫힌 회로 속에서처럼 프로그램화된다. 어떻게 보면 자신의 모델과 혼동되는 상상할 수 없는 완벽한 가상의 음악이다.

이는 바로 모든 부분들로 구성되고 실제적인 지시 대상이 없는 합성 이미지, 즉 디지털 이미지 같은 것이다. 여기서는 아날로그 이미지와는 달리 부정적인 것 자체, 이미지의 한가운데에 있는 부정적인 순간이 사라져 버린다. 이러한 부재는 이미지를 흔드는데, 기술적인 조작은 완벽하다. 이미지의 상상력 자체, 그 근본적인 환상은 끝났다. 왜냐하면 컴퓨터 합성 작용에서는 지시 대상으로의 환원이란 더 이상 존재하지 않고, 현실 자체도 가상현실로서 즉각적으로 생성되기에 실제로 일어날 여지가 더 이상 없기 때문이다.[57] 디지털 이미지는 유사적 대리물(analogon)인 이미지를 지우고, 상상되어질 수 있는 현실을 지운다.

오늘날 우리는 기술적인 조작에 의해 단순해졌다. 그리고 이러한 단순화는 우리가 디지털 조작에 이르게 되면 어떤 미친 듯한 흐름을 쫓는다. 보드리야르가 말하는 기술적인 조작에 의한 완전한 현실은 일종의 유토피아이다. 하지만 그것은 사람들이 놀라운 술책을 통해서 우리에게 강요하고 있는 것처럼 보인다.

가상의 기술의 비물질성, 즉 디지털과 스크린의 비물질성 이면에는 맥루언이 텔레비전과 미디어의 이미지 속에서 이미 알아낸 바 있는 명령이 숨어 있다. 이 명령은 우리가 사이버 세계의 어디에서나 확인할 수 있는 황홀한 연루와 현기증이 될 수 있는 상호 작용의 집중이나 참여에의 명령이다. 몰입 · 내재성 · 즉각성은 가상(virtuel)이 지니는 특성들이다. 가상에는 더 이상 시선도, 장면도, 상상도, 환상도 없고 외재성도, 스펙터클도 없다. 따라서 우리는 있는 그대로의 세계가 아닌 완전히 실현되고 기술적으로 실행된 세계에 접근한다. 왜냐하면 있는 그대로의 세계는 가상(apparence)과 완전한 환상의 영역에 속하기 때문이다.

그러므로 순수한 정보의 세계를 초디지털화하고 가상현실을 통해 실재를 복제하며, 자연 세계를 기술적 · 인공적 세계로 대체하는 전략에 대한 가정이 존재한다. 이 가정은 세계가 극단적 환상이라는 가정, 즉 세계가 어떤 진리나 궁극적 목적과 교환될 수 없다는 가정이다. 실제로 있는 그대로의 세계는 인과 관계를 나타내는 설명도 없고, 가능한 재현도 없다.

---

57) Jean Baudrillard, *Pourquoi tout n'a-t-il pas déjà disparu*, L'Herne, 2007, p.30 참조(약호 *PTD*).

그런데 결정적인 이유도 의미도 없는 것은 환상이다. 따라서 세계는 극단적 환상의 모든 특성을 지닌다. 하지만 우리에게 이 환상은 견딜 수 없는 것이다. 그래서 의미와 초월성의 시뮬라크르의 가능한 형태들, 즉 본원적인 환상을 감추는 것을 산출하는 것이 필요하다. 보드리야르의 표현에 따르면 "시뮬라크르는 진리를 감추는 것이 아니라 진리의 부재를 감추는 것이다."[58]

이러한 관점에서 실재의 발견이 이루어진다. 이제 실재의 곁에서, 이 시뮬라시옹 모델의 곁에서 세계의 교환이 가능해진다. 따라서 자연 세계를 청산하고 자연 세계를 인공 세계로 대체해야 할 것이다. 무엇보다도 모든 형태의 자연 세계를 제거하는 놀라운 기술적 계획이 생겨나게 된다. 그리고 가상은 세계의 불가능한 교환에 대한 궁극적 해결책으로 출현한다.

그러면 언제나 다른 시뮬라크르를 향한 탈주만이 있는가? 더 이상 이상적인 해결책도 없고 부정적인 것도 없는 점점 더 인위적인 현실의 발견만이 생겨나는가?

새로운 가상현실과 더불어 우리는 환상의 모든 흔적이 사라져 버린 세계의 기술적 인공물로 귀착되는 시뮬라시옹 계획의 최종 단계로 들어가는 듯하다. 보드리야르의 지적처럼 "이 세계는 더 이상 진짜일 필요가 없는 너무도 현실적이고 초과현실적이며 조작적이고 프로그램화된 세계이다."[59] 완전히 조작적이고 해결책 없는 이 세계에 맞서서 현실 거부와 현실 부정이 펼쳐진다. 모든 가능성을 지니는 초과현실화(hyperréalisation)를 위해 현실의 삶이 희생되는 완전한 세계에의 몰입에 우리가 저항하는 것은 일종의 본능과 생체 반응에

---

58) Jean Baudrillard, *Simulacres et Simulation*, Galilée, 1981, p.9.
59) *PLIM*, p.27.

의해서이다. 다시 말해서 지젝의 지적처럼 현실의 삶이 가상화되고 우리가 사는 세계가 점점 더 인공적으로 구성된 장소가 되어가는 것을 경험하기 때문에 우리가 '실재로의 귀환'이라는 억누를 수 없는 충동, 어떤 실재(진짜 현실)에 다시금 굳건히 뿌리를 내리고자 하는 충동을 느낀다는 것이다.[60] 우리의 부정적인 해제 반응은 우리 삶의 이상적인 조건에 지나친 반응을 보이는 데서 비롯된다. 우리는 완전한 현실을 위해 모든 환상을 희생시키는데, 이 완전한 현실은 환영적 현실이다.

오늘날 우리의 물질적 환경은 상호 작용의 스크린·멀티미디어·인터넷에 의해 산출되는 가상과 가상현실에 직접적으로 연결되어 있다. 우리의 현실을 구성하는 가상들의 거미줄을 통해 '현실의 가상화'가 이루어진다. 섹스 없는 섹스인 가상섹스, 스크린 위에서만 존재하는 가상사건 같은 우리 세계의 인공적인 가상성이 도처에서 우리를 위협하고 지배한다. 그러면 우리는 진정으로 가상 뒤에서 실재를 찾을 수 있을까?

지젝의 표현을 빌리면 가상과 가상현실은 "그 실체, 즉 실재의 단단한 저항적 핵심을 제거한 현실을 제공한다."[61] 그리하여 "디카페인 커피가 진짜 커피가 아니면서도 커피와 똑같은 향과 맛을 내는 것과 마찬가지로, 가상현실은 현실이 아니면서도 현실로 경험된다."[62] 어떻게 보면 우리는 이 가상화의 과정을 거치면서 실재인 진짜 현실을 가상의 실체로 받아들인다.

그러면 새로운 기술의 차원에서 가상화란 무엇인가? "가상화는

---

60) *PLIM*, p.27.
61) *WDR*, p.19 참조.
62) 같은 책, p.11.

현실에서 가상으로의 이행에 있으며, 관찰된 실체의 '능력의 상승'에 있다. 근본적으로 현실성(하나의 해결)에 의해 정의되는 대신에, 한 실체는 이제 그의 본질적인 견고함을 문제적인 영역에서 찾는다."[63] 이렇게 되면 어떠한가? 하나의 해결에서 다른 문제로의 이행이 가상화라면, 그것은 엄밀하게 설명된 것이 아닌가? 오늘날 가상화의 일반적 경향은 정보와 커뮤니케이션뿐만 아니라 인간의 문화 생산과 문화적 상상력 혹은 인간 지성의 작용에도 영향을 미친다. 가상화는 이미 과학과 기술의 경계를 넘어 문화와 사유의 영역으로 진입했다고 할 수 있다.

따라서 대중들은 가상화를 통해 문화의 소비자인 것에 만족하지 않고 직접 문화 생산에 뛰어들 것이다. 문화적 상상력을 지닌 그들은 지켜보기보다는 직접 경험하거나 참여하고 싶어하기 때문이다. 많은 집단들이 다양한 문화적 중심을 만들어낼 뿐만 아니라, 각각의 문화적 중심들은 새로운 기술을 통해 서로 연결되고 서로를 통해 발전할 것이다.

이제 새로운 문화적 맥락에서 가상을 어떻게 이해할 수 있을까? 일상적인 말의 뜻에서 보면 가상은 현실에 대립되지만, 새로운 기술이라는 수단을 통해 가상의 갑작스러운 출현은 가상이 현실의 소멸을 나타낸다는 느낌을 준다. 가상의 시대가 도래하자 '현실의 살해(meurtre de la réalité)'에 대한 많은 논의가 이루어졌기 때문이다.[64] 보드리야르의 견해에 따르면 현실 세계를 생겨나게 하는 것은 그것을 산출하는 것이고, 현실은 결국 시뮬라시옹의 한 형태일 뿐이다.

---

63) *WDR*, p.11.

64) 그런데 조금만 더 깊이 생각해 보면, 우리는 현실 세계가 근대에 이르러 현실 세계를 변형시키고자 하는 결심과 함께 시작되었음을 알게 된다. 그리고 이 변형은 과학, 세계에 대한 분석적 지식, 기술의 사용을 통해 이루어진다(*PTD*, p.10 참조).

물론 현실 효과·진실 효과·객관성의 효과는 존재하지만, 현실 그 자체는 존재하지 않는다고 말해질 수 있다. 그러므로 가상은 상징 세계에서 현실 세계로 이행하는 이러한 경향을 과장하는 것에 지나지 않는다. 이러한 의미에서 가상은 하이퍼-리얼리티(hyper-réalité)라는 개념과 일치한다. 완전히 등질화되고 디지털화되고 조작될 수 있는 가상현실은 다른 것을 대신하게 된다. 왜냐하면 가상현실은 모순적인 것이 아니라 완전한 것이며, 통제될 수 있는 것이기 때문이다. 따라서 가상현실은 매우 완전하기 때문에 시뮬라크르보다 더 현실적인 것이다.[65]

'가상현실.' 서로 상반되는 두 단어로 이루어진 이 말은 언뜻 보면 이치에 맞지 않는 것처럼 보인다. 그러나 엄밀히 말하면 가상이라는 말과 현실이라는 말은 반의어가 아니다. 라틴어로 힘 또는 능력을 의미하는 virtus라는 말을 어원으로 하고 있는 가상(virtuel)은 현실에서의 힘, 그 자체로서 현실의 필수적인 조건이 될 수 있는 힘을 뜻한다. 가상현실의 차원에서 가상은 현실을 초월하지 않는다. 가상은 현실의 안에 있다. 현실의 안에 있으면서 현실을 가상으로 만든다.[66] 이제 우리는 가상적인 것이 현실적인 것으로 될 수밖에 없었다는 진부한 철학적 의미 속에 있지 않다. "가상은 현실을 대신하는 것이며, 세계의 현실을 통해 동시에 세계를 완성하고 해체함에 따라 현실에 대한 궁극적인 해결책이 된다"[67]고 보드리야르는 말한다.

여기서 가상이란 대체로 디지털 방식, 정보통신 기술, 컴퓨터 조작, 생물복제 등을 뜻한다. 요컨대 세계가 자체의 인위적인 복제물

---

65) 배영달, 《보드리야르의 아이러니》, 동문선, 2009, pp.303-304 참조.
66) 김진석, 《이상현실 가상현실 환상현실》, 문학과지성사, 2001. p.76 참조.
67) Jean Baudrillard, *Mots de passe*, Pauvert, 2000, p.52.

과 교환될 수 있듯이 완전하고 가상적이고 기술적인 인공물(artefact)이 자리매김할 수 있을 것이다. 이는 다른 모든 해결책보다 훨씬 더 근본적인 해결책이 될 수 있다. 왜냐하면 세계는 다른 이유에서 생겨난 어떤 초월성이나 목적성과도 교환되지 않고, 세계보다 훨씬 더 진짜 같은 복제물, 즉 현실 세계보다 훨씬 더 현실 같은 복제물을 사용함으로써 세계 그 자체와 교환되어야 하기 때문이다. 따라서 이때의 세계는 현실의 문제와 현실에 어떤 의미를 부여하려는 모든 의도를 끝낸다. 그것은 세계가 부재할 때 세계에 대한 자동 기술 같은 것이다. 말하자면 그것은 완전한 등가, 완전한 스크린, 궁극적인 해결이다. 쉽게 눈에 띄지 않는 네트워크가 주는 절대적 위안이다. 인터넷은 우리를 생각한다. 가상은 우리를 생각한다. 가상은 잠재적인 현실이 아니다.[68]

가상과 현실의 이러한 관계를 극단적으로 사유하는 보드리야르의 관점에서 보면, '우리를 생각하는 것이 대상'이듯이 우리를 생각하는 것은 가상이다. 더 이상 사유의 주체도 행위의 주체도 필요 없는 듯하다. 모든 것은 새로운 기술의 매개로 이루어진다. 인간의 특성이 자신의 가능성을 극단까지 밀고 나아가지 않는 것이라면, 기술의 본질은 자신의 가능성을 철저히 전개하고 훨씬 멀리까지 나아간다. 따라서 기술은 자신과 인간 사이에 결정적인 경계선을 긋고, 결국에는 인간에 반대하는 기능의 끝없는 가능성을 전개한다.[69]

더욱이 물질적이든 정신적이든 끝없는 기술 발전에 힘입어 모든 것이 과잉 현실에 의해 사라질 수 있으며, 또한 정보통신기술·디지털화 같은 온갖 형태의 가상현실 뒤로 현실이 사라진다.

68) Jean Baudrillard, *L'échange impossible*, Galilée, 1999, p.21.
69) *PTD*, p.13 참조.

이러한 상황을 고려해 보면, 우리에게 말하는 것은 가상의 기계이고, 우리를 생각하는 것도 가상의 기계이다. 가상의 작용 속에서 가상의 기계에 몰입하는 어떤 수준에서는 더 이상 인간과 기계의 구별이 없다. 즉 기계는 인터페이스의 두 측면이다. 심지어 우리는 인터페이스의 공간에 지나지 않는다. 인간이 기계의 가상현실로 되었기 때문이다.

이는 스크린의 본질 자체와 관계가 있다. 보드리야르의 견해로는 "거울을 초월할 수 있어도 스크린을 초월할 수 없다."[70] 가상의 어떤 표면이든 그것의 특성은 우선 비어 있어서 그 무엇으로 채워질 수 있다는 것이며, 우리가 그 공백과 상호 작용할 수 있다는 것이다. 즉 우리는 스크린 속으로, 가상의 이미지 속으로 들어간다. 우리는 스크린 속으로 들어가듯이 삶 자체 속으로 들어간다. 우리는 디지털 결합처럼 자신의 삶에 연결된다.

장면과 시선이 존재하는 사진·영화·회화와는 달리 디지털 이미지와 컴퓨터 스크린은 맥루언이 말했듯이 일종의 몰입, '촉각적 상호 작용'을 유발한다. 우리는 경우에 따라서는 이미지를 변화시키기 위해 이미지의 유동적 실체 속으로 들어간다. 마치 과학이 신체를 변화시키기 위해 게놈과 유전자 정보에 침투하듯이 말이다. 따라서 인터넷 같은 가상의 텍스트는 합성 이미지로 가공되는데, 이는 시선의 초월성과는 아무 관련이 없다. 여기서 합성 이미지는 디지털 이미지를 뜻하는데. 이 "디지털 이미지는 스크린에서 바로 생겨난 이미지로서, 스크린에서 생겨난 다른 모든 이미지들의 무리 속에 잠겨 버린다. 이 이미지는 흐름의 계열에 속하고, 기기의 기계적인 조작 기능에 사로잡혀 있다."[71]

70) *PLIM*, p.67.

보드리야르의 견해로는 가상의 영역에서, 즉 디지털·컴퓨터·완전한 계산의 영역에서 그 어떤 것도 재현할 수 없다. 그것은 장면이 아니며, 거기에는 거리도 시선도 없다. 말하자면 그것은 완전한 몰입이며, 이 가상의 영역에서 오는 무수한 이미지들은 재현의 차원이 아닌 시각적 소비의 차원에 속한다. 가령 우리는 텔레비전 앞에서 메시지를 보지 않고 스크린과 이미지만을 본다. 어떻게 보면 우리는 가상이 만들어내는 이미지의 지배력만을 믿으며 현실을 체념한 듯하다. 주체와 대상의 경계선이 실제로 사라지는 몰입과 상호 작용의 세계로 우리는 무엇을 하겠는가? 이러한 세계는 더 이상 재현될 수 없으며, 두뇌의 정신 작용 자체가 스크린이 되었기 때문에 두뇌의 작용과 스크린의 작용이 구별되지 않는 작용에 의해 굴절되거나 회절될 수밖에 없다.

말하자면 두뇌 속에서 이미지와 스크린이 뒤섞여 나타나면서 지배적인 형태가 된다. 그리하여 디지털 이미지와 컴퓨터 스크린은 전자적 상호 작용의 현기증을 일으킨다. 이제 우위가 주체의 우위가 아닌 컴퓨터와 네트워크의 우위라는 사실은 가상의 보이지 않는 공간 속으로 사라져 아무 데서도 더 이상 찾아낼 수 없는 가능성을 내포한다. 따라서 가상의 기계가 지니는 매력은 환각적 사용 속에서 사라질 수 있는 가능성에서 연유한다.

환각적 형태는 즐거움을 대신하지만, 가상성은 그것이 즐거움의 모든 기준을 은밀히 사라지게 하기 때문에 즐거움에 다가간다. 가상성은 우리에게 모든 것을 주는 동시에 우리에게서 모든 것을 교묘하게 가로챈다. 보드리야르는 "어떻게 보면 가상성 속에서 주체는 완전히 실현되지만, 주체가 완전히 실현될 때 기계적으로 대상

71) *PTD*, p.25.

이 된다"[72]고 말한다. 이는 분명히 두려움이다.

그러나 가상의 지배에만 주의를 기울여서는 안 된다. 특히 가상을 현실로 착각하고 가상에 실재의 범주를 적용해서는 안 된다. 보다 일반적으로 말해서 가상의 출현으로 현실이 끝났다는 것은 있을 수 없는 일이다. 어쨌든 우리는 가상과 함께 기이한 역설 앞에 있다. 이는 가상이 자신의 현실과 동시에 그밖의 모든 것의 현실을 부정할 수밖에 없기 때문이다. 가상은 자신이 규칙을 갖지 않는 놀이에 사로잡힌다. 가상은 따라서 역사의 진상(眞想)이 아니다. 가상은 가상적 환상, 가상에 대한 환상에 지나지 않는다.

우리는 이러한 가상을 제대로 이해하고 있는가? 우리는 미디어를 단순한 도구적 기술로 환원시키면서 미디어 혁명을 파악하지 못한 바 있다. 우리는 같은 방식으로 가상을 응용 기술로 환원시키면서 가상의 의미를 파악하지 못하고 있다. 더욱이 우리는 가상과 기술의 난입이 현실 원칙 자체를 뒤집어 놓는 것을 파악하지 못했다. 따라서 우리는 전통적 범주에서 아무것도 변화시키지 못한 채 가상의 올바른 사용, 가상의 윤리, 가상적 민주주의에 대해 말한다.

그런데 가상의 특성은 '실재에 대항하는 실재' 속에서 센세이션을 일으키는 것이며, 실재·사회적인 것·정치적인 것·역사의 모든 범주들을 재검토하는 것이다. 가상적 출현 이외에 더 이상 그 모든 것의 출현이 없듯이 말이다. 이제 가상의 정치가 아닌 가상적 정치만이 존재하고, 가상의 역사가 아닌 가상적 역사만이 존재하며, 가상의 기술이 아닌 가상적 기술만이 존재한다 해도 지나친 말이 아니다. 마치 예술이 디지털로 작용할 때 예술로 남아 있듯이 가상의 예술은 차치하고라도 말이다. 경제에 대해 말하지 않은 채 경제가 가

72) *PLIM*, p.69.

상성, 즉 순수한 투기로 옮겨가듯이 말이다. 이러한 한술 더 뜨기는 경제와 마찬가지로 가상이 자기 자신의 이유를 지니지 못한 채 시뮬라시옹 효과처럼, 그리고 세계의 불가능한 교환을 대체하는 것처럼 '전방으로의 탈주(fuite en avant)'에 의해 구성된다는 것을 보여준다.

경제가 다른 것을 위해 거기에 있는 이상, 경제 비판이나 경제 변화의 분석을 통해 존속되어도 아무런 소용이 없다. 마찬가지로 가상이 다른 것을 위해 거기에 있는 이상, 가상의 원칙이나 가상의 목적성에 물음을 제기해도 아무런 소용이 없다.

경제와 가상의 운명이 다른 곳에 있기 때문이다. 그리고 분석의 운명도 다른 곳에 있기 때문이다. 우리가 자신의 고유한 논리 속에서 체계를 분석함에 따라, 혹은 체계가 다른 것을 위해 거기에 있다는 견해에 따라 모든 것은 변화한다.

어디에선가 우리는 가상에 대한 환상을 예감해야 한다. 왜냐하면 우리는 가상의 기계와 그 표면적 심연에 잠기는 동시에 우리가 가상의 희극을 상연하듯이 모든 것이 일어나기 때문이다.

어쨌든 정보의 과잉으로 정보의 희극을 상연하듯이 가상의 끝없는 확장으로 인해 우리는 파타피지크(pataphysique)[73] 같은 어떤 것, 즉 자신의 한계를 넘어서고 물리학과 형이상학의 법칙을 넘어서는 모든 것의 학문을 향해 나아가는 듯하다. 말하자면 사태가 무관심의 단계와 동시에 패러디의 단계에 도달하는 상태 같은 아이러니컬

73) 파타피지크(pataphysique)는 물리학이나 논리학의 일정한 법칙과는 대조적으로 '문제들의 부재에 대한 유일한 상상적 해결책'을 마련하는 학문이다. 보드리야르에 의하면, "파타피지크는 기체 상태의 철학이다. 파타피지크는 너무도 명백하기 때문에 발견되지 않는 새로운 언어 속에서만 정의될 수 있다. 뿐만 아니라 그것은 자신의 말에 의해서만 표현될 수 있다. 따라서 그것은 존재하지 않는다."(Jean Baudrillard, *Pataphysique*, Sens & Tonka, 2002, p.15) 보드리야르는 문화·기술, 그리고 사회의 지배적인 모델을 뒤집기 위해 이 용어를 사용한다. 파타피지시엥(pataphysicien)은 파타피지크를 탐구하는 자를 뜻한다.

한 학문을 향해 나아가는 듯하다.[74]

　이제 가상의 기술은 세계의 환상에 대한 뛰어난 직관을 내포하면서 '아이러니컬한 전략'이 될 수 있다. 보드리야르의 관점에서 실제로 가상성은 우리에게 본원적 환상으로 남아 있는 모든 것이며, 언젠가 진리를 소유하리라는 모든 유혹으로부터 우리를 보호해 준다. 그러나 가상은 과잉의 정보를 산출함으로써 비판적 사유의 가능성을 위협한다. 가상은 역사적·정치적·비판적 분석을 불가능하게 만드는 경향이 있기 때문이다. 결국 가상의 기술은 우리를 가치의 세계로부터 자유롭게 해주며, 우리를 기술로부터 해방시켜 주는 것이 될 수도 있고, 우리를 파괴하거나 우리를 스스로 파괴하도록 하는 것이 될 수도 있다.

74) *PLIM*, p.72 참조.

6. 〈아바타〉와 〈아마존의 눈물〉에서 보여지는 가상현실

새로운 테크놀로지의 시대가 열리고 있다. 새로운 테크놀로지는 우리의 시대를 조직하고, 우리의 환경이 되고 있다. 우리의 일상 생활은 비디오, 상호 작용의 스크린, 멀티미디어, 인터넷, 가상현실 등이 주조해 놓은 새로운 테크놀로지의 환경 속에 빠져들고 있는 것이다. 최근 많은 관심을 끌고 있는 가상현실을 다룬 영화 〈아바타〉와 다큐멘터리 〈아마존의 눈물〉에 관한 논의도 그 반영의 일부분에 지나지 않는다. 중요한 것은 가상의 테크놀로지라는 새로운 테크놀로지가 새로운 문화의 형성을 주도적으로 이끌어 나가고 있다는 것이다.

우리가 이 간략한 글에서 논의하고자 하는 것은 '가상의 테크놀로지'와 '가상현실의 문화'가 수반하게 될 세계 이해 방식의 변화이다. 그러면 우리의 세계에서 가상현실의 문화와 더불어 가상의 테크놀로지는 어디까지 나아가고 있는가? 이 물음은 새로운 테크놀로지(혹은 가상의 테크놀로지)가 문화 변동의 중요한 역할을 하고 있으며, 그 변동과 더불어 우리의 삶과 문화의 내부에 큰 변화를 일으키고 있는 것에 대해 확인하는 과정에 해당한다.

이 물음과 관련하여 우리는 그 구체적인 예로 〈아바타〉와 〈아마존의 눈물〉이 몰고 온 문화적 충격을 주목하고자 한다. 사실 새로운 테크놀로지는 과거의 테크놀로지에 비해 훨씬 더 혁명적이고 혁신적이다. 〈아바타〉를 미국에서 개봉할 때, 비평가들은 "관객에게 완전 몰입의 경험을 제공하는 야심찬 작품" "최근 몇 년간 스크린에 도착한 영화들 중에서 기술적으로 가장 뛰어난 작품" "시각적인 스펙터클의 세계에서 (관객들은) 쉽게 길을 잃게 될 것"이라고 평가했다. 그리고 〈아마존의 눈물〉 제작자들은 아마존의 현실을 담아내기 위해 헬기 외부에 시네플렉스(cinéplex)라는 첨단 항공장비를 장착하였다.

그러면 새로운 테크놀로지의 차원에서 가상화란 무엇인가? "가상화는 현실에서 가상으로의 이행에 있으며, 관찰된 실체의 '능력의 상승'에 있다." 오늘날 가상화의 일반적 경향은 정보와 커뮤니케이션뿐만 아니라 인간의 문화 생산과 문화적 감수성 혹은 인간 지성의 작용에도 영향을 미친다. 가상화는 이미 과학과 기술의 경계를 넘어 문화와 사유의 영역으로 진입했다고 할 수 있다.

이제 새로운 문화적 맥락에서 가상을 어떻게 이해할 수 있을까? 일상적인 말의 뜻에서 가상은 현실에 대립되지만, 새로운 테크놀로지라는 수단을 통해 가상의 갑작스러운 출현은 가상이 현실의 소멸을 나타낸다는 느낌을 준다. 그러나 엄밀히 말하면, 가상이라는 말과 현실이라는 말은 반의어가 아니다. 라틴어로 힘 또는 능력을 의미하는 virtus라는 말을 어원으로 하고 있는 가상(virtuel)은 현실에서의 힘, 그 자체로서 현실의 필수적인 조건이 될 수 있는 힘을 뜻한다. 가상현실의 차원에서 가상은 현실을 초월하지 않는다. 가상은 현실의 안에 있다. 현실의 안에 있으면서 현실을 가상으로 만든다. 이제 우리는 가상적인 것이 현실적인 것으로 될 수밖에 없었다는 진부한 철학적 의미 속에 있지 않다. "가상은 현실을 대신하는 것이며, 세계의 현실을 통해 동시에 세계를 완성하고 해체함에 따라 현실의 궁극적인 해결책이 된다"고 보드리야르는 말한다.

이러한 관계에서 보면, 우리를 생각하는 것은 가상이다. 더 이상 사유의 주체도 행위의 주체도 필요 없는 듯하다. 모든 것은 새로운 테크놀로지의 매개로 이루어진다. 〈아바타〉에서 제임스 캐머런 감독은 CG 기술 및 이모션 캡쳐 기술과 가상 카메라로 인물들의 복합적인 감각과 더불어 가상의 새로운 환경을 만들어내었다. 가령 그는 햇빛이 비칠 때 핏줄이 살짝 비치는 듯한 반투명한 피부, 실제의 생명체를 보는 듯한 착각을 일으키는 표정과 근육의 움직임을 세밀하게 표현하였다. 다시 말해서 그는 인간의 기능과 반응을 기계적인 인공물 속으로 옮겨 놓는 것, 혹은 기술을 인간적인, 너무도 인간적인 반응에 따르게 하는 것을 중요시 여겼던 것이다. 게다가 그는 판도라 행성이라는 가상의 공간을 창조하여 관객들에게 아마존과 유사한 울창한 우림, 하늘 위에 떠 있는 산들, 그리고 지상을 가득 메우고 있는 신비한 생명체를 체험하게 하였다.

다큐멘터리 〈아마존의 눈물〉에서 보여지는 아마존의 환경 파괴와 문명 위기는 어떠한가? 여기서 우리가 주목해야 하는 것은 가상과 이미지이다. 아마존이 흘리는 눈물은 동시에 가상과 현실, 현실과 이미지의 관계를 근본적으로 변화시키고 있다. 가상이나 이미지, 그리고 가상성이 현실 속에 스며든다면 사라져 가는 아마존은 어떻게 될 것인가? 아마존의 파괴와 위기의 경우, 사람들은 현실이나 현실의 폭력성이 가상 세계에서 다시 떠오른다고 믿는다. "모든 가상적인 이야기는 끝났다. 그것은 현실 그 자체이다"라고 보드리야르는 말한다. 그렇다면 정말 현실이 가상을 추월한단 말인가? 그렇게 보이는 이유는 현실이 가상의 모든 에너지를 흡수하고 현실 자체가 가상으로 되어 버렸기 때문이다.

아마존의 파괴와 위기는 상상할 수 없었던 일이다. 아마존의 파괴와 위기에 어떤 상징성이 있다면, 그것은 아마존이 지구의 허파라는 가상의 환경이다. 모든 것을 서서히 무너뜨리는 아마존 파괴의 충격은 오로지 가상 세계와 현실 세계를 분리하는 경계선의 배후를 밝힐 때만 설명이 가능하다. 물론 아마존 파괴는 현실로 지평을 확장하기는 어렵다. 왜냐하면 현실은 하나의 원칙이기 때문이다. 따라서 아마존 파괴로 인해 바로 그 원칙이 상실됨으로써 가상과 현실은 해체된다. 그러므로 아마존 파괴는 현실과 가상의 충돌이다. 다시 말하면 현실 세계와 가상 세계의 분리라는 놀라운 사건이다. 〈아마존의 눈물〉은 이 사건을 여실히 보여준다.

그러면 새로운 테크놀로지의 매개로 이루어지는 가상현실의 문화, 즉 스크린 문화를 어떻게 이해해야 할까? 그것은 이제 문화 자체의 기본적 형태가 되었다. "외재성에 대한 끝없는 매혹을 따라 하이퍼리얼한 것이 이루어지는 곳에서 가상적인 것은 깊이를 가진 이미지, 그 안에 들어갈 수도 있고 탐색할 수도 있으며 상호 작용할 수도 있는 이미지를 제공한다." 가령 텔레비전은 '나는 이미지이다. 모든 것은 이미지이다'라는 사실 이외에는 아무것도 말하지 않는다. 어떻게 보면 영화나 사진도 마찬가지이다. 이렇게 스크린에서는, 우리는 가상적인 것 또는 가상현실 안에 있게 된다. 우리는 상호 작용이라는 관계 속으로, 심지어 상호 감각이라는 관계 속으로 가라앉는다.

가상의 테크놀로지가 결정할 수 없는 것을 산출하든, 우리의 세계가 가상의 테크놀로지를 산출하든 그것은 결정할 수 없는 것이 된다. 우리는 스크린 속으로, 장애물 없는 가상의 이미지 속으로 들어간다. '스크린은 이미지다.' 현실이 스크린 속으로 들어오면 가상현실 또는 가상의 이미지가 된다. 〈아바타〉에서 제임스 캐머런 감독이 그려낸 가상현실과 그가 만들어낸 아바타의 이미지는 우리들을 매혹한다.

3차원 영상 기술에 의한 이미지는 몰입 현상, 즉 '촉각' 상호 작용을 불러일으킨다. 우리는 원하는 대로 움직이고, 상호 작용의 이미지로 원하는 것을 하게 된다.

이렇게 상호 작용적이며 몰입적인 가상현실을 구체화하는 테크놀로지는 과연 무엇일까? 그것은 한마디로 단지 기계일 뿐이다. 우리는 오히려 기계의 가상현실에 갇힌 인간이 아닐까? 이는 스크린의 본질 자체와도 관련이 있다. 거울을 초월한 세계는 있어도 스크린을 초월한 세계는 없는 것이다.

이제 스크린 문화는 가상현실이 지배하는 문화가 되고 있다. 가상현실의 문화에는 가상과 가상의 테크놀로지의 강한 유혹이 있다. 따라서 가상의 테크놀로지는 인간과 세계에 대한 환상을 가상현실 안으로 흡수하게 될 것이다.

제2부

급진적·극단적 사유와 상상력

1. 사물이라는 악마 혹은 사물의 전략

보드리야르는 탈근대 세계에서 자신의 새로운 형이상학을 구상한다. 이 새로운 형이상학과 관련하여 그는 현실 원칙과 인식 원칙을 재검토해야 할 필요성을 강조한다. 사실 전통적인 형이상학은 궁극적인 현실을 개념화하려는 시도였으며, 인식 원칙은 주체와 대상의 관계에서 대상에 대한 주체의 우위를 전제로 했다. 그러나 보드리야르가 바라보는 탈근대 세계에서는 "인식은 주체와 대상 간의 싸움이며, 이러한 싸움은 대상 자체를 사라짐의 영역으로 간주하는 주체의 절대적 지배의 상실을 초래한다."[1] 요컨대 주체와 대상 간의 게임은 끝났으며, 주체는 사물의 세계에 대한 지배권을 포기해야 한다는 것이다. 보드리야르의 사유로는 "오늘날에는 그 누구도 권력의 주체, 지식의 주체, 역사의 주체임을 자처할 수 없다."[2] 그러므로 가능한 전략은 대상(사물) 쪽에서 찾아야 한다는 것이다.

보드리야르의 이런 사유에 비추어 보면 우리는 인간과 무관한 최종 단계로부터, 우리를 기이하게 끌어당기는 힘의 역할을 하는 사물로부터 세계를 파악할 수 있다. 보드리야르의 사유 세계에서 세계는 변증법적이지 않고 균형을 향해서가 아니라 극단을 향해 나아간다. 그리고 사물들은 논리적으로 혹은 변증법적으로 발전하지 않

---

1) Jean Baudrillard, *L'échange impossible*, Galilée, 1999, p.35(약호 *EI*).
2) Jean Baudrillard, *Les Stratégies fatales*, Grasset, 1983, p.166(약호 *SF*).

고 오로지 무질서하게 혹은 되어가는 대로 발전하며, 극단적이 되고 있고 한계를 넘어서고 있다. 그리하여 보드리야르는 사물의 궤적과 사물이 경계와 한계를 넘어서 증식하고 확장되는 것을 분석하고자 한다.

보드리야르의 이런 분석은 자신의 사유의 뿌리에 해당하는 《사물의 체계 Le système des objets》로부터 시작되어 《숙명적 전략 Les Stratégies fatales》《자기 자신에 의한 타자 L'autre par lui-même》《불가능한 교환 L'échange impossible》에서 아이러니컬한 양상을 띠면서 구체화된다. 실제로 탈근대 세계에 대한 탐구에서 보드리야르의 사유를 끊임없이 움직이게 하고, 그의 상상력을 자극하는 철학적 주제는 사물 개념이다. 그의 텍스트들을 읽으면, 사물은 언제나 텍스트의 어디에서나 출현한다. 그는 언제나 사물을 사유하고 탐색했기 때문이다. 오늘날 우리는 때때로 '사물이란 무엇인가'라는 물음에 직면하기도 하고, 사물을 재발견하려는 움직임을 목격하기도 한다. 이런 의미에서 보드리야르가 바라보는 사물과 사물 세계에 대한 탐구는 사물의 심오한 실재에 대한 근원적인 물음을 제기할 수 있다.

그러면 사물과 사물 세계를 탐색하는 보드리야르는 극단에 대한 찬양과 변증법과 균형(혹은 통합)에 대한 거부를 통해 어떻게 사물 세계와 자신의 사유 방식을 연결하는가? 사물과 사물 세계에 대한 보드리야르의 비전은 대체로 주체를 압도하고 유혹하는 사물의 힘, 즉 주체에 대한 사물의 우위, 사물의 증식과 사물의 승리(복수)와 관련된다. 보드리야르의 이러한 비전 속에서 일관된 철학적 주제인 사물의 개념은 어떻게 이해되어야 하는가? 그리고 탈근대 세계에서 사물이 극도로 증식되는 과정에서 발생하는 사물의 황홀경은 어떤 양상을 띠며, 우리는 왜 사물의 황홀경에 빠져들게 되는가? 사물이라는 악마는 왜 순수한 사물의 황홀한 형태로, 주체의 전략에 승리하는 사물의 전략으로 나타나는가? 어떻게 보면 이는 사물의 운명에 연결되어 보드리야르가 말하는 숙명적 전략으로 나타날 수 있을 것이다. 그러나 여기서는 사물의 숙명적 전략이 주체의 통제로부터 벗어나고 주체와 사물의 변증법의 이면을 공격하는 것에 대해 구체적으로 검토하고, 나아가 그것을 통해 기묘한 전략을 지닌 사물의 수수께끼 속에서 사물의 증대하는 매혹과 유혹, 사물의 우위와 복수를 분석하고 주체와 사물의 관계에 대한 바람직한 대안적 형태의 가능성을 가늠해 볼 수 있을 것이다.

I. 사물의 개념

탈근대 문명에 대한 탐구에서 보드리야르의 독창성을 집약하는 철학적 주제는 사물 개념이다. 사실 한 문명 전체의 위상은 사물의 존재방식과 더불어 변화한다. 문명 이해의 문제를 사물의 주제를 통해서 사유하고 탐구하는 것은 보드리야르의 텍스트의 어디에서나 나타난다.

사물의 존재와 의미를 규명하기 위하여 먼저 보드리야르는 주체와 사물의 관계를 뒤집어 놓는다. "예전에 주체가 사물에 자신의 리듬을 부과했다면, 오늘날에는 사물이 주체에게 자신의 불연속적인 리듬을 부과하게 될 것이다"[3]라고 보드리야르는 말한다. 그는 사물의 변화된 환경을 주목한다. 그리고 그는 탈근대 문명이 낳은 체계적이고 불안정한 세계 속에서 주체를 유혹하고 매혹하는 사물

3) Jean Baudrillard, *Le système des objets*, Gallimard, 1968, pp.222-223.

과 사물 세계를 사유한다.

보드리야르의 사유 세계에서 사물은 물질 세계에 있는 모든 구체적이고 개별적인 존재가 아닌 일종의 수수께끼인 것처럼 보인다. 처음부터 그는 이런 관점을 택했다. 왜냐하면 그는 주체의 문제와 결별하고자 했기 때문이다. 사물의 문제는 바로 사물의 해결책을 의미했는데, 그것은 그의 사유 방식으로 존속했다. 그 점에 있어서는 시대와 연결된 이유들이 있었다. 말하자면 생산의 우위에서 소비의 우위로의 이행은 사물을 가장 중요한 것으로 평가했다. 물건을 하나씩 만들어내는 시대에는 모든 사물은 세상에 단 하나만 존재하는 유일한 물건이었다. 하지만 대량 생산과 더불어 물건이 대량으로 소비되는 시대에는 사물의 개념 자체가 바뀐다. 이제 사물은 그것과 똑같은 다른 것들이 얼마든지 존재하는 어떤 것으로 간주된다. 대량 생산되는 사물은 사물의 의미와 지위를 바꾸어 놓았다. 사물은 단순한 물질적 실체가 아니라 의미 작용을 하는 실체이다. 실제로 보드리야르의 관심을 끌었던 것은 자체 속에서 만들어진 사물들이 아니라 사물들이 서로에게 말했던 것, 즉 사물들이 만들어내었던 기호의 체계이다.

보드리야르의 관점에서 보면 이 기호의 세계에서는 교환과 사용, 가치와 등가를 초월한 사물의 지위 변화에 대한 꿈이 존재했다. 이 기호학적 형식화 이면에는 사물의 근원에 대한 무의지적 기억이 존재했다. 보드리야르에게 사물은 거의 정열을 지닌 것처럼 보였다. 혹은 어쨌든 사물이 고유한 삶을 지닐 수 있으며, 나아가 일종의 자율성과, 사물의 지배를 너무도 확신하는 주체를 복수할 수 있는 능력을 획득하기 위해 자기 사용의 수동성에서 벗어날 수 있는 것처럼 보였다. 사물은 늘 수수께끼 같고 말 없는 세계로 간주되었는데,

사람들은 사물의 이런 세계를 창조했다는 구실로 마음대로 이용한다. 하지만 보드리야르의 사유 세계에서 보면, 사물의 이런 세계는 자신의 사용을 넘어선 무엇인가 말할 것을 지녔다. 말하자면 사물 세계는 아무 일도 그저 단순히 일어나지 않는 기호의 지배 속으로 들어갔다. 왜냐하면 기호는 언제나 사물을 사라지게 하는 것이기 때문이다. 따라서 사물은 실재계뿐만 아니라 실재계의 부재, 특히 주체의 부재를 나타냈다.

보드리야르에게 이전의 경계와 목적을 넘어서는 사물과 사물 세계의 탐구는 다영역성을 요구했다. 그러나 이 다양한 접근에 대한 실제적인 관심이 무엇이건 간에 보드리야르를 항상 사로잡은 것은 사물이 해방되고 부재하는 방식이다. 다시 말하면, 사물 그 자체 속에 '불안한 기이함'으로 남는 것이다. 어떻게 보면 사물은 바타이유가 말한 바 있는 결코 해결되지도 구원받지도 못할 '저주받은 부분'에서 생겨날지도 모른다. 보드리야르가 보기에 사물의 구원은 존재하지 않는 듯하다. 주체가 지배할 수 없는 사물의 '잔재,' 말하자면 주체가 풍부함과 축적을 통해 일시적으로 대처한다고 믿고 있지만 주체와 사물 사이의 관계의 장애물을 증가시킬 뿐인 사물의 '잔재'가 어디엔가 존재하는 것처럼 보인다. 처음에 주체는 사물을 통해 소통하지만, 그 다음에는 사물의 증식이 이 소통을 정지시킨다. 사물은 끔찍한 역할을 맡는다. 그것은 "사물이 모든 단순한 기능성을 실패하게 한다는 점에서는 완전한 자격을 가진 관계자"[4]와 같다. 바로 그 점에서 사물은 아이러니컬하게 보드리야르의 상상력을 자극하는 것처럼 보인다.

4) Jean Baudrillard, *Mots de passe*, Pauvert, 2000, p.17.

II. 사물의 황홀경

탈근대 세계는 모델과 패션, 초과 실재와 시뮬라시옹 속으로 들어가는 경향이 있다. 탈근대 문화는 경쟁과 표현의 유희에서 불확실성과 현기증의 유희로 이행하고 있다. 토대에 관한 불확실성으로 인해 형식적 특성이 현기증이 날 정도로 지나치게 증대하는 것이다. 말하자면 우리는 황홀경의 형태에 직면하고 있다. 예를 들어 사회적인 것의 황홀경(대중), 육체의 황홀경(비만), 성의 황홀경(외설스러움), 폭력의 황홀경(공포), 정보의 황홀경(시뮬라시옹)에 빠져들고 있다. 보드리야르의 견해에 따르면 상품·자본·패션·광고·성·육체·미디어·정보·코드·모델·사회적인 것·정치적인 것·예술 등은 인간을 압도하고 유혹하는 사물들이다.

그러면 사물의 황홀경이란 무엇인가? 오늘날 도처에서 사물이 범람하고 포화 상태에 도달함으로 인해 사물이 이상 증식하고 이상 발달하게 된다. 이는 바로 보드리야르가 말하는 사물의 황홀경이다. 사물의 황홀경은 사물이 극도로 증식하고 확장되는 것이다. 황홀경은 스스로를 벗어나거나 초월하여 나아가는 것이다. 그리고 "황홀경은 의미를 상실하기에 이르기까지 자기 주위를 맴돌며 자신의 순수하고 공허한 형태 속에서 빛나는 모든 사물에 고유한 특성이다."[5] 가령 패션은 아름다운 것보다 더 아름다운 아름다운 것, 즉 아름다운 것의 황홀경이자 소용돌이치는 미학의 순수하고 공허한 형태이다. 텔레비전은 실재보다 더 실재적인 실재, 즉 실재의 황홀경이다. 포르노는 성보다 더 성적인 섹스, 즉 성의 황홀경이

5) *SF*, p.12.

다. 광고는 상표의 순수하고 공허한 형태 속에서 사용 가치와 교환 가치가 폐기될 때까지 소용돌이치는 상품의 황홀경이다.

이런 식으로 오늘날 예술도 그 자체에서 벗어나고, 그 자체를 부정하려고 한다. 예술이 실현되려고 하면 할수록 더욱더 예술은 하이퍼리얼하게 되고, 자신의 공허한 본질 속에서 자신을 초월하려는 경향이 있다. 병의 물기를 빼는 병걸이를 전시하는 뒤샹의 창조적 행위만큼이나 순수하고 공허한 형태 속에서 창조적 행위를 빛나게 하는 것은 거의 드물다. 평범한 사물의 황홀경은 동시에 회화의 행위를 자신의 황홀한 형태에 이르게 한다.

이런 관점에서 탈근대 세계에서 사물은 자신의 한계를 넘어서고 위반하고 있다. 사물은 비논리적으로 혹은 무질서하게, 바이러스처럼 혹은 기이하게 발달하고 증식하고 확장되는 것처럼 보인다. 사물은 글자 그대로의 의미로 극단적이 되고 있다. 사물과 사물의 본질이 더 이상 조화롭게 될 수 없는 것은 사물이 자신의 정의를 무시하고 자신을 초월하기 때문이다. 사물은 사회적인 것보다 더 사회적인 것(대중)이 되고, 뚱뚱한 것보다 더 뚱뚱한 것(비만)이 되며, 격렬한 것보다 더 격렬한 것(공포)이 되고, 진짜보다 더 진짜(시뮬라크르)가 된다. 이는 사물 세계에 대한 보드리야르의 견해를 함축적으로 설명하는 예시가 된다.

탈근대 시대에는 사물 세계에 대한 새로운 관계가 형성되는데, 이는 사물의 은밀한 특성을 급진화하고 극단화하는 미묘한 형태로 나타난다. 가령 진짜보다 더 진짜는 가짜보다 더 가짜에 대립된다. 아름다운 것과 추한 것은 대립되지 않고 추한 것보다 더 추한 것이 추구되며, 보이는 것과 숨겨진 것이 대립되지 않고 숨겨진 것보다 더 숨겨진 것이 추구된다. 고정된 것과 움직이는 것이 대립되지 않고 움직이는 것보다 더 움직이는 것이 추구된다. 진짜와 가짜는 구별되지 않고, 가짜보다 더 가짜가 추구된다. 이러한 결과는 소용돌이를 벗어나면 실재보다 더 실재적인 것, 즉 초과 실재로 예증되는 매혹적인 것이 탄생된다는 것이다. 이것은 바로 극단과 극치의 '소용돌이'다.

게다가 사회적인 것의 수준에서 사회적인 것보다 더 사회적인 것은 바로 사회적인 것을 둘러싼 모든 에너지(무기력·저항·침묵)를 흡수하는 대중이다. 사회적인 것의 논리는 거기서 자신의 극단을 발견한다. 다시 말해서 사회적인 것의 논리는 자신의 목적성을 뒤집고 무기력과 전멸의 상황에 도달하는 동시에 황홀경에 이르는 지점을 발견한다. 보드리야르의 견해로는 "대중은 사회적인 것의 황홀경, 사회적인 것의 황홀한 형태이자, 사회적인 것이 자신의 완전한 내재성 속에 반영되는 거울이다."[6]

역시 다른 점에서 실재는 상상계를 위해 사라지지 않는다. 실재는 실재보다 더 실재적인 것, 즉 초과 실재를 위해 사라진다. 시뮬라크르는 진짜보다 더 진짜 같은 것이다. 공허는 가득함 앞에서가 아니라 포화 상태 앞에서 사라진다. 말하자면 가득한 것보다 더 가득한 것은 바로 비만 속에서 육체의 반응, 외설스러움 속에서 성의 반응, 공허에 대한 해제 반응(abréaction)이다. 움직임은 부동 속에서보다는 오히려 속도와 가속 속에서, 말하자면 움직임보다 더 움직이는 것 속에서, 움직임을 극단에 이르게 하는 움직임 속에서 사라진다. 성은 승화와 억압과 도덕 속에서 사라지지 않는다. 성은 성보다 더 성적인 것, 즉 포르노 속에서 사라진다. 초과 성적인 것(hypersexuel)은 초과 실재적인 것(hyperréel)과 동시에 이루어진다. 보다 일반적으로

6) *SF*, p.14.

말해서 가시적인 것은 모호함과 침묵 속에서 끝나지 않는다. 가시적인 것은 가시적인 것보다 더 가시적인 것, 즉 외설스러움 속에서 사라진다.

이런 논리에 비추어 보면 황홀경은 더 높은 수준처럼 보이고 배가되고 강화된 초과 실재와 (완전히 명백하고 숨겨진 것이라고는 없는) 외설스러움의 형태이다. 따라서 탈근대 세계에 대한 보드리야르의 비전은 과도한 상품·과도한 광고·과도한 패션·과도한 미디어·과도한 정보·과도한 메시지와 욕구를 확장하고 분비하면서, 그리고 통제되지 않는 성장과 복제의 소용돌이 속에서 모든 합리적 목적과 경계를 넘어서면서 사물이 이상 발달과 이상 성장하는 과정을 보여준다.

III. 사물이라는 악마

20세기초부터 과학은 미시적 차원에서 분석과 관찰의 장치가 사물의 변화를 자극한다는 사실을 인정했다. 분석과 관찰에 의해 소외받는 것에 불만족해하는 사물은 분석되고 관찰되기를 원하지 않으며, 분석되고 관찰되는 것을 도전으로 간주하고 이에 다른 도전으로 응하려고 한다. 따라서 자신이 분석을 통해 실체화하는 주체와, 이 주체가 자신의 계산과 조작에 예속시키고자 하는 사물(대상) 사이의 싸움에 대한 가정은 우리의 관심을 끌 만큼 매혹적이다. 이 가정은 환상적 명백함에 속한다. 그것은 사실 같지 않은 세계의 객관성에 대한 가정이다. 여기서는 무기력과 수동성이 아니라 사물(대상)을 예속시키려는 모든 시도를 실패하게 하는 악마(malin génie)를 가정해야 한다. 데카르트의 악마는 분명하고 명확하지 않은 것을 받아들이도록 그를 유혹하려고 한 주체의 술책이었다. 그러나 데카르트는 자신의 주체성을 지배하고 압도할 수 있었다. 이와 대조적으로 "보드리야르의 악마는 데카르트가 직면했던 주체의 인식론적 기만보다 훨씬 더 교활한 사물 그 자체이다."[7] 왜냐하면 보드리야르의 악마는 주체성의 철학의 종말을 바라는 숙명적 운명을 구성하기 때문이다. 미디어 · 정보 · 대중 등과 같은 사물은 이 숙명적 운명을 잘 구현한다.

보드리야르의 견해로는 "사물이라는 악마(malin génie de l'objet)는 과학적이고 인지적인 이해와 통제로부터 벗어나는 것이다."[8] 이전의 사물이 과학이 발명한 법칙과 개념적 도식을 따르긴 했지만, 오늘날 사물은 통제에 저항하고 사물의 움직임을 포착하려는 모델에 반항할 수 있다. 보드리야르가 보기에 사물은 죽은 물질로서가 아니라 이해와 통제로부터 벗어나는 양자처럼 악마적이고 반항적이고 능동적인 동인으로서 특징지어진다. 더구나 인문과학의 영역에서 조사의 대상(사물)인 대중이 자신의 본성을 실제로 폭로하거나 사회과학자들이 그들의 행위에 부과하는 개념적 도식에 따른다고 확신할 수 없다. 이 경우에 조사의 대상(사물)은 분석과 관찰에 저항할 수 있으며 사라짐으로써, 질문받는 것을 거부함으로써, 반항함으로써 혹은 다른 술책을 통해서 반응할 수 있다.

따라서 분석적 주체의 지위가 상대성과 불확실성으로 타격을 받을 뿐만 아니라 우위가 완전히 역전될 수 있다. 즉 분석된 사물은

---

7) Douglas Kellner, *Jean Baudrillard: From Marxism to Postmodernism and Beyond*(약호 *MPB*), Polity Press, 1989, p.163.

8) *SF*, p.14.

사물로서의 자신의 지위를 통해서 도처에서 분석의 주체를 물리치고 주체의 통제로부터 벗어난다. 이와 같은 알 수 없고 강력하고 통제할 수 없는 사물 세계에 대한 보드리야르의 투영적 비전은 현대 물리학의 결과, 말하자면 불확정성·불확실성·상대성의 결과이며, "숨겨진 극단에서 모든 물리학을 엿보는 파타피지크(상상적 해결책의 학문)"[9]에 있다.

보드리야르의 이런 비전과 상상력에는 조사라는 시뮬라시옹[10] 장치의 영역에서 대중이 희미해지는 방식, 혹은 미디어와 텔레비전의 스크린 이면으로 사건이 사라지는 방식이 존재한다. 사건이 거울 같은 반사의 스크린이 아닌 굴절의 스크린에서만 존재할 수 있기 때문이다. 거울이 주체의 상상적 장소이었던 반면, 네트워크·회로·시뮬라시옹 모델·기록과 통제의 장치로 이해되는 스크린은 주체가 사라지는 장소이다. 텔레비전의 빛은 내생적(內生的)이다. 그것은 내부에서 생겨나며, 아무것도 반사하지 않는다. 모든 것은 마치 스크린 자체가 거기서 발생하는 현상들의 본원적 장소이자 원인인 것처럼 이루어진다. 이는 바로 시뮬라시옹 장치의 고도화의 결과이다.

보드리야르는 "대상(사물)은 과학의 영역에서 사라지고, 사건과 의미는 미디어의 영역에서 사라진다"[11]라고 말한다. 그러나 사라짐 자체가 전략일 수 있다는 점을 알아야 한다. 다시 말해서 사라짐이 정보 장치의 불가피한 결과가 아니라——통제의 스크린이 어떻게 보면 사라짐의 스크린으로 되는——사물의 고유한 전략일 수 있

---

9) *SF*, p.120.

10) 보드리야르에 따르면, 시뮬라시옹은 실재보다 더 실재적이고 우월한 실재, 즉 초과 실재(하이퍼리얼리티)가 산출되는 과정을 뜻한다.

11) *SF*, p.121.

다는 점을 알아야 한다. 이 스크린에 개인이나 대중은 사라짐의 패러디한 행위로 반응한다. 그들은 이해할 수 없는 표면이 되는데, 이는 바로 사라지는 방식이다. 오늘날 그들은 스마트폰·텔레비전 같은 피상적인 스크린 속으로 사라진다. 미디어는 사건·사물·좌표계를 사라지게 한다. 미디어는 사물 자체의 전략일 수 있는 사라짐의 전략에 구체적인 매체의 구실하는가? 실제로 스크린의 이면에서 사물은 사라진다.

어떻게 보면 스크린은 아무것도 나타내지 않는다. 텔레비전의 스크린도, 여론 조사의 스크린도 아무것도 나타내지 않는다. 마치 말이 사물을 나타내고 이미지가 실재를 나타내듯이 여론조사가 무엇이건 나타낼 수 있다고 생각하는 것은 잘못이다. 개념과는 반대로 모델은 재현의 영역에 속하지 않고, 가상적이고 불확실하고 비지시적인 시뮬라시옹의 영역에 속한다. 모델 체계에 재현 체계의 논리를 적용하는 것은 논쟁과 오해를 불러일으킨다. 이질적인 두 체계 사이에는 터무니없고 해결될 수 없는 혼합(mixage)이 존재한다. 이는 조작·통계·정보·시뮬라시옹의 체계가 전통적 가치·재현·의지·견해의 체계에 비논리적으로 투영되는 것과 같다.

여론 조사가 어떤 방식으로든 완전하게 이루어지더라도 그것은 결코 아무것도 나타내지 못할 것이다. 여론 조사의 규칙은 재현의 규칙이 아니기 때문이다. 여론 조사의 논리는 객관성의 논리와 일치하긴 하지만, 이 과정 끝에는 어떠한 대상(사물)도 존재하지 않는다. 이것은 정말 별것 아니다. 미디어 역시 이와 마찬가지다. 사람들이 시뮬라시옹 안에 있을 때, 다시 말해서 진짜도 가짜도 아닌 것 속에 있을 때 모든 윤리는 완전히 위선적이다. 가령 패션의 힘이 아름다운 것과 추한 것의 대립을 이용하는 것이 아니라 아름다움과 추함의 불분명함과, 일반화된 유혹의 효과 속에서 아름다움과 추함의 분화되지 않은 소용돌이를 이용하는 것인 한 패션의 힘을 찾아내지 못할 것이다. 패션의 윤리에 대해서와 마찬가지로 여론 조사(혹은 미디어)의 윤리에 대해 말하는 사실 같지 않음이 존재한다.

물론 여론 조사가 완전한 신뢰도에 이를 수 있으며 어떤 사실의 정보가 인정받을 수 있다고 가정한다면, 이는 비극적인 것이 될 터이다. 왜냐하면 사회적인 것에서 진부한 생각을 얻어내는 것은 사회적인 것의 비극적 가능성을 허용하는 것이나 마찬가지일 것이기 때문이다. 이러한 사실은 사회적인 것이 사회적인 것의 기술(tech-nique)에 의해 패배당했다는 것을 뜻할 수 있을 것이다. 보드리야르의 사유로는, 이는 정말 모든 시뮬라시옹이 지향하는 '악마적' 목적이다. 바로 거기서 전멸시키는 테크놀로지가 시작된다. 따라서 진짜 문제는 바람직한 기능에 대한 가정으로 시작된다. 왜냐하면 중요한 것은 테크놀로지에 의해 이루어지는 사실의 왜곡이기보다는 이 테크놀로지의 객관적 신뢰도에 의한 실재의 왜곡이기 때문이다. 여기서 보드리야르는 "진실의 시대에 정보는 얼마만큼 유용했는지, 실재의 시대에 과학은 얼마만큼 유용했는지, 사물의 시대에 객관성은 얼마만큼 유용했는지"[12]를 반문한다.

따라서 의미의 체계와 시뮬라시옹의 체계 사이에는 어떤 관계도 존재하지 않는다는 이유로 미디어의 이로운 사용을 찬양하는 사람도 미디어의 조종을 규탄하는 사람도 옳다고 인정해서는 안 된다. 광고와 여론 조사는 판단이 형성되는 의지와 재현의 시공간 속에서 작용하지 않는다는 이유로 그 누구의 의지나 견해를 상실하게 할 수 없다. 똑같은 이유로 광고와 여론 조사의 관점에서 그 누구의 의

12) *SF*, p.126.

지나 견해를 밝히는 것도 불가능하다.

어쨌든 두 체계 사이의 간격으로 인해 오늘날 사람들은 불확실한 상태 속으로 빠져들고 있다. 광고와 여론 조사가 실제로 의지나 견해에 영향을 미쳤는지는 결코 알 수 없다. 사람들을 둘러싸고 미디어와 정보가 직물처럼 짜는 스크린은 전적으로 불확실한 스크린이다. 그것은 전혀 새로운 불확실한 스크린이다. 이는 정보의 부족에서 생겨나는 불확실한 스크린이 아니라 정보 그 자체와 정보의 과잉에서 생겨나는 불확실한 스크린이기 때문이다. 언제나 해결될 수 있었던 전통적인 불확실성과는 대조적으로 이 불확실성은 따라서 돌이킬 수 없을 것이며, 결코 제거될 수 없을 것이다.

이것은 바로 여론 조사를 받고 정보를 갖게 되고 통계되는 우리의 운명이다. 만약 여론의 객관적 진실이 존재한다면, 그리고 만약 우리가 고유한 가치와 고유한 의지와 더불어 인간의 본성과 사회적인 것의 본질이 존재한다는 확신을 갖는다면, 광고·여론 조사·미디어·정보는 심각한 타격을 받을 것이다. 왜냐하면 그러한 확신은 인간 소외에 대한 끊임없는 문제를 제기할 것이기 때문이다. 심지어 훨씬 더 나아가 미디어와 정보의 이론에 연결된 모든 유토피아가 재검토될 수 있을 것이다. 하지만 오늘날 우리를 일반적인 퇴화의 길에 이르게 하는 것은 정보 그 자체와 정보의 과잉이다.

여기서 보드리야르는 오늘날의 사태를 파악하고 비판적 이론을 아이러니컬한 이론, 즉 급진적이고 극단적인 이론으로 대체하는 다른 방법이 있을 것이라고 진단한다. 만약 우리가 여론 조사의 진위를 결정할 수 없음과 여론 조사 결과의 불확실성을 고려한다면, 만약 우리가 여론 조사가 무엇이건 말한다는 것과 우리가 그것을 믿지 않는다는 것을 고려한다면, 아무도 확인되는 것을 그대로 받아들이지 않을 것이다. 아무도 있는 그대로의 예상된 이미지 속에서도, 통계적 사실의 터무니 없는 거울 속에서도 살 수 없을 것이다. 놀이하는 사람이 우연을 믿지 않는 것과 마찬가지로(그는 가능성 혹은 확률을 믿는다) 아무도 운명을 버리지 않는다. 그래서 아무도 통계를 믿지 않는다. 보드리야르가 보기에 "통계의 위대함은 통계의 객관성에 있지 않고 통계의 무의지적 유머에 있다."[13]

이렇게 유머로 사태를 파악하는 것이 필요하다. 여론 조사는 결국 사회적인 것과 사회적 현상을 유연하게 다루는데, 유머는 적어도 이같은 유연함을 통해 여론 조사를 파악하면서 반응한다. 여론 조사는 사회적인 것을 심각하게 다루는데, 유머는 여론 조사의 불확실한 왜곡의 아이러니를 통해 이 심각함에 반응한다. 따라서 여론 조사라는 이 대단한 술책을 혼란스럽게 만드는 유머의 통찰 같은 것이 존재하며, 이로 인해 여론 조사는 객관성의 거울의 함정에 빠져든다. 따라서 "여론 조사와 통계에 의해 연출되는 반응의 시뮬라시옹에 대한 반응으로서 철저한 은폐의 결정적 수단이 사회적인 것의 깊숙한 곳에서 출현한다. 이것이 바로 사회적인 것의 분석을 끊임없이 방해하는 사회적인 것이라는 악마, 대중이라는 악마, 즉 '사물이라는 악마'라고 불리는 것이다."[14]

보드리야르의 사유 세계에서 사물은 결코 위험하지 않은 것은 아니다. 사물은 존재하며 복수한다. 사회적인 것의 내용에 관한 정보의 빛의 나쁜 굴절은 사고나 장치의 불완전함이 아니다. 이러한 굴절은 '사물이라는 악마'에서 비롯되고, 사회적인 것의 조사에 대한 사회적인 것의 공격적인 저항에서 비롯된다. 그리고 그것은 여론

13) *SF*, p.130.
14) *SF*, p.131.

조사원과 여론 조사 대상자 사이의, 대중과 정치 계급 사이의 은밀한 싸움의 형태를 지닌다. 만약 대상이 물음을 이해하지 못한다면, 만약 대상이 물음에 서투르게 대답한다면, 만약 대상이 물음에 너무 잘 대답한다면, 만약 대상 자체가 물음을 제기한다면, 이는 분석 장치에 부적합한 형태에 지나지 않는다. 여태껏 과학은 환상적 착오에 의해 자기 대상(사물)의 공모를 언제나 확인해 왔다. 과학은 자기 대상(사물)의 교활함·유연함·공모를 과소평가하는데, 오히려 이 모든 것이 주체의 전략에 대립되는 사물의 전략을 조장한다.

이러한 전망 속에서 여론 조사가 이루어진다면, 여론 조사는 자신의 목적과는 정반대로 기능한다. 말하자면 여론 조사는 정보의 스펙터클처럼(사람들은 오로지 정보의 스펙터클만을 원한다), 정보를 비웃는 것처럼 기능한다. 여론 조사의 무의지적 유머는 여론 조사가 모든 정치적 신뢰성을 사라지게 하는 것에서 생겨난다. 결정하기 위해 여론 조사를 필요로 하는 사람들에게 테스트는 무슨 전략을 대신하겠는가? 이 경우 여론 조사는 모든 주도권을 상실하게 되며, 미디어의 함정에 자신의 힘을 맡기게 된다. 미디어는 한 사회의 정치적 기능을 사라지게 하며, 대중의 아이러니컬한 무의식에 부응한다. 이때 대중의 심오한 충동은 실제로 정치 계급을 상징적으로 살해한다.

보드리야르의 사유로는 오늘날 대중은 전혀 억압과 조종의 대상이 아니다. 대중은 해방될 필요가 없으며, 해방될 수 없다. 대중의 초정치적인 힘은 순수한 사물로서 거기에 있는 것이다. 다시 말해서 대중의 침묵, 대중의 욕망의 부재를 그들에게 말하게 하려는 정치적 의도에 대립시키는 것이다. 사람들은 대중을 유혹하고 자극하고 포위하려고 한다. 무기력하고 심오한 대중은 수동적이고 수수께끼 같은 지배력을 행사한다. 대중은 아무것도 말하지 않지만, 동물들이 자신의 동물적 무관심 속에 있듯이 교묘하게 모든 무대와 정치적 담론을 중화시킨다.

오늘날 "대중이 매우 공허한 것처럼 보인다면, 이는 침묵하는 거대한 항체(anticorps)의 집단적 외설스러움에 기인하며, 자신의 무기력을 체계를 가속하는 에너지로 강화하고, 나아가 이 무기력을 몰아내기 위해 자신이 분비하는 무수한 정보로 강화하는 형언할 수 없는 이 '사물'의 수축성에 기인한다."[15]

어쨌든 대중은 순수한 사물이다. 다시 말해서 대중은 주체의 영역에서 사라져 버린 것이다. 마치 침묵이 말의 영역에서 사라져 버리는 순수한 사물이듯이, 비밀이 의미의 영역에서 사라져 버리는 순수한 사물이듯이 말이다.

어떻게 보면 사물로서의 대중의 놀랄 만한 힘이 존재한다. 대중은 정치적인 것의 순수한 사물, 즉 절대 권력의 이상을 구현한다. 대중은 권력의 무서운 꿈을 구체화한다. 이와 동시에 "대중은 권력이 없는 사물, 무가치한 물질화, 정치적 주체성에 접근할 수 없는 철저하면서도 쓸데없고 위험한 항체이다."[16] 여기서 정치적인 것의 시나리오는 전도된다. 이제 권력은 대중으로 하여금 자기를 뒤쫓아 오게 하지 못한다. 오히려 대중이 권력을 자기 붕괴로 이끌어 간다.

말하자면 주체에 의해 사물로 구성되었던 모든 것은 주체에게 가상적인 위협을 나타낸다. 노예가 자신의 예속을 받아들이지 않는 것과 마찬가지로 사물은 자신의 강요된 객관성을 받아들이지 않는다. 따라서 보드리야르는 "주체는 어쨌든 상상에 의해 일시적으

15) *SF*, p.133.
16) *SF*, p.134.

로 사물을 지배할 수 있을 뿐이지만 사물의 저항에서 벗어나지 못할 것이다. 다시 말해서 주체는 사물의 유일한 혁명, 사물의 말 없는 혁명에서 벗어나지 못할 것이다"[17]라고 주장한다. 보드리야르의 사유 세계에서 사물의 이러한 저항과 혁명은 결코 상징적이지도 않고, 명백하지도 주관적이지도 않을 것이다. 그것은 모호하면서도 아이러니컬할 것이다. 그리고 그것은 변증법적이지 않고 숙명적일 것이다.

이와 같은 진단은 보드리야르 자신의 글에서 잘 입증되고 있다. "세계는 변증법적이지 않다. 세계는 균형을 향해서가 아니라 극단을 향해 나아간다. 세계는 화해나 통합이 아닌 철저한 대립으로 채워져 있다. 이것이 바로 악의 원리이다. 악의 원리는 사물이라는 악마로 나타난다. 그것은 순수한 사물의 황홀한 형태로, 주체의 전략에 승리하는 사물의 전략으로 나타난다."[18]

IV. 사물의 체계에서 사물의 운명에 이르기까지

보드리야르의 사물 세계에 천착해 보면 '사물의 체계'에서 '사물의 운명'으로 나아가는 이중의 소용돌이가 존재한다. 구체적으로 말하자면 기호·시뮬라크르·시뮬라시옹의 영역을 향한 일반화된 전환의 소용돌이와, 유혹과 죽음의 곁에서 이루어지는 기호의 가역성의 소용돌이가 존재한다. 한편으로는 정치경제학·생산·코드·체계·시뮬라시옹이 있고, 다른 한편으로는 포틀래치·낭비·희생·

17) *SF*, p.134.
18) *SF*, p.9.

죽음·유혹·숙명적인 것이 있다.

하지만 이중의 이 소용돌이는 중요한 변화를 겪었다. 시뮬라크르는 두번째 질서에서 세번째 질서로 옮겨갔으며, 소외의 변증법에서 투명성의 현기증으로 옮겨갔다. 이와 동시에 상징적 교환 이후 유혹과 더불어 꿈은 위반으로, 혹은 코드의 가능한 전복으로 사라졌다. 유혹과 더불어 기호의 도전과 기호에 의한 도전에는 더 이상 상징적 지시 대상도 없고, 사라진 사물도 없다. 가역성의 주도권을 갖는 것, 유혹하고 방향을 바꾸는 주도권을 갖는 것은 사물 그 자체이다.

이는 결정적인 또 다른 연속이다. 말하자면 주체와 담론의 연속인 상징적 질서의 연속이 아니라 놀이 규칙의 연속이다. 보드리야르가 보기에 "세계의 놀이는 가역성의 놀이다. 주체의 욕망은 더 이상 세계의 중심에 있지 않다. 이는 바로 사물의 운명이 되고 있다."[19]

보드리야르는 "모든 내재성에 맞서 주체의 최종 원리를 초월하여 사물의 숙명적 가역성을 자극하는 외적인 힘, 즉 외재성을 되살아나게 해야 한다. 악의 원리를 되살아나게 해야 한다"[20]라고 역설한다. 그는 이러한 방향 전환을 탈근대 세계의 상황을 균형잡히게 하는 하나의 해결책으로 본다. 탈근대 세계에서 사물은 자신의 한계를 넘어서고 있기 때문이다. 따라서 초월적인 숙명이 아니라 우리의 과정 자체와 우리의 평범함에 내재하는 숙명——자신의 의미에 대한 사물의 무관심——일 수밖에 없는 탈근대 세계를 파악하는 것은 흥미로운 일이 될지도 모른다.

어떻게 보면 이것은 말 없는 전략으로 활기를 띠는 사물이라는

---

19) Jean Baudrillard, *L'autre par lui-même*, Galilée, 1987, p.69.
20) 같은 책, p.71.

악마가 연출하는 기묘한 상황, 즉 객관적 질서에 직면한 주체의 아이러니가 아니라 자신의 놀이에 사로잡힌 사물의 객관적 아이러니를 구성한다. 여기서 보드리야르는 숙명적인 것의 평범한(관례적인) 비전에 맞서 평범한 것의 숙명적인 비전을 고려해야 한다는 입장을 취하는 듯하다. 그는 사물의 전개에 내재하는 도전이 우리 체계의 무관심과 단조로움의 극단에서 생겨난다고 생각하기 때문이다. 이 도전은 초월적인 도전이 아니다. 만약 이 도전에 어떤 전략이 있다면, 그것은 주체의 전략이 아니다.

보드리야르는 탈근대 세계에서 "역사·지식·권력에 대한 주체의 전략은 그 자체에서 사라진다"[21]라고 말한다. 이 전략이 실패하지 않는 한, 이 전략은 진행되는 과정에서 사물의 순수하고 공허한 형태, 혹은 황홀한 형태를 허용하면서 전략이 읽혀지고 그 에너지가 전도되는 사점(死點, dead point)에 도달하게 된다. 따라서 사회적인 것은 자신의 체계적인 확장 속에서 사회적인 것 자체에 숙명적인 상황을 만들어낸다. 대중은 황홀한 무관심과 정보의 외설성에 빠져들고, 대중이 체계를 중화시키고 무효화하는 상황에서 체계의 한가운데에 자리잡는다. 다시 말해서 대중은 정보를 이용하여 사라지고, 정보는 대중을 이용하여 대중 속에 파고든다.

보드리야르가 보기에, 이는 사회학자와 대중매체 연구가들이 전혀 이해하지 못하는 탈근대 역사의 놀라운 술책이다. 과학은 정밀한 조사와 탐구를 통해 자신의 대상(사물)을 전멸시킨다. 즉 과학은 살아남기 위해 시뮬라시옹 모델로서의 대상(사물)을 인위적으로 재현할 수밖에 없다. 바로 그 점에서 기술의 지배에 저항하는 사물의 복수가 이루어진다.

21) Jean Baudrillard, *L'autre par lui-même*, Galilée, 1987, p.74.

따라서 보드리야르는 주체는 자신의 좌표계를 상실하는 동시에 사물의 통제를 상실하며, 자신이 사물의 연속성을 기대했던 곳에서 자기 권력의 역전에 직면한 것처럼 보인다고 주장한다.[22] 사물과 세계는 주체와 과학에 의해 한순간 깨닫긴 했지만, 오늘날에는 격렬하게 다시 일어서서 투명하게 복수한다는 것이다. 이것이 바로 숙명의 형태, 즉 사물과 세계의 방향 전환의 형태이다.

보드리야르의 사유 세계에서 '숙명적'이라는 말에는 숙명론적인 것도 종말론적인 것도 없다. 이 말이 내포하는 것은 결정론적이지도 불확실하지도 않지만 높은 차원의 필연성에 연관될 수밖에 없는 세계—— 이 세계에서는 사물의 사라짐의 소용돌이 속에서 사물은 되돌아올 수 없는 지점으로 향한다—— 속에서 이루어지는 결과의 변화이다.[23] 보드리야르에게 주체를 초월하여 주체의 사라짐에 연관되는 모든 것은 숙명적이다. 더 이상 인간적 전략이 아닌 모든 것은 숙명적 전략이 된다. 이러한 숙명에는 어떠한 초월성도 존재하지 않는다.

그런데 보드리야르의 사유 세계에서 보면, 사물에는 유한성도 욕망도 없다. 사물이 이미 자신의 목적을 달성했기 때문이다. 말하자면 사물은 자신의 한계를 초월했다. 따라서 사물은 주체의 앎에 접근할 수 없다. 사물은 이미 그 모든 의미를 지니는 것을 알지 못하기 때문이다. 그리고 사물에는 유토피아가 없다. 사물의 유토피아는 이미 실현되었기 때문이다. 바로 그 점에서 사물은 주체에게 끊임없는 수수께끼가 되고 있다. 바로 그 점에서 사물은 숙명적이다.

그러나 주체의 전략의 필연성과 다른 필연성의 출현은 수수께끼

22) Jean Baudrillard, *L'autre par lui-même*, Galilée, 1987, p.75 참조.
23) Mike Gane, *Baudrillard: Critical and Fatal Theory*, Routledge, 1991, p.173 참조.

가 아닌가? 사물의 아이러니컬한 숙명은 어떻게 주체의 통제와 분석 방식의 압력 아래서 해독할 수 없는 것이 되었는가? 이 숙명적 전략은 주체로부터 전방으로의 탈출, 실재의 부정, 인위적인 황홀경에 빠지는 것에 지나지 않는 것일까? 주체가 언어와 욕망이나 자신의 이미지로부터 벗어날 수 없기 때문에, 사물이 주체에 의해 명명되고 욕망되기 때문에 주체가 어떻게 자신의 그림자를 뛰어넘고 돌·짐승·가면·별의 운명과 침묵에 빠져들기를 꿈꿀 수 있겠는가?

'사물의 운명'에는 다른 의미가 존재하지 않는다. 체계로서의 사물에서 운명으로서의 사물에 이르기까지 이 두 극단 사이에는 근본적인 일치와 불일치가 존재한다. 그러나 자신의 일상적 형태 속에서 사물의 강박관념은 주체를 관통하고 주체와, 사물의 변증법의 이면을 공격하는 것이었다. 사물은 자발적인 예속의 세기 이후 복수하기 시작하는 것일까? 정열과 기묘한 전략을 지닌 사물의 수수께끼 속에서, 결국 주체보다 더 교활한 악마로 예감되는 사물의 수수께끼 속에서, 요컨대 주체의 기획에 저항하는 사물의 수수께끼 속에서 주체와 사물의 변증법이 전복된다고 보드리야르는 주장한다.

V. 사물의 우위

보드리야르는 탈근대 사회에서 사물이 포화 상태에 이르고 이상 증식하고 이상 발달하게 되면, 탈근대 사회는 내파하고 무기력에 이를 수 있다고 진단한다. 그의 사유로는 탈근대 사회의 이러한 과정은 결국 주체의 파국을 초래한다는 것이다. 왜냐하면 사물의 증식과 사물 세계의 가속화가 불확실성과 불확정성의 차원을 제공할 뿐만 아니라 사물 자체가 주체보다 우위에 놓일 수 있기 때문이다. 따라서 보드리야르는 '사물의 우위' '투명해지면 보복을 당한다(le cristal se venge)'는 폭로에 이르는 '사물의 복수'를 역설한다. 어떻게 보면 '투명해지면 보복을 당한다'는 이 불길한 구절은 여러 세기 동안 사물을 통제하고 지배하려고 했던 주체에 대한 사물과 사물 세계의 승리와 복수를 암묵적으로 나타낸다.

자신의 책《숙명적 전략》에서 보드리야르는 '사물의 우위'를 선언한다. 하지만 그는 과거의 철학자들이 언제나 주체의 영광과 사물의 비참을 경험했다고 주장한다. 과거의 철학자들에 의하면 역사를 창조하고, 자연을 지배하며, 지식의 토대가 된 것은 주체였다는 것이다. 이는 특히 데카르트에서 현상학과 사르트르에 이르는 주체성의 철학에 대해서는 사실이라고 부언해야 한다. 물론 이 주체성의 철학은 주체에게 자유·창조성·상상력·확실성·객관성·지식이라는 훌륭한 형태를 부여했던 반면, 열등하고 보잘것없는 사물은 그 존재가 수 혹은 죽은 물질로 정의되는 양적 관계 혹은 인과 관계의 영역 속에서 무기력한 것으로 개념화되었다.

따라서 주체는 합리주의적 형이상학에 지식의 토대를 제공했으며, 사물은 단지 주체의 희생물과 노획물에 불과했다. 심지어 더 나쁜 것은 보드리야르가 지적하듯이 사물은 때때로 이해할 수 없는 것 혹은 하찮은 것, "외설스러운 것, 수동적인 것, 타락한 것, 악과 순수한 소외의 구현"[24]으로 표시되었다. 이상주의적 혹은 주체적 형이상학의 입장에서 보면 사물은 주인과 노예의 변증법 속에서 노예였다. 이 경우 주체는 자연을 지배하고 자신의 목적을 위해 사물을 굴복시키고 통제하려고 했다.

24) *SF*, p.163.

주체의 이 형이상학에 맞서서, 보드리야르는 사물의 탁월한 힘을 꿰뚫어보고 개념화하려고 했다. 실제로 보드리야르는 인간을 압도하고 유혹하는 사물의 힘을 관찰해 왔다. "욕망에 대한 우리의 견해로는 주체가 절대적인 특권을 지닌다. 욕망하는 것은 바로 주체이기 때문이다. 하지만 우리가 유혹의 영역으로 넘어가면 모든 것은 뒤집힌다. 거기서 욕망하는 것은 더 이상 주체가 아니며, 유혹하는 것은 사물이다. 마치 모든 것이 욕망이 아닌 유혹에서 출발하듯이, 모든 것은 사물에서 출발하여 사물로 되돌아간다. 주체의 아득한 옛날의 특권이 전도되는 것이다."[25]

돌이켜 보면 주체에 대한 사물의 증대하는 힘은 처음부터 보드리야르의 주제였으며, 그의 계획의 기초가 되는 연속성을 나타낸다. 자신의 초기 저서들에서, 그는 사물이 인간을 매혹하는 방식뿐만 아니라 사물 세계와 사물의 체계의 요소인 기호 가치와 코드의 매개로 사물 세계가 새롭고 더 큰 가치를 지니는 방식까지도 탐구했다.

매혹과 유혹이 증대하는 사물 세계에 대한 그의 비전 속에서 사물의 매혹은 급속히 가속되고, 주체는 자신이 점점 더 사물 세계에 빠져들고 접속되고 유혹되는 것을 발견한다. 따라서 보드리야르는 "주체의 지위가 그저 단순히 유지될 수 없는 것이 되었다"[26]라고 말한다.

주체의 지위가 유지될 수 없게 된 이런 상황에서 가능한 유일한 지위는 그러므로 사물의 지위라는 역설에 이르게 된다. 이제 가능한 유일한 전략은 '사물의 전략'이다. 여기서 보드리야르는 주체에게 도전하고 주체에게 자신의 불가능한 지위를 참조하게 하는 사물을

25) *SF*, p.164.
26) 같은 책, pp.165-166.

인정해야 한다고 주장한다.

그러면 사물의 전략의 비밀은 무엇인가? 사물은 자신의 욕망의 환상으로 살아가지 않는다. 사물에는 어떠한 욕망도 없다. 사물은 무엇이건 사물만의 소유물이라고 생각하지 않는다. 사물은 재점유나 자율성의 환상을 품지 않는다. 사물은 그 자체 속에서 분리되지 않는데, 이는 주체의 운명이 되고 있다. 어떤 의미에서 사물은 거울이다. 사물은 주체에게 자신의 덧없는 투명성을 참조하게 하는 것이다. 사물이 주체를 매혹하고 유혹할 수 있는 것은 사물이 어떤 실체나 고유한 의미를 발산하지 않기 때문이다. 순수한 사물은 지배적이다. 왜냐하면 순수한 사물 위에서 주체의 지배력이 파괴되고, 주체가 자신의 환상에 빠져들기 때문이다. 그러므로 '투명해지면 보복을 당한다.'[27] 이는 바로 보드리야르가 말하는 사물의 복수이다.

보드리야르의 이런 사유와 논리에 따르면, 세계의 초월적인 중심에 위치하고 자신을 보편적 인과성으로 간주하던 주체는 맹목적 숭배의 대상으로서, 인과성을 뒤집는 형태로서 은밀히 사물을 내세울 수밖에 없다. 주체의 운명은 사물에게로 넘어간다. 탈근대 세계의 아이러니는 보편적 인과성을 특이한 사물의 숙명적인 힘으로 대체하는 것처럼 보인다. 주체와 사물의 지위를 전복하려는 자신의 시도를 통해서, 보드리야르는 흥미로운 것은 '악이 아니라 최악의 소용돌이'라고 주장한다. 최악의 소용돌이는 주체에 대한 사물의 승리, 그리고 (주체에 대한 사물의 승리로 동어반복적으로 정의되는) 악의 승리를 의미한다.[28]

<hr>

27) *SF*, p.167 참조.
28) *MPB*, p.161 참조.

보드리야르는 사물의 전략에 의해 사물은 주체를 매혹하고 주체에게 도전하고 주체를 유혹하여 결국 주체를 압도하게 된다고 말한다. 보드리야르의 사유 세계에서, 이는 탈근대 세계에서 주체의 쇠퇴와 사라짐을 나타내는 동시에 사물의 우위와 승리를 나타내는 것이다.

VI. 사물의 전략은 여전히 유효한가?

보드리야르의 사유로는 오늘날 우리가 벗어날 수 없는 것은 욕망이 아니라 사물의 아이러니컬한 현존, 사물의 무관심, 사물의 도전과 유혹이다. 특히 보드리야르에게 유혹은 주체의 전략으로서가 아니라 사물의 존재, 사물의 매혹으로서 이해된다. 유혹은 숙명적이다. 그것은 우리의 마음에 근원적인 동요를 일으키고, 우리의 마음을 읽어내려고 하는 사물(대상)의 효과이다. 숙명은 매혹적이다. 사물은 숙명적인 것을 이끌어 간다.

보드리야르는 우리가 유혹을 제대로 이해한다면 우리의 삶 속에서 사물의 편재와 우위를 파악할 수 있다고 넌지시 말한다. 사물은 유혹과 매혹의 모체이며, 주체는 사물의 매력과 함정에 빠져든다는 것이다. 게다가 사물은 주체보다 교활하며, 주체를 유혹함에 따라 악마적이 된다. 요컨대 주체는 악의 원리에서 벗어날 수 없게 된다. 그러면 악의 원리란 무엇인가? 그것은 근본을 파헤쳐 보면 '사물이라는 악마'로 구체화된다. 그것은 '순수한 사물의 황홀한 형태'로, '주체의 전략에 승리하는 사물의 전략'으로 구체화된다.

따라서 보드리야르는 우리가 주체의 의지·의식 혹은 무의식의 허구와 함께 주체로서의 특수한 지위를 포기할 것을 권한다. 그러나 보드리야르가 이러한 견해를 어느 정도로 고수하고자 하는지는 분명하지 않다. 분명히 그는 우리가 주체의 우위와 탁월함에 대한 환상을 버리고 사물을 보다 진지하게 받아들이기를 바란다. 하지만 그는 주체와 사물의 관계를 조화롭게 하기에는 너무 어렵다는 반응을 보인다. 주체가 너무 오랫동안 자신의 목적을 위해 사물을 지배하고 통제하려고 했기 때문이며, 이제 사물이 주체에게 반항하고 복수하기 때문이다.

보드리야르에게 사물의 반항과 복수는 주체의 지위가 더 이상 유지될 수 없다는 것을 의미한다. 그래서 그는 우리가 사물의 (숙명적) 전략을 참조하면서 사물의 지위를 받아들여야 한다고 역설한다. 보드리야르가 보기에 사물의 사회적 의미와 지위는 이미 바뀌었다. 그는 "예전에 주체가 사물의 세계 속에서 센세이션을 일으킬 수 있었다면, 오늘날 사물은 주체의 세계 속에서 센세이션을 일으킬 수 있을 것"[29]이라고 단언한다. 그는 '우리를 생각하는 것은 사물이다' '너를 보는 것은 텔레비전이다'라는 역설적인 가설을 내놓는다.

여기서 우리를 생각하는 것이 사물이라는 것을 우선 생각한다면, 사물을 조정하는 것은 분명히 우리의 사유일 것이다. 그리고 텔레비전을 보는 것은 너가 아니라 너를 보는 것은 텔레비전이라는 것이다. 말하자면 텔레비전 사물은 너에게 나를 봐, 스크린을 보라고 말을 건넨다. 오늘날 스마트폰 없는 세상은 상상할 수 없을 정도이다. 그만큼 우리는 스마트폰에 매혹되고 유혹되고 있다. 더욱이 스마트폰이 없다면 우리가 기억하고 계산하고 정보를 교환하고 의사소통하는 것은 거의 불가능해 보인다. 우리는 무의식적으로 혹은

29) *EI*, pp.36-37.

무의지적으로 스마트폰을 켠다. 스마트폰을 켜는 것은 너가 아니라 스마트폰 사물이 나를 켜보라고 말을 건네기 때문이다.

이는 보드리야르가 말하는 의사소통의 착란에 연결되는 매혹과 현기증의 고유한 상태이다. 보드리야르의 이 역설적인 가설은 사물이 유혹하고 압도하고 지배하는 상황에서 사물의 우위를 분석하는 데에 있어서 설득력 있는 듯하다. 개인이나 대중이 의식 있는 주체, 반성적이고 비판적이고 인격적인 주체가 되지 않으면 사물화되거나 사물이 될 수 있다는 것이다.

탈근대 세계에서 광고와 대중매체라는 사물은 다양한 메시지와 욕망을 분비하면서 끊임없이 우리를 자극하고 매혹하고 유혹한다. 뿐만 아니라 명품 또는 브랜드 상품은 우리를 유혹하고 압도한다. 백화점 명품 특가 판매 행사나 명품 아울렛 매장에 쇄도하는 사람들을 어떻게 이해해야 하는가? 여기서는 주체를 상실하는 세계, 사물이 사태를 발생하게 하고 사물이 지배하는 세계가 상상될 수 있다. 주체는 시뮬라시옹과 초과 실재를 통해 사라지고 있다고 여겨진다. 주체의 사라짐과 사물의 승리는 현기증이나 공황 상태를 초래할 수 있다고 보드리야르는 경고한 바 있다.

보드리야르의 이런 논리에 따르면 사물과 세계를 지배하고 변화시키려는 주체의 내재성에 맞서 사물의 외재성, 즉 사물의 외재적인 힘이 대조적으로 돋보인다. 따라서 사물은 자신의 본질과 정의를 초월했으며, '극단적'이 되고 황홀한 것이 되고 통제를 벗어났다는 보드리야르의 주장을 깊이 되새겨 볼 필요가 있다. 그리고 '진실은 극단 속에 있다'라는 에두아르트 푹스(Eduard Fuchs)의 역설적인 말을 주목할 필요가 있다.

보드리야르에게 사물은 더 이상 실현할 수 있는 잠재적 가능성이 없는 듯하다. 사물은 사물에 특유한 것으로 여겨지는 잠재적 가능성을 초월했기 때문이다. 사물은 더 이상 도달할 초월적 목적도 없는 듯하다. 사물이 이미 그 자체를 초월했기 때문이다. 위반할 어떠한 한계도 없는 듯하다. 사물이 모든 목적과 잠재적 가능성을 초월하는 이상 증식과 이상 발달의 상태 속에서는 한계가 고려되지 않기 때문이다.[30] 보드리야르는 사물의 이런 현상을 주목하고 줄곧 사물 쪽으로 나아갔다. 물론 그로서는 사물 쪽으로 넘어가는 것, 사물 쪽을 편드는 것은 모호하고 어려운 선택일 터이다.

그러면 우리에게는 사물의 범주만이 중요하고 주체의 범주는 필요 없는 것인가? 사물이 지배하고 있는 오늘날 한 범주가 다른 범주보다 우월하거나 바람직하다는 믿음에서 벗어나 주체의 범주를 다룰 수는 없는가? 이제 우리는 주체와 사물의 관계에 대한 바람직한 대안적 형태를 고려해야 한다. 우리의 경험에 따르면, 주체와 사물의 복잡한 상호작용을 식별해 내는 것은 불가능하다. 우리는 주체가 사물을 만들어내고 그 다음에 사물에 의해 지배되는 방식이나, 사물이 주체를 만들어내고 그 다음에 주체에 의해 지배되는 방식을 고려해 볼 수 있을 것이다. 달리 말하면 사물이 주체의 세계 속에서 센세이션을 일으키는 것과 주체가 사물의 세계 속에서 센세이션을 일으키는 것을 동시에 둘 다 수용하는 것을 고려해 볼 수 있을 것이다. 왜냐하면 주체는 여러 점에서 사물의 결과이며, 사물 역시 여러 점에서 주체의 결과이기 때문이다.[31]

따라서 한 범주가 다른 범주보다 우월하거나 바람직하다는 보드리야르의 형이상학은 재검토되어야 한다. 사실 주체성을 생각하지

---

30) Douglas kellner, *Baudrillard: A Critical Reader*, Basil Blackwell, 1994, pp.15-16 참조.
31) 배영달, 《보드리야르의 아이러니》, 동문선, 2009, pp.267-268 참조.

않는 사물과 사물 세계를 고려하는 것은 가능하지 않다. 왜냐하면 우리의 지각과 인식의 주관적 방식과는 별도로 사물을 지각하고 인식하거나 사물에 접근하는 것은 불가능하기 때문이다. 물론 우리는 무의식적으로 혹은 무의지적으로, 비판적이지도 반성적이지도 못한 채 사물에 접근하는 것을 경계해야 할 것이다. 이러한 전제가 가능해지면, 주체와 사물의 대립과 충돌에 대한 보드리야르의 관점은 수정될 수 있을 것이다.

2. 시뮬라크르라는 악마

보드리야르의 작업에서 시뮬라크르와 시뮬라시옹은 핵심적인 개념들이다. 문화 이론과 미디어 연구에서 보드리야르는 더 이상 재현의 논리에 따르지 않는 새로운 사회문화적 현상을 설명하기 위해 시뮬라크르와 시뮬라시옹이라는 개념을 사용한다. 보드리야르가 보기에 시뮬라크르와 시뮬라시옹의 작용은 핵분열적이고 발생론적이다. 이는 모델의 새로운 실재를 위해 실재를 없애면서 실재의 힘을 지니는 새로운 실재를 만들어내는 과정에 해당한다. 시뮬라크르와 시뮬라시옹의 과정은 비실재적인 과정이 아니라 일상 생활에서 발생하는 물질적 힘을 지닌 과정이다.

일반적으로 시뮬라크르와 시뮬라시옹은 발생론적인 축소의 차원에서 이루어진다. 실재는 축소된 세포·모태·지휘 모델에서 생겨나며, 이로부터 실재는 무수히 복제될 수 있다. 실재는 조작적일 뿐이다. "실재는 대기도 없는 파생공간(hyperespace) 속에서 조합적 모델로부터 발산되어 나온 합성물인 초과 실재(hyperréel)이다."[32] 복제를 통해 완벽한 복제와 실재의 전멸을 향해 나아가는 시뮬라크르의 초과 실재는 기술적 완벽함과 실재의 완전한 실현 속에서 경험을 사라지게 한다. 그러므로 시뮬라크르는 비실재에 의해서가 아니라 과잉 실재에 의해, 실재보다 더 실재적인 것으로 만드는 '악마적 유

32) Jean Baudrillard, *Simulacres et Simulation*, Galilée, 1981, p.11(약호 *SS*).

사'에 의해 특징지어진다.

보드리야르는 이러한 시뮬라크르 과정은 포르노가 전형적인 예를 보여준다고 말한다. 포르노의 동기가 되는 환상이 실재가 되듯이, 성의 진실이 더 많은 실재의 생산을 통해 발견될 수 있기 때문이다. 이것이 바로 보드리야르가 말하는 우리의 현대적 형태의 외설스러움, 즉 과잉 노출과 너무도 가시적인 것과 너무도 가까이에서 보여지는 것에 집중하는 방식이다. 외설스러운 것은 투명하고 지나치게 가시적인 이미지, 무조건적인 표현을 내포한다. 여기서 모든 것은 초과 실재의 차원에서만 이해된다. 포화 상태에 이른 초과 실재에 대한 우리의 욕망을 꿰뚫어보는 보드리야르는 오늘날 "세계는 우리의 예상을 넘어 초과 실재적이 되었다"[33]고 주장한다. 따라서 보드리야르는 시뮬라크르가 지배하는 초과 실재의 사회문화적 현상을 분석한다.

포스트모더니즘이 유행하고 있을 때, 시뮬라크르 개념은 문화 연구와 미디어·커뮤니케이션 연구에 폭넓게 사용되면서, 그리고 이미지 사회의 표명에 적용되는 용어로 사용되면서 많은 비평적 관심을 끌었다. 그러나 시뮬라크르 개념은 진리와 확실성을 거부하는 운동의 소란스러운 예로 지각되면서 포스트모더니즘 비평가들에게 비난의 초점이 되었다. 이 비평가들에게 이 개념 자체는 수용할 수 없는 것이 되었고, 실재에의 호소를 통해 거부되었다. 하지만 시뮬라크르와 그 힘에 대한 이러한 부정은 처음부터 시뮬라크르의 존재를 인식하고, 그것에 대항했던 서구의 전통과는 반대로 놀랄 만한 역사적 무지를 드러내었다. 실제로 시뮬라크르는 많은 사람들이 믿는 것처럼 보이는 포스트모던 개념이 아니라 훨씬 더 오래되고 기

---

33) Jean Baudrillard, *Le crime parfait*, Galilée, 1994, p.62.

이하면서도 보다 근본적인 현상이다. 시뮬라크르의 역사는 포스트 모더니즘 속에서 그것의 계속된 맥락화에 의해, 그것의 표준화되고 반복되고 불충분하게 설명된 맥락화에 의해, 그리고 '원본 없는 복제' 같은 거의 의미 없는 정의에 의해 모호해졌다.

시뮬라크르의 대중적 이해를 좌우하는 잘못된 생각은 대체로 포스트모더니즘과의 이러한 관련 때문이다. 이 잘못된 생각은 시뮬라크르 개념의 역사적 맥락을 제대로 고찰하지 못한 데서 비롯된다. 따라서 보드리야르가 시뮬라크르 개념을 사용하는 것을 완전히 이해하고자 한다면, 우리가 시뮬라크르 개념과 그 개념이 가리키는 힘을 역사적으로 맥락화하면서 시뮬라크르 개념의 변형의 역사를 고찰할 필요가 있다. 이 개념의 역사에는 '시뮬라시옹의 출현' '시뮬라크르의 질서'가 포함될 것이다.

보드리야르가 보기에 시뮬라크르의 역사는 이미지와 그 힘의 역사이다. 시뮬라크르는 이미지의 개념과 그 효력에 집중되면서 자신의 무한한 힘, 즉 악마 같은 힘을 행사한다. 보드리야르의 작업은 이미지를 현대적 시뮬라크르로 다시 출현하는 것으로 파악하면서 이미지의 이 힘을 인정한다. 그러나 그는 이미지의 시뮬라크르적 힘을 악마처럼 만드는 오늘날의 사회문화적 현상을 폭로한다. 보드리야르는 왜 이미지를 파괴하면서 시뮬라크르라는 악마에 대항해야 한다고 역설하는가? 오늘날 시뮬라크르는 어떤 단계에서 어떤 수준 내에서 존속되고 있는가?

1. 시뮬라크르 개념

오늘날 흔히 사용되는 시뮬라크르라는 말은 "이미지나 유사한 것, 모호한 재현이나 닮은 것, 단순한 속임수나 가짜"[34]를 뜻한다. 그러나 시뮬라크르 개념의 현대적 수용과 해석의 차원에서 시뮬라크르는 적어도 세 갈래로 나누어 설명될 수 있다. 실제로 이 말을 전문 용어로 처음 사용한 사람은 프랑스 작가 피에르 클로소프스키(Pierre Klossowski)였다. 그의 견해로는 '시뮬라크르'는 로마제국 말기의 도시 입구에 정렬된 신의 조상과 관계가 있었다. 그는 이 조상이 신의 외적 유사성보다는 신의 내적 마력 혹은 권능을 나타내고 있음을 파악했다.

원래 신의 힘을 의미하던 이 라틴어 simulare는 클로소프스키의 예술 이론과 철학에서 격렬히 파동치는 인간 육체의 내적 충동을 가리키는 말로 변용되었다. 개인은 충동에 제약을 받는 존재임에 틀림없지만, 개인의 바꿀 수 없는 특이성을 표현하는 수단은 따로 있다. 클로소프스키는 이를 환영이라고 부른다. "환영은 충동적 삶으로부터 본능적으로 생겨난 강박적 이미지로서 그 자체로는 소통할 수 없고, 재현할 수 없는 것이다."[35] 시뮬라크르는 환영을 자발적으로 재생산하는 것으로 영혼의 보이지 않는 흔들림을 모사한다. 예술 작품이나 철학적 개념처럼 시뮬라크르의 위상은 다소 복잡하다. 그것은 환영을 드러냄으로써만 환영을 현실화할 수 있기 때문이다. 따라서 시뮬라크르는 영혼의 특이성을 재현하고 소통 가능하게 하는 가운데 그것을 뒤집고 왜곡하게 된다.

클로소프스키의 영향을 받은 들뢰즈는 〈플라톤과 시뮬라크르〉와

---

34) *Encyclopedia of Postmodernism*, edited by Victor E. Taylor and Charles E. Winquist, Routledge, 2001, p.367 (약호 *EP*).
35) 같은 책, p.368.

《차이와 반복》에서 시뮬라크르의 개념을 조금 비틀어 사용한다. 여기서 그는 플라톤주의의 전복이라는 니체적 문제에 집중한다. 들뢰즈의 관점에서 플라톤의 본질적인 구별은 모델과 사본의 사변적인 구별보다 훨씬 더 근본적이다. 따라서 들뢰즈는 모델과 사본의 불충분한 구별을 결론이 아닌 출발의 지점으로 삼는다. "어느 지점을 넘어서면 구별은 정도의 문제가 아니다. 시뮬라크르는 이중으로 멀어진 사본이라기보다는 완전히 다른 성격을 갖는 현상이다. 시뮬라크르는 모델과 사본의 구별조차 뒤흔들어 놓는다."[36]

여기서 핵심이 되는 구절은 '어느 지점을 넘어서면'이다. 플라톤의 이데아를 읽는 방식에서 들뢰즈는 무한히 느슨해진 유사성에 관해 언급하면서, 사본의 과정 속에 함축된 이 유사성은 논리적으로 원본에서 너무도 벗어난 사본의 관념으로 귀결되기 때문에 취약하고 빈약한 진짜 사본이 아니라 가짜 사본, 즉 시뮬라크르이며, 이때 시뮬라크르는 유사성을 가장할지는 모르지만 실제로 비유사성으로 구성된 것이라고 지적한 바 있다.[37]

플라톤이 중요하게 생각한 구별은 모델과 사본의 구별이 아니라 시뮬라크르와 사본의 구별이다. 가짜 사본이 위험한 이유는 그것이 (차이의 이데아를 포함하여) 모델과 사본의 구별의 타당성을 의심하며, 이데아의 이론 자체를 의심하기 때문이다. 그러므로 시뮬라크르는 플라톤 철학의 내부의 적 혹은 아이러니이다. 이것이 바로 들뢰즈가 보기에 플라톤적 기획이 경쟁의 변증법에 의존하는 이유이다. 진짜 사본은 가짜 사본과 경쟁한다. 철학자의 임무는 가짜 사

---

36) Brian Massumi, 'Realer than Real : The Simulacrum According to Deleuze and Guattari', *Copyright 1*, 1987, p.91.

37) Gilles Deleuze, *Logique du sens, Minuit*, 1969, pp.292-307 참조.

본을 들추어내는 일이며, 시뮬라크르들의 차이를 부정하는 것이다.

이러한 관점에서 플라톤주의는 모든 영역에서 시뮬라크르를 찾아내어 제거하려는 의지라고 정의될 수 있다. 따라서 들뢰즈의 시각에서 플라톤주의를 전복하기 위해서는 시뮬라크르가 본래의 개념을 지니는 것, 즉 시뮬라크르가 저급한 이미지로서가 아니라 유사성이 없는 이미지, 동일성보다는 차이의 모델에 근거한 이미지로서 고유한 자율성을 지니는 것이 필요하다.[38]

클로소프스키와 들뢰즈의 영향을 받긴 했지만 시뮬라크르로 많은 반향과 센세이션을 일으킨 사상가는 단연 보드리야르이다. 그는 1970년대말과 1980년대초에 시뮬라크르의 증식을 주제로 한 사회 이론을 전개했다. 그에 따르면 현대 사회는 모델과 코드, 미디어와 정보가 지배하는 사회이다. 보드리야르는 시뮬라크르를 '실재'의 복제 혹은 재생산으로 이해하고, 시뮬라크르가 점차 실재로부터 분리되어 자율적인 지위를 획득하는 단계를 추적한다.

말하자면 그는 시뮬라크르 개념을 역사적으로 맥락화하면서 역사 발전의 단계와 함께 '시뮬라크르의 질서'를 탐구한다. 이 질서들은 각각의 정해진 기호와 함께 원시적이고 봉건적인 사회 질서로부터 점차 분리되는 과정을 나타낸다. 첫번째 질서의 시뮬라크르는 바로 크식 모조품처럼 여전히 원본과 관계가 있다. 산업혁명의 과정을 통해 산출된 두번째 질서의 시뮬라크르는 동일한 가치를 지닌 똑같은 복제품을 생산하는 일련의 조립 라인을 탄생시킨다. 현대의 세번째 질서의 시뮬라크르는 무엇보다도 미디어와 정보에 연결되어 실재보다 더 실재적인 초과 실재(hyperréalité)가 되며, 어떠한 지시 대상도 갖지 않는다. 자신의 작업을 통해 보드리야르는 어떻게 시뮬라

38) *EP*, p.369 참조.

시옹 모델이 현대의 다양한 영역, 즉 미디어·광고·패션·디자인·예술·건축·성·육체·소비주의·정치적인 것·사회적인 것과 같은 영역을 지배하는지를 설명한다.

보드리야르의 시뮬라크르 개념은 클로소프스키나 들뢰즈의 그것보다 철학적으로 세밀하게 구성되어 있지 않지만, 시뮬라크르 개념을 이용한 그의 사회문화적 분석은 현대 사회의 본질과 현상을 구체적으로 논의하는 데 꼭 필요한 시금석이 되었다. 그들의 이론은 서로 관련이 있긴 하지만 따로 구별할 필요가 있다.

II. 시뮬라시옹의 출현

보드리야르가 보르헤스의 제국의 지도 이야기, 즉 〈과학에 있어서의 엄밀성에 대하여〉를 사용하는 것은 실재가 어디로 사라졌는지, 그리고 실재가 단번에 완전히 사라지지 않는다는 것을 보여주는 데 매우 중요하다. 보르헤스의 많은 글쓰기가 마치 그 자체가 실제 그대로인 것처럼 기능하는 상황에서 이루어진다는 점에서 보르헤스는 일반적으로 시뮬라시옹과 관계가 있다.

보르헤스의 이야기 속에서 제국의 지도제작자들은 지도가 제국의 영토를 거의 정확히 덮어 버리는 극도로 정밀한 지도를 만든다. 그러나 제국의 쇠퇴는 이 지도가 차츰 닳아 없어지는 것을 보게 되고, 결국에는 파편들만이 폐허 위에 나뒹군다. 지도는 전통적으로 영토의 실재를 재현하려는 시도이기 때문에 시뮬라시옹을 나타내는 것은 이 지도가 아니다. 그러나 보드리야르에게 있어 시뮬라시옹이 지배하는 단계에서는 지도가 영토에 앞선다. 이는 전복에 대한 보드리야르의 놀라운 통찰이다. 지도에 나뒹구는 것은 실재의 파편들이다. 지도는 실재를 산출하려고 하는 모델을 나타낸다.

오늘날의 시뮬라시옹은 원본도 실재성도 없는 실재, 즉 초과 실재의 모델로 산출되는 것이다. 영토는 더 이상 지도를 선행하거나 지도가 소멸된 이후까지 존속하지 않는다. 이제는 지도가 영토에 선행하며, 심지어 영토를 만들어낸다.[39]

보르헤스와 보드리야르의 만남에서 문제되는 것은 실재와 그 재현에 대한 해석이다. 이제는 지도가 영토를 재현하는 것이 아니라 오히려 영토가 지도를 재현한다는 보드리야르의 유명한 말은 매우 충격적으로 들릴 수 있다. 이 말은 현대적 시뮬라크르를 매우 함축적으로 표현하고 있기 때문이다. 보르헤스의 이야기를 시뮬라시옹의 비유로 바꾸어 놓는 보드리야르는 재현의 쓸데없음을 강조하고, 보르헤스의 이야기[40]에 나오는 제국 속의 지도의 발전에는 자신의 시뮬라크르 도식이 있음을 보았다. 다시 말해서 그는 '시뮬라크르의 질서'와 역사적 발전 사이의 일치를 발견한다. 따라서 그는 자신이 실재의 현대적 지위라고 생각하는 완벽한 시뮬라시옹의 출현과 관련하여 오로지 그러한 연결을 주장한다.[41]

실재의 존속 혹은 실재의 사라짐은 시뮬라크르에 대한 보드리야르의 추론과 다양한 접근으로부터 종합되어야 하는 근본적인 요소이다. 실재라는 금본위의 상실은 초과 실재로의 이행을 설명하거나

---

39) *SS*, p.10.
40) 보르헤스의 이야기의 구성은 파편을 통한 재현의 붕괴를 반영한다.
41) Paul Hegarty, *Jean Baudrillard: Live Theory, Continuum*, 2004, p.59 참조.

기술하는 데 확실히 충분하지 않다. 벤야민의 《기술복제 시대의 예술 작품》에서 유추할 수 있듯이, 보드리야르에게 있어 시뮬라시옹은 대중매체의 발전에서 생겨났다. 다시 말해서 대중매체의 발전이 초래하는 것은 바로 실재를 사라지게 하는 '시뮬라시옹의 출현' 혹은 시뮬라시옹의 과정이다. 보드리야르의 관점에서 본질적으로 우리의 지각과 세계 자체는 기술적 진보를 통해 변화했다.

만약 보드리야르가 기술결정론을 인식하고 있다면, 그의 변명은 의심의 여지없이 특히 초과 실재는 기술적으로 결정되었으며, 우리는 대체로 대중매체의 확산으로 인해 이러한 상황에 도달했다는 것일 터이다. 이러한 (대중매체) 기술이 바로 실재로 이미 존재했던 모든 것에 우선하는 시뮬라시옹을 확실하게 하는 것이다. 그리고 결정짓는 것은 기술 그 자체라기보다는 오히려 모델이며, 모델에 없어서는 안 될 요소는 기술적 진보와 분리될 수 없다(모델의 개념이 생산과 복잡하게 뒤얽혀 있기 때문이다).[42]

달리 말해서 생산을 수반하고 우리의 지각 방식을 결정짓는 것은 기술뿐만 아니라 지각의 변화이기도 하다. 특히 보드리야르에게 있어 모델은 실재를 지배하게 된다. 가령 오늘날 스마트폰은 의사소통의 실재를 대체하고 지배하여 의사소통의 실재보다 더 실재적으로 만드는 의사소통의 시뮬라시옹 모델이다. 이는 대중매체와 관련하여 대량 생산의 과정과 동시에 기호에 의해 실재를 코드화하는 것의 과정과 유사하다. 보드리야르가 보기에 이 시뮬라시옹 과정은 현대 사회의 다양한 영역에서 진행되고 있다.

---

42) Paul Hegarty, *Jean Baudrillard: Live Theory*, Continuum, 2004, p.61 참조.

III. 시뮬라크르의 질서

보드리야르는 르네상스 이래로 가치 법칙의 연속적인 변화에 따른 시뮬라크르의 세 질서를 다음과 같이 기술한다.

모조는 르네상스부터 산업혁명까지 '고전' 시대의 지배적인 도식이다.
생산은 산업 시대의 지배적인 도식이다.
시뮬라시옹은 코드에 의해 지배되는 현 단계의 지배적인 도식이다.
첫번째 질서의 시뮬라크르는 가치의 자연적 법칙에 따라 작용하고, 두번째 질서의 시뮬라크르는 가치의 상업적 법칙에 따라 작용하며, 세번째 질서의 시뮬라크르는 가치의 구조적 법칙에 따라 작용한다. [43]

시뮬라크르의 세 질서 이전에는, 보드리야르는 원시적이고 봉건적인 사회의 낡은 세계를 가정하는데, 이 세계에서는 기호는 계급·지위 혹은 역할의 엄격한 사회 질서에 분명히 연결되어 있다. 그러나 이 세계는 실재에 대한 중요한 문제 제기도 없고, 기호와 기호가 산출하는 놀라운 효과를 넘어서는 것 사이의 자연과학적 관계를 발견하려는 어떠한 제스처도 없다. 그러나 산업혁명과 더불어 기호와 사물의 새로운 생성이 이루어졌다. 기호는 지위를 결코 제한하지 않았으며, 따라서 더 이상 왜곡될 필요가 없었다. 왜냐하면 기호는

---

43) Jean Baudrillard, *L 'Échange symbolique et la mort*, Gallimard, 1976, p.77(약호 *EM*).

대규모로 단번에 산출될 것이기 때문이다. 기호의 특이성과 기원의 문제는 더 이상 제기되지 않았다. 기호의 기원은 기술이며, 기호는 산업적 시뮬라크르의 차원에서만 의미를 지니기 때문이다.

보드리야르의 견해에 따르면 산업적 시뮬라크르는 "일련의 것(série), 즉 동일한 두 사물 혹은 동일한 여러 사물들 간의 가능성"[44]이다. 이들 사물들 사이의 관계는 더 이상 원본과 모조의 관계도 유사도 반영도 아닌 등가이다. 일련의 것 속에서 사물들은 서로 모호한 시뮬라크르가 된다. 오로지 원본의 지시 대상의 소멸만이 등가의 일반적인 법칙, 즉 생산의 가능성 자체를 가능하게 한다. 물론 생산이 기호의 질서 속에서 특수한 과정으로서 발생하지는 않는지, 생산이 시뮬라크르의 계통 속에서 에피소드에 불과한 것은 아닌지, 즉 기술에 힘입어 무한한 일련의 것으로 동일한 존재(사물/기호)를 산출하는 에피소드에 불과한 것은 아닌지 의아하게 생각해야 한다.

여기서 보드리야르는 자연적 질서에 대한 도전이긴 하지만 결국 두번째 질서의 시뮬라크르이자 세계의 지배에 대한 매우 빈곤한 상상적 해결책인 무한한 복제 가능성에 도달하는 것이 문제라는 사실이 밝혀져야 한다고 지적한다. 일련의 것에 의한 기술복제 시대를 탐색하는 벤야민은 이 복제의 원리에서 중요한 논리적 귀결을 끌어내었다. 그는 복제가 생산의 과정을 흡수하고, 생산의 목적성을 바꾸어 놓으며, 생산물과 생산자의 지위를 떨어뜨리는 것을 보여준다. 그는 예술의 영역, 즉 영화와 사진의 영역에서 그 점을 분명히 밝힌다. 바로 거기서 20세기에 고전적 생산성의 전통이 소멸된, 단번에 복제의 영향 아래 놓인 새로운 영역이 열리기 때문이다. 하지만 우리는 오늘날 모든 물질적 생산이 이 영역에 포함된다는 것을 알

44) *EM*, p.85.

고 있다. 보드리야르의 관점에서 실제로 복제(패션·미디어·광고·정보와 의사소통의 망)의 수준에서, 다시 말해서 시뮬라크르와 코드의 영역에서 자본의 전반적 과정의 통일성이 이루어지는 것이다.

벤야민과 맥루언은 기술을 생산력으로 파악하지 않고 미디어로, 그리고 의미의 새로운 생성의 형태이자 원리로 파악한다. 무엇인가가 그저 있는 그대로 복제될 수 있다는 유일한 사실은 이미 하나의 혁명이다. 미개인이 처음으로 동일한 두 권의 책을 보고 깜짝 놀라는 것을 생각하기만 하면 된다. 미디어로서의 기술은 생산물의 메시지(그 사용 가치)보다 우세하다. 벤야민과 맥루언은 진정한 메시지는 복제 그 자체 속에 있음을 파악했다. 그리고 그들은 생산은 의미를 갖지 않는다는 것을 파악했다. 생산의 사회적 목적성이 일련의 것의 특성 속에서 사라지기 때문이다. 이러한 상황에서는 시뮬라크르는 역사보다 더 강하다.[45]

그러나 보드리야르의 견해로는 일련의 복제의 단계는 일시적이다. 원시적 축적이 끝날 때, 일련의 생산은 모델에 의한 생성의 우위를 인정한다는 것이다. 이 경우에는 기원과 목적성을 뒤엎는 것이 문제이다. 모든 형태들이 더 이상 기계적으로 복제되지 않고, 그 복제 가능성으로부터 이해되고 모델이라 불리는 생성하는 핵(noyau générateur)으로부터 회절되는 순간부터 바뀌기 때문이다.[46] 바로 여기서 세번째 질서의 시뮬라크르가 생성된다. 첫번째 질서의 시뮬라크르에서처럼 더 이상 원본의 모조도 없고, 두번째 질서의 시뮬라크르에서처럼 일련의 것도 없다. 오로지 모델들이 있는데, 이 모델들에서 차이의 조절에 따른 형태들이 생겨난다. 모델에 합병되는

45) *EM*, p.86 참조.
46) *EM*, p.87 참조.

것만이 의미를 생성하며, 그 어떤 것도 자신의 목적에 따라 발생하지 않고 모델에서 발생한다.

우리는 말의 현대적 의미로 시뮬라시옹 속에 있는데, 산업화는 시뮬라시옹의 최초의 형태에 지나지 않는다. 결국 보드리야르가 보기에 중요한 것은 "일련의 복제 가능성이 아닌 조절, 양적 등가가 아닌 변별적 대립, 등가의 법칙이 아닌 등가의 대체, 가치의 상업적 법칙이 아닌 가치의 구조적 법칙이다."[47]

게다가 보드리야르는 "기술이나 경제 속에서 코드의 비밀을 찾아서는 안 된다. 정반대로 코드와 시뮬라크르의 생성 속에서 산업적 생산의 가능성을 찾아야 한다"[48]고 말한다. 각 질서는 이전의 질서를 정복한다. 모조의 질서가 일련의 생산의 질서에 사로잡혔듯이, 생산의 모든 질서는 조작적 시뮬라시옹 질서 속에서 균형을 잃는다. 그러나 여기에 (모조의 질서, 생산의 질서, 시뮬라시옹의 질서 이후) 네번째 질서의 시뮬라크르가 더해지면서 시뮬라시옹은 약간 변화한다.

이것이 바로 보드리야르가 《악의 투명성 *La Transparence du Mal*》에서 말하는 "가치의 자연적 단계, 상업적 단계, 구조적 단계 이후 가치의 프랙털적 단계(stade fractal)"[49]이다. 가치의 프랙털적 단계는 곧 가치의 바이러스적 단계 혹은 확산적 단계에 다름 아니다. 마이크 게인(Mike Gane)은 이 프랙털적인 것은 진짜 새로운 단계라고 주장한다.[50] 하지만 넓은 의미에서 네번째 질서의 시뮬라크르는 세번째 질서의 시뮬라크르와 다르지 않다.[51] 보드리야르의 작업 전체를 통해

---

47) *EM*, p.96.
48) 같은 책, 같은 쪽.
49) Jean Baudrillard, *La Transparence du Mal*, Galilée, 1990, p.13.
50) Mike Gane, *Jean Baudrillard: In Radical Uncertainty*, Pluto, 2000, p.22 참조.

지속적인 분석과 연구의 대상이 되고 있는 것은 세번째 질서의 시
뮬라크르의 힘이다. 왜냐하면 보드리야르가 호소하는 본질적인 문
제는 자신이 관찰하는 시뮬라시옹 체계의 한계를 지적하여 말하는
방식, 시뮬라시옹 체계의 바깥에 있는 것 혹은 그 체계가 배제하는
것을 생각하는 방식이기 때문이다.

IV. 시뮬라크르라는 악마

시뮬라크르의 본질과 힘을 파악하기 위한 바람직한 접근은 무엇
일까? 무엇보다 시뮬라크르의 역사 속에서 시뮬라크르를 맥락화하
는 것이 필요할 것이다. 시뮬라크르는 오래된 개념이긴 하지만, 이
미지의 개념과 그 효력에 집중되면서 시뮬라크르의 힘은 출현하고
있거나 모든 문화의 철학적 · 신학 · 미학적 전통 속에서 발견될 수
있다. 실제로 시뮬라크르의 역사는 이미지와 그 힘의 역사에 다름
아니다.

보드리야르는 〈시뮬라크르의 자전〉에서 시뮬라크르의 역사적 단
계를 제시하면서 시뮬라크르에 대한 기독교 논쟁을 고찰한다. 신성
의 재현 속에서 신성의 운명을 논의하는 보드리야르는 실제로 이미
지의 가치와 힘을 인정한 것은 이미지의 파괴자인 성상파괴주의자
들이었다고 주장한다. 그들은 신이 신으로 남지 않고 화려함과 매
혹의 힘을 펼치는 이미지 속에서 사라지는 것을 보았다. 그들은 '시
뮬라크르의 무한한 힘,' 신의 시뮬라크르만이 존재한다는 것을 깨달
았다. 그들은 왜곡되거나 감추어진 진실로 살아올 수 있었지만, 그

51) Rex Butler, *Jean Baudrillard: The Defense of the Real*, Sage, 1999, p.46 참조.

들의 '형이상학적 절망'은 이미지가 아무것도 감추지 않는다는 생각, 즉 이미지가 원래의 모델을 반영하는 이미지가 아니라 자신의 매혹으로 영원히 빛나는 완벽한 시뮬라크르라는 생각에서 비롯되었다.

아마도 성상숭배자들도 이와 똑같은 것을 깨달았을 것이라고 보드리야르는 넌지시 말한다. "신이 이미지의 거울 속에서 투명해진다는 생각의 배후에는 이미 신 재현의 현현(顯現) 속에 내포되어 있는 신의 죽음과 사라짐이 도박되는 것"[52]이기 때문이다. 이미지에 걸린 문제는 이미지의 살해하는 힘, 즉 자신의 모델을 살해함으로써 실재를 살해하는 이미지의 힘이라고 보드리야르는 말한다.[53]

이렇게 이미지는 언제나 강력한 것으로, 우리의 마음과 정신을 사로잡는 것으로, 모델과 이미지, 원본과 복제의 구별을 없애는 힘을 갖는 것으로 인식되어 왔다. 플라톤의 《국가》에서, 이미지의 영역은 우리의 정신과 육체를 유혹하여 이해할 수 있는 세계로의 지적 상승에서 멀어지게 하는 기만적 영역이다. 플라톤은 가상·환영·시뮬라크르일 뿐인 이미지에 적개심을 드러내었다. 플라톤에게 있어 환영적 이미지인 시뮬라크르는 실재를 위협하는 '악마 같은 힘'을 나타낸다. 플라톤의 계획은 시뮬라크르를 철저히 사슬로 묶어 시뮬라크르를 추방하려고 공모하는 것이다.

이와 같이 서구에서 이미지의 위협에 반응하면서 이미지라는 악마를 내쫓으려는 노력에도 불구하고 이미지의 힘은 오랫동안 실재를 도덕적으로 위협하는 것으로, '악마 같은 힘'으로 해석되어 왔다. 그리고 들뢰즈가 암시하듯이, 이미지는 이미지에 대항한 모든

---

52) *SS*, p.15.
53) 같은 책, p.16 참조.

기반들에 맞서 시뮬라크르의 힘을 유지하면서 쉽게 다루어지지는 않았다.

이미지가 제기하는 문제는 17세기에서 18세기에 걸친 인식론적 논쟁의 중심에 분명히 다시 나타난다. 가령 원본과의 유사성이 증명되지 않는 이미지로 자신을 둘러싸는 악마 앞에서 무력한 데카르트의 코기토는 신에게 시뮬라크르의 신으로 출현하기를 요청한다. 그러나 시뮬라크르의 신이 동일한 코기토의 근거 없는 근거에 의해 증명되기만 하면, 주체는 한 번 더 이미지라는 악마에게로 넘어간다. 따라서 니체가 지적하듯이 "서구의 인식론은 지식과 진리를 보증하기 위해 어떤 근거를 발견하려는 반복된 시도와 자신의 실재를 가정하는 시뮬라크르의 힘에 의한 반복된 불안정으로 특징지어진다."[54]

이런 관점에서 이미지는 진리를 위한 토대를 구축하지 못하고 서구의 존재론적·인식론적 전통을 전복하는 자신의 힘을 유지한 채 쉽게 변형되지는 않았다. 보드리야르의 작업은 이미지를 현대적 시뮬라크르로 다시 출현하는 것으로 파악하면서 이미지의 이 허무주의적 힘을 인정한다. 그는 허무주의의 강렬한 환영이 조작적이고 투명한 형태, 즉 시뮬라시옹과 초과 실재의 세계의 형태에 길을 양보한다고 말한다.

그러면 시뮬라시옹과 관련된 초과 실재는 어떻게 이해되어야 하는가? 초과 실재는 세번째 질서의 시뮬라크르에 해당한다. 실제로 초과 실재는 시뮬라시옹의 미적·인식론적 형태이다. 초과 실재는 실재로부터 분리된 범주가 아니다. 오히려 초과 실재는 실재를 나타내고 받아들이는 방식이다. 요컨대 초과 실재는 타자 없이 상상된 실재이다. 어떤 의미에서 초과 실재는 실재의 장면이 재현될 수

---

54) William Merrin, *Baudrillard and the Media*, Polity, 2005, p.36(약호 *BMP*).

있는 공간을 사라지게 한다. 이것이 바로 보드리야르가 초과 실재는 '외설스럽다'라고 때때로 말하는 이유이다. "더 이상 스펙터클도 장면도 연극도 환상도 없을 때, 모든 것이 투명해지고 즉각적인 가시성을 지니게 될 때, 모든 것이 정보와 의사소통의 강렬하고 냉혹한 빛에 따를 때, 외설스러움이 시작된다."[55]

같은 맥락에서 그는 초과 실재는 실재의 황홀한 형태라고 말하는데, 이는 초과 실재가 과다하게 노출되고 극단으로 나아간 실재라는 것을 뜻한다. 우리가 실재 같은 것을 지각하거나 그 자리에서 다른 것을 상상할 수 있는 거리는 사라졌다. 저항할 수 없는 과잉의 실재가 쇄도하고 있다. 따라서 미디어 속에서 실재는 증발하며, 죽음과 사라짐의 비유가 된다. 그러나 "실재는 자기 파괴로 강화되며 실재를 위한 실재, 부정과 자기 전멸의 황홀경, 즉 초과 실재가 된다."[56] 시뮬라시옹의 초과 실재는 엄청난 것, 이미 본 것의 기괴한 특성, 즉 '실재와의 환각적인 유사성'을 갖는다. 실재는 그 자체를 무한히, 프랙털적으로 반복한다. 그래서 실재는 복제될 수 있는 것일 뿐만 아니라 언제나 이미 복제된 것, 즉 초과 실재가 된다. 우리는 실재가 파놓은 함정에 빠져든다. 말하자면 "우리는 생생하게 모델 속으로, 시뮬라시옹 속으로 들어간다."[57]

이는 현대 사회가 시뮬라크르를 계속 생산하고 있음을 나타낸다. 《상징적 교환과 죽음》에서 보드리야르는 이를 구체적으로 설명한다. 특히 그는 지배적인 시뮬라크르의 생산과 인식론적 효과를 기술한다. 그는 기호의 불연속성과 변형을 강조하면서 기호의 계보를 추

---

55) Jean Baudrillard, *L'autre par lui-même*, Galilée, 1987, p.20.

56) *EM*, p.111.

57) Jean Baudrillard, *Les Stratégies Fatales*, Grasset, 1983, p.9.

적하는 동시에 시뮬라크르의 철학적·신학적 개념을 사용하면서 기호를 시뮬라크르의 힘의 출현을 증명하는 오래된 전통에 연결한다.

이는 시뮬라크르에 접근했던 현대 사상가들 중에서 보드리야르의 시뮬라크르 개념 사용이 지배적인 것이 된 이유를 설명한다. 자신이 클로소프스키와 들뢰즈의 영향을 받긴 했지만, 보드리야르는 복제 기술에 대한 벤야민과 맥루언의 논의, 푸코의 계보학과 미디어 문화에 대한 마르크스주의적·기호학적 분석을 통합하면서, 그들이 기술하는 시뮬라크르의 과정을 끌어내어 역사적으로 맥락화하면서, 그리고 시뮬라크르의 작용을 현대 미디어 사회와 결부시키면서 그들의 시뮬라크르 개념 사용을 넘어선다. 그는 미디어 과정이 오로지 이미지의 시뮬라크르 효과의 맥락 속에서 이해될 수 있다는 것을 생각해 내면서 생산 한가운데서 시뮬라크르의 계속적인 출현과 작용을 증명하고자 한다. 보드리야르가 말하듯이 성상파괴주의자들의 "천 년의 논쟁이 오늘날에도 여전히 계속되고 있는 것이다."[58]

우리가 그 본질을 점점 더 파악할 수 없는 실재와 이미지의 영역의 혼동은 '이미지라는 악마'의 존속과 그 악마적 유혹의 증거이다. 미디어와 의사소통 연구의 텍스트들이 현대 이론을 넘어서 이미지에 대한 맥락화를 거의 보여주지 못한다면, 보드리야르의 가치는 현대의 영역에 분명히 결여되는 역사적·철학적 차원을 회복시키는데에 있다.

자신들의 작업을 통해 보드리야르에게 가장 많은 영향을 미쳤던 사상가들이 암암리에 혹은 명백하게 이 시뮬라크르의 과정을 인정한 것은 우연의 일치가 아니다. 보드리야르가 맥루언을 언급한 것이

58) *SS*, p.14.

암시하듯이, 맥루언은 우리의 정신적·감각적 삶을 개조하기 위해 우리의 확장된 이미지의 힘에 관심을 가지면서 시리즈 책 형태, 즉 시뮬라크르 책 형태를 기술한다. 마르크스 역시 일련의 상품 형태가 지니는 이미지의 힘, 상품의 과정을 시뮬라크르에 직접 연결하는 물신 숭배에 대한 자신의 견해를 강조했다.

여기서 물신 숭배는 성상숭배자가 악마적으로 소유한 성상의 마력을 기독교의 인류학적 관점에서 기술하는 데서 연유한다. 기독교주의처럼 마르크스는 사악한 소유와 활기에 기인하는 이미지의 힘, 그리고 이미지가 상품으로 출현하자마자 기괴한 생각을 만들어내는 이미지의 생기 없는 지력을 설명한다. 그러므로 "상품은 환영적인 것이다. 다시 말해서 상품은 시장을 떠도는 유령, 환영, 즉 시뮬라크르가 실재를 빼앗으면서 실재를 사라지게 하는 유령 같은 이미지의 삶과 감각적 현실의 융합이다."[59]

실재에 대한 이 이미지의 반전은 20세기 마르크스주의의 주요한 주제가 되었다. 특히 대중매체와 대중 문화에서 이미지 확장의 영향력은 루카치·벤야민·아도르노·호크하이머·마르쿠제·드보르의 작업에서 인정받는 것이 되었다. 물론 이들 모두는 보드리야르의 작업에 하나의 계보를 제공했다. 그러나 이들 분석의 모든 통찰에 대하여, 마르크스주의는 이미지 사용 금지를 통해 회복시킬 수 있는 실재에의 호소로 이미지에 대항하면서 이미지에 대한 서구의 전통적인 반응을 되풀이한다. 그러나 드보르가 인정할 수밖에 없었듯이, 시뮬라크르의 과정은 간단히 억제될 수는 없었다.

보드리야르는 벤야민과 부어스틴(Boorstin)의 작업에서 시뮬라크르 효과에 대한 보다 통찰력 있는 분석을 발견한다. 벤야민의 〈예술품

59) *BMP*, p.87.

제작〉이라는 에세이는 특히 사진과 영화의 복제 기술에 의한 아우라 관계에 미치는 영향력을 강조하면서 보드리야르가 기술하는 이와 같은 시뮬라크르 과정을 분명히 보여주는 반면, 부어스틴의 《이미지 *The Image*》는 "환상이 실재보다 더 실재적이고, 이미지가 원본보다 더 권위를 갖는"[60] 세계의 창조의 묘사를 통해 이 시뮬라크르 개념을 되풀이한다는 것이다. 부어스틴의 경우 그 결과는 진짜와 가짜의 시험을 통해 더 이상 분류할 수 없는 새로운 범주의 경험이 되고 있으며, 진리의 개념을 다시 만드는 것이다. 설사 그가 실재를 되찾는 것을 기대했다 할지라도, 오늘날 "그랜드 캐니언(Grand Canyon)이 컬러사진 원본의 복제로 되었다"[61]는 그의 논평은 또다시 시뮬라크르 과정이 훨씬 더 진보했다는 것을 암시한다.

그러므로 아이러니컬하게 시뮬라크르 개념을 거부하고 시뮬라크르의 힘을 부정하는 보드리야르 비판가들은 오로지 시뮬라크르의 역사적 출현과 시뮬라크르의 실체를 무시함으로써만 그렇게 할 수 있는 것이다. 그러나 보드리야르의 목표는 시뮬라크르의 힘을 확인하는 것이 아니라 시뮬라크르의 현대적인 기호적 표시에 반대하는 것이다. 알다시피, 보드리야르의 기호 비판은 상징적인 것에의 호소에 근거를 두고 있다. 그러나 시뮬라크르에 대항하는 비판적 근거로서의 상징적인 것의 배치는 문제가 있다. 첫째, 상징적인 것과 기호적인 것을 완전하게 구별하기 때문에 보드리야르는 가상의 영역에 지나치게 단순하게 반대한다. 둘째, 이러한 구별은 신성한 것을 받아들이게 쉽게 하고, 상징적 관계를 만들어내는 하나의 수단인 원시적 축제와 의례 속에서 시뮬라시옹의 사용으로 인해 위태롭게 된다.

---

60) Daniel J. Boorstin, *The Image*, Vintage, 1992, p.205.
61) 같은 책, p.14.

그리하여 카이유와(Caillois)는 축제 속에서 조상(ancêtre)-신의 시뮬라시옹을 논의한다. 그리고 클로소프스키는 로마 교회의 의식에서 시뮬라크르——조상(statue)——의 사용을 기술한다. 따라서 시뮬라시옹이 일반적으로 상징적인 것을 산출하는 데 사용된다면, 보드리야르는 무슨 근거로 이러한 현상과 자신이 비판하는 최근의 시뮬라시옹을 구별할 수 있는가? 보드리야르의 시뮬라크르 개념의 실체를 인정할 수 있게 하는 이와 같은 역사적 배경은 역시 그의 일관성 있는 시뮬라크르 개념 사용을 검토하는 방법을 제공한다.

보다 중요하게 이러한 논의는 또한 보드리야르가 생각하듯이 상징적인 것에 반대하는 반서구적 현상으로서가 아니라 시뮬라크르에 대항하는 비판적 근거를 제시하려는 다른 시도로서의 서구 전통 속에서 상징적인 것을 역사적으로 맥락화할 수 있게 한다. 따라서 보드리야르에게 상징적인 것은 시뮬라크르의 과정에 대항하는 근거가 되는 경험과 의미의 실제적인 관계와 양식으로 작용하면서 실재에 대한 자신의 작업 속에서 일정한 역할을 맡는다. 상징적인 것이 명명될 수도 없고, 특권을 부여받을 수도 없다는 보드리야르의 주장에도 불구하고 그것은 자주 명백한 계보와 공식화로 표명된다.

그러나 자신의 작업 속에 보드리야르는 보증된 실재인 상징적인 것보다 먼저 시뮬라크르를 끌어들이면서 시뮬라크르에 대한 서구의 반응을 되풀이해서 말한다. 여기서 주목해야 할 점은 그가 이미지를 파괴하려는 자신의 욕망 속에서 이미지의 가치를 인식하면서도 이미지의 힘보다 먼저 '형이상학적 절망'을 느끼면서 이미지의 파괴자가 된다는 것이다. 그러면 보드리야르가 이미지를 파괴하려는 이유는 무엇인가? 그는 이미지의 시뮬라크르적 힘을 악마처럼 만드는 현대 사회의 현상을 어떻게 이해하고 있는가? 그가 보기에 오늘날 다양한 미디어의 발달로 인해 이미지가 넘쳐나고 있고, 모든 것이 이미지의 형태를 띠고 있다. 가령 사람들은 스크린 앞에 있게 되면 모든 것을 이미지로 이해하게 된다. 도처에서 보이는 이미지의 범람은 보드리야르가 말하는 '사물의 황홀경'처럼 우리를 '이미지의 황홀경'에 빠져들게 한다.

이미지의 황홀경은 이미지가 극도로 증식하고 확장되어 극단으로 나아간 것을 뜻하는데, 이는 이미지가 악마처럼 자신의 힘을 행사하는 것을 나타낸다. 요즘 유명 상표의 이미지를 가지려는 욕망이 너무 커진 사람들이 저지르는 행위들은 실재를 대신하는 이미지를 실재로 착각한 경우이다. 이는 바로 이미지가 실재를 대체하고 지배하는 현상이다. 이렇게 시뮬라크르의 과정은 현대 사회에서 지배적인 현상이 되고 있다. 따라서 맨해튼의 밤거리를 수놓고 있는 '이미지가 현실이고 힘'이라는 어느 회사의 상업 광고의 논리를 시뮬라시옹 이론은 뒷받침하고 있는 셈이다. 그러면 보드리야르의 관점에서 이미지가 현실이 되고 힘이 될 때, 이미지는 어떤 형태를 띠게 되는가? 이미지는 모든 것을 삼키면서 실재를 사라지게 하고, 때로는 가장 폭력적인 현실을 드러내면서 현실의 본질적인 실재를 사라지게 한다. 이는 바로 이미지의 파괴이다.[62]

이렇게 현대 사회에서 이미지의 파괴와 폭력의 시대를 환기시키는 보드리야르에게 이미지는 바로 시뮬라크르이며, 이미지의 파괴는 시뮬라크르의 파괴이다. 그리고 시뮬라르크의 무한한 힘은 악마 같은 힘이다. 그러면 보드리야르의 사유와 담론 세계에서는 시뮬라크르의 악마적 힘에 의한 실재의 붕괴만이 지속될 뿐인가? 시뮬라크르의 악마적 힘이 초래한 실재의 붕괴가 일어난 뒤에 실재의 회

62) 배영달, 《보드리야르의 아이러니》, 동문선, 2009, pp.151-153 참조.

복을 고민하는 보드리야르의 사유는 무엇인가? 보드리야르 자신의 시뮬라크르에 대한 새로운 지평의 열기는 무엇인가? 보드리야르의 시뮬라크르는 우리의 사유 체계에 점철되었던 여러 개념들을 무력화하여 끊임없이 자기 증식을 지속하는 존재이기에 시뮬라크르가 지닌 파괴성에 대해 우리는 두려움과 동시에 반감을 갖게 된다. 실재를 사라지게 하는 이미지, 즉 시뮬라크르라는 허상들이 부유하는 세계는 분명히 허무주의적이며, 그곳에서 시뮬라크르는 파괴적 공간을 생산하면서 악마적 권능을 지닌다. 따라서 보드리야르는 실재를 회복시키기 위해 실재를 위협하는 시뮬라크르라는 악마에 대항해야 한다고 말한다.

V. 보드리야르의 이론적 전략은 유효한가?

시뮬라크르라는 악마, 즉 이미지라는 악마는 실재를 살해하는 힘을 지닌다. 이미지의 이러한 살해하는 힘에 맞서는 것이 이미지의 재현력이다. 서구는 역사적으로 재현의 내기, 다시 말해서 "기호와 의미는 서로 교환될 수 있으며, 이러한 교환에 무엇인가가 보증을 서준다"[63]는 믿음에 근거한 어떤 전략, 즉 체계를 확립하기 위해 신성한 지시 대상을 가정하는 의미의 시뮬라시옹 모델에 의지했다고 보드리야르는 말한다. 그러나 시뮬라크르 속에서 신성의 사라짐으로 인해 체계 전체를 가볍게 만들도록 위협하는 진리가 발생했듯이, 그리고 니체가 가치와 의미의 초월적인 보증을 제거하여 우리를 허무주의에 빠져들게 함으로써 동일한 신성한 지시 대상의 사라

[63] *SS*, p.16.

짐을 보았듯이, 보드리야르에게 시뮬라크르의 이 근거 없는 힘은 현대의 세번째 질서의 시뮬라크르와 네번째 질서의 시뮬라크르 속에 다시 나타나고 있다.

보드리야르는 이 현대적 시뮬라크르 속에서 이미지의 허무주의적 힘을 파악한다. 그가 인식하는 허무주의는 비평가들이 순진하게 주장하는 그의 허무주의가 아니라 그가 목표로 삼는 이미지 자체의 허무주의이다. 실제로 보드리야르 비평가들은 그가 시뮬라크르 개념과 원인을 긍정적으로 제시하는 것을 보면서, 그리고 그와 실재를 대립시키면서 그의 비판적 입장에 거의 주의를 기울이지 않았다. 우리가 앞서 보았듯이, 보드리야르 자신이 시뮬라크르에 대항하는 비판적 힘으로서의 실재에 호소하고 있기 때문에 이러한 대립은 정말 잘못 정해진 것이다.

따라서 우리가 그의 작업을 제대로 파악하고자 한다면, 우리는 그와 실재가 아닌 그와 시뮬라크르를 대립시켜야 한다. 어떻게 보면 이것은 그가 권유하는 전략이다.《상징적 교환과 죽음》에서 그가 주장하듯이 "우리는 모스를 이기기 위해 모스를 내세우고, 소쉬르를 이기기 위해 소쉬르를 내세우고, 프로이트를 이기기 위해 프로이트를 내세워야 한다."[64] 따라서 우리는 보드리야르를 이기기 위해 보드리야르를 내세워야 한다.

여기서 우리는 시뮬라크르와 관련하여 보드리야르의 이론적 전략을 검토해 볼 필요가 있다. 그의 이론은 분명히 실재에 대한 가정과 실재를 구체화하는 계획에 반하여 전개된다. 그의 이론은 논쟁적인 대립을 야기하는 상징적 도전을 구성한다. "당신은 시뮬라크르 개념을 가정하지만 실재가 복수할 것이라고 기대하면서 비밀리

64) *EM*, p.8.

에 시뮬라크르를 믿지 않는다"[65]라고 그는 말한다. 따라서 시뮬라크르는 실재에 대항하는 개념적 무기가 되었다. 보드리야르에게 이론은 실재의 반영이 아닌 도전이다. 이는 바로 그의 이론적 전략인데, 이 전략의 유일한 방법은 가설을 급진화하는 것, 즉 어떤 현상의 비판과 동시에 그 현상의 역전에 이르게 하는 것이다.

보드리야르의 이론은 분명히 매우 극단적이다. 그 극단성이 그의 사유를 구축하는 힘이 되고 있지만, 때로는 어떤 지점에 이르면 그것은 오히려 그를 이론의 덫에 걸려들게 하는 것은 아닐까? 어느 인터뷰에서 그는 시뮬라크르라는 악마에 대한 자신의 태도가 참을 수 없는 것이 되었다고 밝힌다. "나는 시뮬라시옹에 영향을 미치는 것을 멈추었다. 나는 내 정신이 완전히 돌았다는 것을 느꼈다."[66] 그러나 시뮬라크르는 너무 쉽게 처리될 수 있는 것이 아니다. 보드리야르에 따르면 시뮬라크르는 우리의 완전한 평범함, 우리의 일상적 외설스러움이 되고 있다.

실제로 현대 사회가 시뮬라크르의 성격을 지니고 있다고 해도 지나친 말은 아니다. 현대적 시뮬라크르의 질서가 존재하는 것도 사실이다. 이 현대적 시뮬라크르의 질서는 실재의 세계가 붕괴되면서 생겨나는 과정은 결코 아니다. 그렇다면 실재는 어떤 형태로 존재하고 있는가? 그가 보기에 실재는 실재보다 더 실재적인 실재, 즉 초과 실재로 존재한다. 이는 그가 말하는 실재의 인위적인 부활이다. 이 인위적인 부활의 방식으로, 즉 '실재와의 환각적인 유사성'으로 실재는 수정되고 다시 조립된다.

실재가 더 이상 과거의 실재가 아닐 때, 향수는 중대한 의미를 갖

<hr>

65) Jean Baudrillard, *La pensée radicale*, Sens & Tonka, 1994, p.23.

66) *Baudrillard Live: Selected Interviews*, edited by Mike Gane, Routledge, 1993, p.105.

는다. 보드리야르의 향수는 시뮬라크르라는 악마에 대항하는 비판적 근거에 대한 자신의 기대에 있다. 그는 회복시킬 수 있는 실재를 기대한다. 그래서 보드리야르는 자신이 옹호하는 실재에 근거한 비판이 아닌 시뮬라크르에 근거한 비판을 받기 쉽다. 설사 그의 장점이 시뮬라크르라는 이 역사적 개념을 찾아내어 현대 사회 속에서 시뮬라크르의 계속적인 작용을 증명하는 데 있다 할지라도 말이다.

앞서 논의했듯이, 시뮬라크르는 역사 발전에 의존할 뿐만 아니라 이 역사 발전을 전제로 한다. 그런데 역사 발전의 단계를 거치면서 현대 미디어와 소비 문화가 발전되어 있는 사회에서만 도달할 수 있는 시뮬라크르는 너무 도식적이고 너무 이론적이지 않은가? 보드리야르가 주목하는 시뮬라크르는 역사 발전의 단계와 함께 그 발전의 고도로 문명화된 최후 단계에서만 출현해야 하는가? 이러한 물음과 관련하여 보드리야르의 시뮬라크르 개념을 수용하고 해석하는 데에 있어 이론적 한계가 있음을 지적할 수 있다. 역사 발전의 어느 단계에서도, 역사 발전의 어느 수준에서도 실재의 문제나 실재의 위기는 논의될 수 있기 때문이다.

3. 의사소통의 시뮬라시옹 혹은 의사소통의 황홀경

오늘날 우리는 페이스북이나 트위터 같은 소셜네트워크를 통해 언제 어디서나 접속되고 연결되는 시대에 살고 있다. 물리적 거리와 시간에 구애받지 않고 스크린과 네트워크에 연결되는 탈근대 시대는 우리의 삶을 빠른 속도로 변화시키고 있다. 이는 무엇보다도 기술 발전에 힘입은 것이며, 의사소통의 세계에서 기술은 '거대한 생명체의 신경망'을 만들어내고 있다. 다시 말하면 기술은 인간들을 접속시키고 연결하는 의사소통매체를 더욱 발전시키고, 기계나 스크린을 통해 인간의 의사소통 행위를 더욱 쉽게 도와준다.

탈근대의 매체와 기술 문화에 대해 다양한 분석과 접근을 시도한 보드리야르는 매체와 네트워크의 세계의 '증식하는 실재'를 깊이 탐구했다. 매체와 디지털 기술의 발전과 더불어 의사소통의 실재가 의사소통의 실재보다 더 실재적인 의사소통의 하이퍼리얼리티, 즉 '의사소통의 시뮬라시옹'으로 대체되었다는 그의 주장은 오늘날의 의사소통을 이해하는 데 하나의 참조 사항이 될 수 있다.

의사소통에 대한 그의 이러한 입장으로부터, 실제로 보드리야르는 '의사소통'과 '정보'라는 말에 많은 문제를 제기한다. 흔히 '매체'라는 말이 사용될 때, 특히 정보와 의사소통 기술이라는 말로 일반적으로 의사소통이나 정보매체가 언급된다. 보드리야르는 언어의 발달 이래로 인류가 항상 의사소통했다는 상식적인 가정을 뒤집는다. 고대의 부족이나 마을 생활에서 말과 다른 사회적 행위들이 오늘날 우리가 이해하는 의사소통이 아니었다고 그는 주장한다. 그에 따르면 의사소통은 의사소통 기술로 발명되었으며, 이렇게 기술화되고 매개된 상호 작용은 근대 이전의 사회의 '일치(communion)'를 사라지게 했다는 것이다. 그들이 서로에게 말할 수 있었을 때 어느 누구도 의사소통할 필요가 없었다는 것이다. 보드리야르는 이러한 급진적 변화가 언제 일어났는지, 자신이 어떤 기술을 고려하고 있는지에 대해 분명한 입장을 밝히지 않는다.[67]

만약 보드리야르에게 의사소통이 근대의 출발에서 탄생되었다면, 그것은 컴퓨터 매체와 네트워크로 촉진되었던 것처럼 보인다. 아이러니컬하게 보드리야르는 인간과 기계 사이의 관계가 매우 분명했던 산업 시대에 대한 향수를 표현한다. 그러나 오늘날 우리는 의사소통 기술에 완전히 통합되어 때때로 인간과 기계를 구별할 수 없게 된다. 보드리야르가 보기에 텔레비전은 아무것도 암시하지 않고 매혹하는 스크린에 지나지 않는 매체, 혹은 우리의 머릿속에 있는 축소된 단말 장치로 간주된다. "우리는 스크린이고, 텔레비전이 우리를 바라보고 있다. 텔레비전은 모든 신경망을 트랜지스터화하고 녹음테이프(영상이 아닌 테이프)로 작용한다"[68]고 그는 말한다.

여기서 우리는 보드리야르가 어떻게 기술적인 형식으로서, 그리고 기술적인 효과를 산출하는 기계로서 텔레비전과 다른 매체를 해석하고 있는지를 파악할 수 있다. 보다 구체적으로 말하면 그는 하이퍼리얼리티의 영역을 구성하면서 일상 생활에서 핵심적 역할을 하

---

67) *The New Media and Technocultures Reader*, edited by Seth Giddings with Martin Lister, Routledge, 2011, p.109 참조(약호 *NMTR*).

68) Jean Baudrillard, *De la séduction*, Galilée, 1979, p.220.

는 '시뮬라시옹 기계'로서의 매체를 해석했다. 그의 입장에서는 오늘
날 매체는 실재보다 더 실재적인 새로운 매체의 실재를 구성한다.
그의 이러한 입장은 매체와 네트워크 세계의 증식하는 실재에 대한
연구를 암시하는 것, 혹은 새로운 매체에서 생명공학에 이르기까지
인공적·합성적인 새로운 실재에 대한 관심을 표명하는 것으로 이
해하는 것이 좋을 듯하다.[69]

이 글에서 다루게 될 보드리야르의 의사소통에 관한 논의, 즉 '의
사소통의 시뮬라시옹' '의사소통의 소실점' '의사소통의 황홀경'은
보드리야르가 말하는 탈근대 의사소통의 풍경들이다. 그러나 우리
의 논의는 소셜네트워크서비스 출현 이전의 매체와 의사소통에 관
한 보드리야르의 글들에 근거하고 있다. 오늘날 페이스북·트위터
사용자들이 알고 있듯이, 접속되고 연결되는 도덕적 의무가 있다.
우리는 매체와 의사소통 행위들이 의사소통에 대한 보드리야르의
비전을 진정한 의사소통의 파국적 내파로 예증하고 있는지, 혹은
그것들이 진정한 상호 작용과 의사 교환을 나타내는지를 분석할 것
이다. 나아가 의사소통에 관한 보드리야르의 이론이 소셜네트워크
의 세상에 적용될 수 있는 가능성을 진단하고, 그의 이론의 한계를
비판하고자 한다.

I. 의사소통의 시뮬라시옹

보드리야르는 《기호의 정치경제학 비판을 위하여》의 〈대중매체를
위한 진혼곡〉에서 의사소통의 대중매체 이론을 전개했다. 〈대중매

69) *NMTR*, p.110 참조.

체를 위한 진혼곡〉은 다소 아이러니컬하고 논쟁적인 글이다. 이 글에서 그는 대중매체를 통해서 '개방된 의사소통과 무한한 민주적 교환'을 실현할 수 있다는 엔첸스베르거(Enzensberger)의 낙관적 견해를 비판한다. 보드리야르 비판의 핵심은 엔첸스베르거의 견해가 대중매체의 본질을 왜곡한다는 것이다. 보드리야르에 따르면 대중매체는 자신의 형식과 작용 속에서 사회 관계의 분리, 교환의 추상화와 폐기를 초래한다. 다시 말하면 대중매체는 사회 관계를 통합시키지 못하고 분리시키며, 의사를 소통시키지 못하고 의사 교환을 폐기한다. 따라서 의사소통이 '교환'으로서, 그리고 '발언과 응답의 상호적 공간'으로서 이해된다면, 그것은 현대의 대중매체에서 분명히 사라진다. 보드리야르가 보기에, 대중매체의 형식은 비의사소통(non-communication)의 형식이다. 이는 바로 상징적 교환과 의사소통적 교환의 폐기에 근거하고 있기 때문이다. 그러므로 "대중매체를 특징짓는 것은 그것이 반중재적(anti-médiateur)이고 비이동적(intransitif)이라는 데 있으며, 비의사소통을 빚어낸다는 데 있다."[70]

의사소통의 회복을 시도하려고 했던 엔첸스베르거와는 대조적으로, 보드리야르는 의사소통이 인간 관계와 사회 관계를 증진시킨다기보다는 오히려 파괴한다고 주장하면서 중재된 공동체적 일치에 대한 희망을 거부한다. "형식의 층위에서 대중매체의 이데올로기는 대중매체가 설정하는 분리, 곧 사회의 분할에 관련되기 때문이다."[71] 여기서 보드리야르는 메시지에 의해 인위적으로 재결합된 발신자와 수신자의 분리에 주목한다. 이는 바로 상호성, 상대방들의 대립, 또는 그들 사이에서 일어나는 교환의 양면성이 단번에 배제되

---

70) Jean Baudrillard, *Pour une critique de l'économie politique du signe,* Gallimard, 1972, p.208(약호 *CEPS*).
71) 같은 책, 같은 쪽.

는 '의사소통의 시뮬라시옹 모델(modèle de simulation de la communication)'
이다.[72]

보드리야르의 견해로는 진짜 의사소통은 '메시지의 단순한 발신-
수신' 이상을 내포한다. 하지만 대중매체는 '응답 없는 발언'을 구
성하는, 그리고 우리를 일방적인 관계에 가두는 모델을 따른다. 이
점을 구체적으로 설명하기 위해 보드리야르는 텔레비전을 예로 든
다. "텔레비전은 현존한다는 사실 그 자체로 말미암아 성격상 사회
통제가 된다. 텔레비전을 각자의 사생활에 대한 체제의 잠망경-밀정
으로 생각할 필요는 없다. 왜냐하면 텔레비전은 체제의 잠망경-밀정
이상이기 때문이다. 다시 말해서 사람들이 더 이상 서로 이야기하지
않는다는 사실, 사람들이 결국 서로 분리되어 응답 없는 발언을 향
한다는 사실의 확실성을 구현하기 때문이다."[73]

보드리야르에게 대중매체의 혁명은 분명히 발언이 교환될 수 있
게 하면서 응답의 가능성을 복원하는 것이다. 그러나 그는 대중매
체에 의한 의사 교환의 일방성 속에서 재생산되는 무응답의 모델을
발견할 뿐이다. 그가 보기에 어디에서나 의사소통의 일방성[74]과 비
의사소통의 이미지가 존재한다는 것이다.

따라서 대중매체의 본성에 따라 응답의 가능성은 배제된다. 때때
로 청취자의 견해가 전화나 인터뷰 형식을 통하여 프로그램에 포함
된다 할지라도, 그것은 '부정적인 것을 통합한 회로' 안에서 발생하

---

72) *CEPS*, p.221 참조.
73) 같은 책, p.221.
74) 보드리야르와 드보르는 의사소통의 일방성에 대해 같은 견해를 드러내 보인다. 기술이
　　발전하고 있는 시대의 사회적 필요가 오로지 기술을 매개로 해서만 충족될 수 있는 것이
　　라면, 그리고 사회 관계와 인간 관계의 모든 접촉이 즉각적인 의사소통의 힘을 매개로 하
　　지 않고서는 더 이상 가능하지 않다면, 이는 의사소통이 본질적으로 '일방적'인 것이기
　　때문이다. (Guy Debord, *La société du spectacle*, Gallimard, 1992, p.24 참조.)

는 하나의 사건에 불과하다. 요컨대 통제되고 사전에 프로그램화된 피드백은 자신의 힘에 도전하는 어떤 것을 검열하는 대중매체의 기능과 작용을 강화하면서 '의사소통의 시뮬라시옹'인 청취자 전화 · 인터뷰 프로그램과 여론 조사를 통해 이루어진다.

이러한 '의사소통의 시뮬라시옹' 속에서 한술 더 뜨기를 유발한 것이 의사소통의 사라짐인지, 혹은 '의사소통의 시뮬라시옹'이 먼저 저지적 목적으로 의사소통의 가능성을 폐기하기 위해 거기에 있었는지 자문하는 것은 쓸데없는 일이다. 이는 순환적인 과정, 즉 시뮬라시옹과 하이퍼리얼리티의 과정이다. 의사소통의 하이퍼리얼리티, 말하자면 의사소통의 실재보다 더 실재적인 것으로 말미암아 의사소통의 실재가 폐기된다.[75] 정확히 말하자면 의사소통의 시뮬라시옹이 실재보다 더 실재적인 것으로 소통되는 것이다. 어떻게 보면 이는 형식적인 의사소통의 위장에 지나지 않는다. 물론 거기서 어떤 의사소통이나 의사 교환이 이루어지는 것처럼 보인다. 그러나 이러한 의사소통이나 의사 교환은 상호성과는 무관하다.

가령 사람들이 텔레비전의 프로그램에 참여하고 정보를 전달해도 거기에는 진정한 상호적 의사 교환이 형성되지 않는다. 의사소통을 한다는 이러한 극도로 자극된 연출을 하는 대중매체는 아이러니컬하게 닫힌 회로 안에서만 작용한다. 대중매체가 작용할 수 있는 가능성은 인간들간의 의사소통을 폐기할 수 있는 범위 안에서 이루어지기 때문이다. 보드리야르에 따르면 "응답을 영원히 금하는 것, 모든 교환 과정을 불가능하게 만드는 것"[76]이 대중매체의 최종적 정의이다. 의사소통적 교환의 가능성이 폐기되는 것은 대중매체

---

75) Jean Baudrillard, *Simulacres et Simulation*, Galilée, 1981, pp.121-122 참조.

76) *CEPS*, p.208.

의 본성과 관련된 것이며, 상호적 교환은 대중매체의 정의에 모순된다.

만약 양면적·의사소통적 교환이 이루어진다면, 그것은 결코 대중매체를 통해서 성립하는 것이 아니다. 보드리야르의 견해로는 양면적·의사소통적 교환 자체가 대중매체의 기능과 작용을 마비시킨다.[77] 그는 "양면성을 지닌 관계를 가정하면, 모든 것이 무너진다"[78] 고 주장한다. 그래서 상호적이고 양면적인 의사소통은 대중매체의 비의사소통과 대립된다. 대중매체에 의한 의사소통은 그러므로 한 방향으로만, 곧 발신자에서 수신자로만 벡터화된다. 수신자는 제 차례가 되어 발신자가 될 수 있으나, 의사소통은 양극의 항목이 교환되지 않는 단순한 단위로 언제나 귀착할 수 있으므로 똑같은 구조가 다시 생성되는 것이다. 의사소통은 일방적인 것이 된다.

의사소통의 일방성에 대한 보드리야르의 이러한 강조는 의사소통의 지배적인 현대적 패러다임과 수동적 청취에 대한 그의 견해를 암시하는 것처럼 보인다. 보드리야르의 입장이 극단적이긴 하지만, 그것은 독창적이고 도발적인 방식으로 대중매체의 형식과 효과에 대한 문제를 분명하게 하는 장점을 지닌다. 그러나 그는 전자 대중매체가 인간의 의사소통을 증대시킬 것인지, 혹은 그것이 인간의 노력과 집중을 단순화하면서 보다 빠르고 보다 편리하게 인간의 의사소통을 대체할 뿐인지를 의문시하게 한다. 뿐만 아니라 그는 의사소통의 내용의 가치를 의문시하게 한다. 다시 말해서 의사소통의 내용의 가치가 실제로 의사소통을 구성하는지, 혹은 인간의 표현을 축소하고 단순화하는지를 의문시하게 한다. 대중매체가 의사소통

---

77) 김상환, 《해체론 시대의 철학》, 문학과지성사, 1996, p.430 참조.
78) *CEPS*, p.221.

을 지수함수적으로 증대시키는 것처럼 보일 때조차도, 보드리야르가 암시하듯이 이는 인간의 인접 환경으로부터의 분리에 근거하고 있으며, 의사소통의 시뮬라시옹을 실현한다.

가령 전화를 거는 것은 의사소통의 수단으로서가 아니라 의사소통을 회피하는 수단으로서 기능한다. 전화로 접촉을 유지하는 것은 명목상의 인간 관계를 유지하면서 구체적인 접촉을 미리 방해한다. 심지어 전화를 거는 물리적 시간과 노력은 이메일이나 간결하고 의미 없는 텍스트의 연속적인 흐름으로 사라지게 된다. 여기서 보드리야르가 보여주는 역설적 상황은 의사소통과 동시에 이루어지는 의사소통의 파괴, 인간 관계의 축소와 단순화와 대체를 획기적으로 증가시키는 디지털 기술의 세계이다. 이러한 상황은 전자 기술이 인간의 삶에 침투한 정도를 나타낸다.

특히 휴대폰은 의사소통을 증대시키는 것처럼 보일 뿐인 의사소통 형식의 한 예를 보여준다. 생략되고 거의 의미 없는 메시지를 엄지손가락으로 앞뒤로 훌훌 넘기는 잘 잊어버리는 인간들로 가득한 거리는 보드리야르가 묘사한 바 있는 비의사소통의 세계를 구현하기 때문이다. 《차가운 기억들 *Cool Memories II*》에서 보드리야르는 이 점을 분명하게 암시한다. 그가 보기에 거리에서 휴대폰으로 아무에게도 말하지 않는 사람은 '새로운 도시적 인간,' 즉 그밖의 모든 사람에게 '네트워크의 가상적 존재'를 강요하는 인간을 나타낸다.[79]

따라서 보드리야르는 전자 기술이 더 많은 인간적 경험을 제공한다는 가설을 부정한다. 적어도 상호 작용의 스크린과 스마트 기술은 '인간과 보철술 사이의 생물학적 혼동'을 초래한다고 그는 말한다. 그러므로 인간을 확장시킨다기보다는 오히려 그것들은 인간

---

79) Jean Baudrillard, *Cool Memories II*, Galilée, 2000, pp.36-37 참조.

에게 침투하여 인간을 동화시키고 인간들 사이의 관계를 끊어 놓는
다. "두뇌 속에 네트워크를 삽입하는 것"[80]인 휴대폰은 자신이 말
을 걸지 않는 누군가를 보면서, 그리고 자신이 볼 수 없는 누군가와
이야기하면서 어느 전시회를 보지 않고 걷는다고 말하는 사람처럼
무의지적이고 기계적인 느낌의 무기력한 사람의 상태를 초래한다.
뿐만 아니라 휴대폰을 사용하는 이들의 행동은 증가된 사회성을 나
타내지 않고 '네트워크의 이동하는 감금(enfermement mobile du réseau)'의
세계에 빠져들거나 '모든 감각이 전자적으로 지배되는' 단계를 나타
낸다.[81]

　대중매체에 대한 보드리야르의 입장은 때때로 비판을 받는다. 그
러나 대중매체 형식에 대한 그의 강조는 타당하고 대립하는 전망,
특히 새로운 대중매체를 둘러싼 논쟁에서 다시 발견되는 전망이다.
대중매체가 환경적이 될수록 대중매체의 형식과 효과를 파악하는
것이 점점 더 어려워지며, 이러한 작업이 점점 더 절박하게 된다고
맥루언이 지적하듯이, 이러한 작업을 특수한 비판적 계획에 연결시
키면서 보드리야르의 작업은 이와 같은 입장을 취하게 된다. 그는
무엇보다도 대중매체의 힘과 작용을 형식에 있는 것으로 파악한다.
다시 말해서 대중매체의 힘과 작용을 의사소통의 방식으로서 뿐만
아니라 사회 통제와 통합의 방식으로서도 기능하는 의사소통의 시
뮬라시옹으로 대체하는 데 있는 것으로 파악한다.[82]

　심지어 디지털 대중매체에서 발견되는 '상호 작용'의 새로운 형태
는 보드리야르의 비판적 입장에 토대를 제공한다. 인터넷 훑어보기,

---

80) Jean Baudrillard, *Cool Memories II*, Galilée, 2000, p.106.
81) 같은 책, p.37과 p.132.
82) William Merrin, *Baudrillard and the Media*, Polity, 2005, p.24 참조.

이메일, 대화방 같은 이러한 형태들은 대체로 보다 많은 응답과 심지어 사적이고 일방적인 관계를 허용하지만, 이는 보드리야르의 관점에서 의사소통의 시뮬라시옹을 나타낼 뿐이다. 어떻게 보면 우리는 우리 사회의 체제에 의해 보드리야르가 말하는 의사소통의 시뮬라시옹에 갇혀 있는 것처럼 보인다.

II. 의사소통의 소실점

오늘날 의사소통의 시뮬라시옹에서 의사소통의 실재를 분리하는 것은 매우 어렵다. 이는 의사소통이 자신의 작용 속에 포함되고, 자신의 효과로 둘러싸이고, 자신의 스펙터클 속에 잠기기 때문이다. 그러면 우리는 실제로 의사소통하고 있는가? 오히려 그것이 의사소통의 허구 속에서 확장되고 초월하고 스스로 규명하는 우리 사회 전체의 문제가 아닌가? 과잉의 생산과 소비가 자체의 목적성을 뒤집는 상황에서 의사소통의 영역은 어떠한가? 의사소통의 영역에서 우리는 오로지 너무도 많은 정보·메시지·상호 작용 등에 관하여 들을 뿐이다. 그러나 의사소통의 진정한 의미와 목적성은 유지될 수 있는가? 보드리야르의 견해로는 의사소통의 진정한 의미와 목적성은 전도될 수 있으며, "우리는 의사소통이 과잉의 의사소통 속으로 사라지는 임계한계에 도달해 있다. 사회 관계 속에서 투명성과 유동성의 모든 기능들은 쓸모없는 복잡성과 집단적 질식으로 귀결된다."[83] 보드리야르에 의한 의사소통의 소실점은 단순하긴 하지만 논리적인 가정, 혹은 실현되는 예언으로서의 의사소통을 기술하

83) *NMTR*, p.112.

는 동어반복적인 가정이다.[84]

　무엇보다도 인간들이 처음에는 서로에게 말하고 사회 속에서 살아왔기 때문에 항상 의사소통했다는 것은 사실이 아니다. 의사소통의 전문 용어적 문제는 매우 근본적이다. "사물들에 대한 결정, 증명하는 기호, 사물의 의미와 진실성에 대한 보증이 있을 때만 사물들은 존재한다."[85] 고대 사회에서 부족들 간에, 마을들 간에, 가족들끼리 도대체 누가 의사소통할 생각을 가졌단 말인가? 말도 개념도 존재하지 않았으며, 물음은 이해할 수 없었다. 사람들은 의사소통할 필요가 없다. 그들은 바로 다른 사람에게 말하기 때문이다. 서로에게 말하는 것이 매우 쉬운데도 왜 의사소통을 해야 하는가?

　보드리야르의 전제는 매우 간단하다. 실재의 약화가 실재 원칙의 토대가 되듯이, 말과 상징적 교환의 약화는 의사소통 원칙의 토대가 된다는 것이다. 그러므로 보드리야르가 보기에 의사소통의 기본적 정의는 부정적이다. 그는 "우리가 의사소통의 구조에 직면할 때 의사소통의 본질이 비의사소통이라는 것을 잊어서는 안 된다"[86]고 말한다. 따라서 의사소통의 영역은 부정적이며, 이는 인간 관계의 미래에 대한 어떤 결말을 갖는 것처럼 보인다.

　실제로 의사소통은 사물과 존재들이 서로 접촉하지는 않지만 인접 관계를 통해 자신의 정보를 교환하는 기이한 구조가 되었다. 물론 의사소통은 인접 관계를 통해서 이루어지긴 하지만 접촉 없이 항상 서로로부터 거리를 유지한다. 매체화되고 디지털화된 인간 관계도 이와 마찬가지다. 사람들은 서로 접촉하지 않고 상호 작용하

---

84) *NMTR*, p.112 참조.

85) Jean Baudrillard, *Le système des objets*, Gallimard, 1968, p.278.

86) *NMTR*, p.113.

며, 서로에게 말하지 않고 대화하며, 서로 보지 않고 인터페이스로
접속한다. 여기에는 공허한 매력, 공허한 상호 작용의 기이함 같은
것이 존재한다. 어떻게 보면 우리 사회의 구조도 전자적 연대성의
형태로 이 모델을 향하고 있는 듯하다.

보다 구체적으로 말하면, 우리 사회는 이미지와 메시지와 네트워
크의 영향을 쉽게 받을 수 있으며, 촉각성·디지털성·인접 관계·
연쇄 반응을 산출해 낸다. 보드리야르의 견해로는 "의사소통하는
것은 기계이고 매체이다. 기계를 작동시키는 것은 너무도 쉽다. 기
계는 거대한 대체 체계이다. 통합된 회로와 네트워크 속에는 더 이
상 주체의 개입을 위한 요구도 없다. 오히려 그와 반대로 주체가 물
러나고 배제될 때 모든 것은 가장 잘 작동한다. 근본적으로 의사소
통은 네트워크로 구성되며, 네트워크 속에는 주체를 확인할 수 있
는 어떤 자리도 없다."[87] 말하자면 의사소통의 네트워크 속에서 주
체는 사라진다. 보드리야르에 따르면 상호 작용과 의사소통은 주체
의 소실점, 주체의 비밀과 욕망과 기이함의 소실점을 나타낸다. 그
러나 타자의 소실점, 타자의 기이함과 유혹의 소실점을 나타내기도
한다. 그래서 타자의 외적 특성의 모든 매혹, 관계의 이중적·변증
법적 형태들은 사라진다. 왜냐하면 이러한 형태들은 의사소통의 전
자적 스크린의 피상적 유동성과는 정반대인 거리·모순·긴장을 전
제로 하기 때문이다.[88]

특히 상호 작용의 영역에서는 침묵이나 부재를 위한 여지가 없
다. 정지도 중지도 휴지(休止)도 없다. 오로지 네트워크를 따른 전
이, 시간과 공간의 분화만이 있다. 그리고 상호 작용에 의한 이미지

---

87) Baudrillard Live, *edited by Mike Gane*, Routledge, 1993, p.174(약호 *BL*).

88) *NMTR*, p.114 참조.

와 메시지는 연속적으로 다른 것을 수반해야 한다. 그러나 이미지, 적어도 매체-이미지는 침묵을 흡수하거나 산출할 수 없다. 텔레비전에서의 침묵은 하나의 스캔들이다. 이는 스크린에서의 침묵이 의사소통의 단절 이외에는 아무것도 나타내지 않기 때문이다. 그러므로 상호 작용의 사회적 삶 속에서 스스로 접속을 끊는 것은 금지되어 있다. 의사소통의 원칙은 말려들기보다는 오히려 접속되는 절대적인 도덕적 의무를 내포한다. 어떻게 보면 의사소통은 '집단적 기획'인 것처럼 보인다. 즉 매체는 기능해야 한다는 것이다. 어떤 대가를 치르더라도 매체를 기능하게 하는 집단적 명령, 즉 일종의 의무가 존재하는 것이다.

물론 이것은 상호 접속의 체계에 의해 소외되고 사생활에서조차도 통제될 수 있는 가능성을 구성한다. 그러나 외부 세계를 넘어서 주어지는 상호적 통제는 훨씬 더 소외시키고 불안정하게 한다. 대체로 이러한 위험은 스크린과 텔레매틱스를 이용함으로써 외부 세계와 인간 존재를 쓸데없는 것으로 만든다. 오늘날 우리는 억압과 통제에 의해서보다는 의사소통과 정보를 통해 누군가를 중화시킨다. 그리고 우리는 정보의 박탈에 의해서보다는 정보의 과잉에 의해 누군가를 훨씬 잘 마비시킨다. 왜냐하면 우리는 통합된 네트워크처럼 끊임없는 순환성 속에서 점점 더 가까이 스크린에 연결되는 의무의 사슬로 그를 묶어두기 때문이다. "우리는 거울을 초월할 수 있어도 스크린을 초월할 수 없다"[89]고 보드리야르는 말한다. 보드리야르가 보기에 스크린과 그 전자적 텍스트가 추상적으로 현존하는 순수한 형태의 의사소통이 존재한다. 의사소통하는 것이 매우 쉬운데도 왜 서로에게 말하는 것인가?

89) *NMTR*, p.115

오늘날 우리는 스크린과 인터페이스의 환상 속에서, 근접과 네트워크의 환상 속에서 살고 있는 듯하다. 우리의 모든 기계들은 어떻게 보면 스크린이다. 인간의 행위는 스크린에서 스크린으로 옮겨가는 것에 익숙해져 있다. 인간의 상호 작용은 스크린의 상호 작용이 되었다. "스크린은 의사소통의 표면이다. 대체로 스크린은 의사소통에서 인터페이스의 역할을 한다."[90] 의사소통은 순환적 연속 속에서 작용한다.

교환이 상호성과 가역성인 데 반해, 의사소통은 순환과 순환성을 의미한다. 네트워크가 한쪽에서 다른 한쪽에 이르기까지 굴절에 의해 의사소통하는 인간에게 배정되는 것과 같은 방식으로 의사소통하는 인간은 네트워크에 배정된다. 기계는 인간이 기계가 하기를 원하는 것을 하지만, 인간은 기계가 하기로 프로그램화되어 있는 것만을 실행한다. 그는 가상성의 조작자이다. 가령 카메라를 사용할 때, 이 가상성은 자신의 시각에 따른 세계를 상상하는 주체의 가상성이 아니라 렌즈의 가상성을 이용하는 대상의 가상성이다. 그래서 "모든 기술 속에서, 완전히 조작적인 세계 속에서, 주체와 대상 사이의 통합된 회로를 가진 모든 기계 속에서 주체를 뛰어넘는 것은 대상이며, 자신의 이미지를 강요하는 것은 대상이"[91]라고 보드리야르는 주장한다.

이것은 오늘날 어떤 이미지도 가능한 이유이다. 이것이 그 자체 속에서, 혹은 디지털 작용 속에서 대체 가능한 어떤 것처럼 어떤 것도 디지털화될 수 있는 이유이다. 이는 스크린에서나 기술적 이미지 속에서 굴절될 수 없는 어떤 행위도 어떤 사건도 없다는 것을 뜻

90) *BL*, p.174.
91) *NMTR*, p.116.

한다. 강요는 스크린에서, 그리고 프로그램의 순환 속에서 잠재적으로 존재하는 것이다. 이것이 바로 의사소통에 대해 우리가 갖는 환상이다.

그러면 이 점에서 인간은 자유로운가? 어떻게 보면 인간은 어떤 선택도 최종 결정도 하지 못하는 듯하다. 스크린·네트워크·조작하는 기계에 관한 모든 결정은 부분적이고 단편적이고 프랙털적이다. 오늘날 새로운 기술·상호 작용의 기계·스크린은 인간을 소외시키는가? 어떤 방식으로든 인간은 스크린과 네트워크에 연결되며, 의사소통에서 청취자나 시청자인 인간은 의사소통의 스크린과 네트워크의 터미널이 되고 있다. 보드리야르는 이제 "우리 자신은 어느 정도 스크린이다"[92]라고 말한다. 보드리야르의 견해로는 의사소통하는 인간은 정확히 말해서 인간 존재가 아니다. 이 말은 도발적인 것처럼 들리지만 어느 정도 설득력 있는 듯하다. 의사소통하는 인간의 행위는 스크린에서 스크린으로 이동한다. 그것은 바로 스크린들 간의, 네트워크들 간의, 매체들 간의 의사소통이다. 어떤 점에서 그것은 "그 자체와 의사소통하는 매체, 강렬한 순환, 인간을 스크린과 네트워크 속에 내포하는 매체의 자기 지시적 형태이다.

하지만 그것은 어느 정도 통합된 인간-기계 회로이다."[93] 인간은 그것에 연결되고 통합된다. 의사소통의 현대적 형태들은 이와 같은 통합된 구조의 모델 위에 만들어졌다. 우리는 인간인가? 우리는 기계인가? 이 인류학적 물음에 대한 대답은 없다. 그러나 이 인류학적 불확실성은 의사소통과 정보의 네트워크의 고도화에서 비롯되는 것일 터이며, 의사 교환의 진짜 형태가 있는지 없는지를 알 수

92) *BL*, p.148.
93) 같은 책, p.150.

없음에서 비롯되는 것일 터이다. 결국 이러한 상황에서 의사소통은 소실점을 향한다는 느낌이 든다.

III. 의사소통의 황홀경

오늘날 의사소통의 세계에서 장면이나 거울은 사라지고, 스크린과 네트워크는 존재한다. 다시 말해서 장면이나 거울의 초월성이나 심층은 존재하지 않지만, 조작이 전개되는 내재적 표면, 의사소통의 조작적 표면이 존재한다. 예를 들어 우리는 더 이상 거울 앞에 있지 않고 스크린 앞에 있다. 스크린은 더 이상 반영하지 않고 조작의 기능을 한다. 우리는 스크린 단계에 있으며, 매혹을 경험한다. 이는 스크린에 내재하기 위해 스크린에 걸려드는 방식이다. 일종의 참여이긴 하지만, 거기에는 메시지와 기호의 증식이 있다. 따라서 우리는 더 이상 판단할 수 없고, 반성할 수 없게 된다. 이것이 바로 황홀경의 형태이다.[94]

보드리야르는 탈근대의 풍경을 통해 외설스러움·황홀경·투명성으로서의 매체를 기술하고자 한다. 탈근대는 매체에 의한 의사소통의 시뮬라시옹을 실현한다. 우리는 스크린과 네트워크의 터미널로서 존재한다. 우리의 삶의 공간은 수용과 조작의 공간으로, 그리고 모든 것을 조작할 수 있는 가능성을 지닌 터미널과 통제 스크린으로 간주된다. 그러나 "전자적 뇌수화, 회로와 에너지의 축소화, 환경의 트랜지스터화가 우리의 삶의 장면을 이루었던 모든 것을 외설스러움 속으로 밀어넣는 한 문제가 발생한다."[95] 가령 의사소통

94) *BL*, pp.84-85 참조.

하는 행위가 스크린이나 조작적인 터미널에 집중되는 순간, 그밖의 모든 것은 쓸모없는 것처럼 보인다. 의사소통의 즉각성이 의사 교환을 순간의 연속으로 축소시킨 이래, 그 연속은 우리에게 쓸모없는 차원으로 남는다.

보드리야르에 따르면 탈근대 사회의 의사소통은 즉각적으로 모든 것을 보여주는 스크린과 더불어 매체의 사건이 된다. 의사소통의 차원 속에서 모든 기능은 파괴된다. 이는 바로 보드리야르가 말하는 '의사소통의 황홀경'이다. 즉 모든 것은 그 자체를 벗어나거나 그 자체를 넘어서면 명백하고 황홀하며, 그 투명성과 가시성 속에서 외설스럽다.[96] "숨겨진 것, 억압된 것, 모호한 것의 외설스러움은 존재하지 않는다. 이와 반대로 가시적인 것, 지나치게 가시적인 것, 가시적인 것보다 더 가시적인 것의 외설스러움이 존재한다. 그리고 더 이상 비밀을 지니지 않으며, 온전히 정보와 의사소통 속에 녹아 들어가 있는 것의 외설스러움이 존재한다."[97]

말하자면 모든 것이 투명해지고 직접적으로 가시적이 될 때, 모든 것이 정보와 의사소통의 냉혹한 빛에 노출될 때 외설스러움이 시작된다. 보드리야르는 "우리는 더 이상 소외의 비극 속에 있지 않고 의사소통의 황홀경 속에 있다"[98]고 주장한다. 모든 시선, 모든 이미지, 모든 재현을 끝내는 것은 외설스럽다. 외설스럽게 되는 것은 성적인 것만 있는 것이 아니다. 오늘날 정보와 의사소통의 포르노그래피, 회로와 네트워크의 포르노그래피, 사물과 기능의 포르노

---

95) Jean Baudrillard, *L'autre par lui-même*, Galilée, 1987, p.16(약호 *APLM*).

96) Douglas Kellner, *Jean Baudrillard: From Marxism to postmodernism and Beyond*, Standford, 1989, p.72(약호 *MPB*).

97) *APLM*, p.200.

98) 같은 책, 같은 쪽.

그래피가 있다.

　마르크스는 이미 상품의 외설스러움을 폭로한 바 있다. 상품의 외설스러움은 사물의 사용 가치를 넘어선 등가의 원칙과 자유로운 순환의 원칙에 결부되어 있다. 상품의 외설스러움은 그것이 추상적이고 형식적이라는 점에 기인한다. 사물이 자신의 비밀을 드러내지 않는 것과는 반대로, 상품은 언제나 자신의 가시적인 본질, 즉 가치를 표명한다. 상품은 가능한 모든 사물들이 전사되는 장소이다. 상품을 통해 사물들은 의사소통하는 것이다. 그러므로 상품의 형식은 근대 세계의 최초의 매체였다. 그러나 상품을 통해 사물이 전하는 메시지는 근본적으로 단순화되어 있으며, 언제나 같은 것에 불과하다. 그것은 바로 사물의 교환 가치이다. 따라서 결국 메시지는 이미 존재하지 않는다. 메시지는 순수한 순환 속에서 부과되는 매체인 것이다. 이는 바로 보드리야르가 말하는 황홀경이다.[99]

　의사소통 세계의 외설스러움과 투명성을 파악하는 데에 있어 마르크스의 이러한 분석은 분명히 참조 사항이 된다. 이전의 성적인 외설스러움은 이제 의사소통적인 외설스러움으로 대체된 듯하다. "이전의 외설스러움은 사적 세계에 축적된 사물들이나 억압의 침묵 속에서 들끓는 것의 유기적·본능적·관능적인 난잡함의 형태를 포함하고 있었다. 반면에 오늘날 의사소통의 스크린과 네트워크를 지배하는 난잡함은 표면적인 포화 상태의 난잡함, 끊임없는 유혹의 난잡함, 간극적이고 방어적인 공간을 전멸시키는 난잡함이다."[100] 가령 우리가 스마트폰을 가지고 있으면 의사소통하고자 하는 견딜 수 없는 욕망과 함께 스크린과 네트워크가 우리를 붙잡고 우리를 괴롭

99) *APLM*, p.21 참조.
100) 같은 책, p.22.

힌다. 의사소통하는 것이 자유롭긴 하지만, 어떻게 보면 우리는 더 이상 자유롭지 않는 듯하다. 우리는 때때로 자신이 무엇을 바라고 있는지 알 수 없는 경우도 있다.

보드리야르에 따르면 의사소통의 착란에 연결되는 매혹과 현기증의 고유한 상태, 즉 특이하긴 하지만 불확실하고 현기증나는 쾌락의 형태가 존재한다. 로제 카이유와는 우리 문화의 경향은 표현과 경쟁 형태의 사라짐에서 불확실과 현기증의 확산으로 나아가고 있다고 지적한 바 있다. 이 후자의 형태는 장면·거울·타자성의 놀이를 내포하지 않는다. 그것은 오히려 황홀경에 빠져 있고, 고독하고 자기 도취적이다. 보드리야르는 오늘날 "쾌락은 장면의 나타남에서 오는 쾌락이 아니라 순수하고 불확실한 매혹에서 오는 쾌락"[101]이라고 말한다. 따라서 우리의 오래된 기준과 '장면'에 의한 감수성의 반응을 적용한다면, 우리는 감각의 영역에서 이 황홀하고 외설스러운 형태의 난입을 제대로 파악할 수 없을 것이다.

의사소통의 황홀경 속에서 의사소통은 스크린과 터미널을 이용하는 차갑고 매혹적인 감각의 네트워크를 통해 순환한다. 사생활과 공적 영역에서 유혹하고 흥분시키는 장면의 사라짐과 더불어, 황홀경과 반대되는 정열은 개인적·사회적 관계 속에서 증발한다."[102] 그러나 매체와 의사소통의 세계와 더불어 새로운 매혹이 출현한다. "장면은 우리를 유혹하지만, 외설스러움은 우리를 매혹한다."[103] 이러한 세계 속에서 우리는 황홀경·매혹·외설스러움으로 포화 상태가 되는 새로운 형태의 주체성 속으로 들어간다. 우리는 "순수한

---

101) *APLM*, p.23.
102) *MPB*, p.71 참조.
103) *APLM*, p.24.

스크린이 되고, 서로 영향을 미치는 네트워크들을 흡수하고 재흡수하는 순수한 표면이 된다."[104] 매체와 의사소통의 사회에서 내면성·주체성·의미·사생활의 시대는 끝나고, 외설스러움·투명성·매혹·현기증의 새로운 시대가 열린다. 이는 바로 의사소통의 황홀경이 실현되는 탈근대 시대이다.

IV. 진정한 의사소통을 향하여

보드리야르에 따르면, 매체의 본성은 의사를 전달하고 소통시키는 데 있다기보다는 사회 통제와 통합을 강요하고 부과하는 데 있다. 이 강요적 부과 앞에서 수신자 혹은 대중은 상호적 의사소통의 필요성을 자각하지 못하고 상호적 의사소통의 기회를 상실하게 된다. 보드리야르는 대중매체는 비의사소통을 산출하는 것에 지나지 않는다고 주장한다. 매체의 비의사소통에 대한 보드리야르의 이러한 주장은 어느 정도 우리의 관심을 끌지만, 그는 타자의 삶을 의식함으로써 산출되는 공감적인 관계에서부터 전자적으로 산출되고 유지되거나 재발견되는 관계에 이르기까지 전자매체에 의해 형성되는 인간 관계의 여러 형태들을 무시하는 경향이 있다. 어떻게 보면 그의 논의는 전자적 공동체와 접촉에 관한 우리의 일상적 경험과는 정반대로 나아가고 있는 듯하다.

뿐만 아니라 그는 대중매체에 의한 의사소통이 일방성을 면치 못한다고 생각한다. 다시 말해서 그는 "매체는 일방적이며 저기 너머 바깥 쪽에서 오는 일방적인 체계"[105]라고 생각한다. 매체 자체가 일

104) *APLM*, p.25.

방적 의사소통 양식이기 때문에 매체를 통한 상호적 의사소통은 불가능하다는 것이다. [106]

그러면 매체를 인수하려는 혹은 매체의 소통 과정을 거꾸로 되돌려 매체에게 일방적으로 의사를 전달하려는 시도는 아무 소용이 없는 것인가? 보드리야르의 견해로는 이러한 시도를 통해서는 매체의 본질적인 형식을 개선할 수 없을 것이다. 보드리야르는 경계의 극한에 도달하려는 경향이 있다. 제도화된 구조나 형식이 경계의 극한에서 불안정하게 흔들리며 파괴될 수도 있기 때문이다. 보드리야르는 자기 시대의 의사소통 이론에 대해 비판적 입장을 견지하면서 '의사소통의 시뮬라시옹' 모델을 만들어내었다.

가령 청취자 여론 조사처럼 이미 피드백의 구조를 미리 포함하는 모델로 인해 진정한 의사소통의 가능성이 사라졌음에도 불구하고, 이러한 여론 조사는 청취자와의 상호 작용이라는 외관을 취한다. 상호 작용의 이러한 제한은 오늘의 화제에 대한 청취자 투표와 뉴스 이야기에 관한 이메일 피드백을 하는 뉴스 채널에 의해 가장 분명하게 파악된다. 조심스럽게 선택된 이메일은 편견의 암시를 미리 차단하고 견해의 가정된 범위를 숙고하고 해결되지 않는 복잡한 화제를 알리기 위해 대립하는 견해의 즉각적인 제시에 의해 부정된다. 따라서 이것은 상호적 의사소통을 구성하지 않고 통제된 '의사소통의 시뮬라시옹'을 구성한다. [107]

---

105) *BL*, p.87.

106) 인터넷, 케이블 위성 텔레비전, 스마트폰 같은 '상호 작용'의 디지털 매체의 발전으로 인해 매체의 일방성에 대한 보드리야르의 주장은 비판받을 수 있다.

107) 물론 보드리야르가 말하는 '의사소통의 시뮬라시옹'은 소셜네트워크서비스가 출현하기 이전에는 매체와 사회의 체제에 의해 의사소통의 지배적인 형태가 될 수 있었다. 우리는 이 글의 모두에서 밝혔듯이 우리의 논의가 소셜네트워크서비스 출현 이전의 매체와 의사소통에 관한 보드리야르의 글들에 근거한다는 점을 고려해야 한다.

그러나 오늘날 우리는 휴대폰·컴퓨터·텔레비전을 통해 상호 작용이라는 관계 속으로, 상호 감각이라는 관계 속으로 들어간다. 접촉, 연결, 그리고 상호 작용성이 특권화되는 것이다. 이 상호 작용성은 스크린과 네트워크와 회로에 근거하여 다양한 연결과 연계를 만들어낸다. 의사소통이 과잉의 의사소통에 의해 사라지는 듯하다. 다시 말하면 의사소통의 과잉이 의사소통의 부재의 징후를 나타낸다. 이런 점에서 의사소통은 소실점을 향한다는 느낌이 든다.

오늘날 도처에서 스크린과 네트워크가 범람한다. 우리의 일상이 스크린에 접속되고 연결되어 '우리 자신이 어느 정도 스크린이다.' 그래서 '나는 생각한다. 고로 나는 존재한다'가 아닌 '나는 스크린한다. 고로 나는 존재한다'가 탈근대의 의사소통의 중요한 개념이 되고 있다. 보드리야르는 "스크린은 회로를 감속하거나 정지시키는 일 없이 모든 사물들이 그 뒤를 이을 수 있는 깊이 없는 어떤 공간 속에서 모든 것을 순환시킨다"[108]고 지적한다. 실제로 스크린은 피상적이며, 전혀 다른 차원이다. 그것은 매혹적인 것이다. 우리가 스크린의 영역 속에 있을 때, 우리는 완전히 이 영역에 흡수되는 경향이 있다. 그래서 우리는 스크린에서 스크린으로 옮겨가는 데 익숙해 있다.

가령 우리는 의식적으로 텔레비전을 보겠다고 결정하지 않는다. 우리는 일종의 매혹과 현기증에 의해 텔레비전을 본다. 스크린이라는 기계가 정보와 의사소통의 실제 차원이 아니라는 생각이 든다. 기술을 통해 우리에게 제공되는 것은 스크린의 이미지인데, 우리는 그 이미지 속으로 빠져든다.[109] 말하자면 우리는 스크린의 이미지를

---

108) *BL*, p.167.

109) Jean Baudrillard, *Le paroxyste indifférent*, Grasset, 1997, p. 65 참조.

가로질러 순환하면서 의사소통의 황홀경 속으로 사라지는 것이다.

그러면 의사소통에 관한 보드리야르의 이론이 소셜네트워크서비스의 세상에 어느 정도 적용될 수 있는가? 페이스북과 트위터라는 거대한 소셜네트워크서비스는 스마트폰과 인터넷을 통한 의사소통을 더욱 쉽게 가능하게 한다. 페이스북은 인간들간의 상호적 관계를 가능하게 하고, 스마트 텔레비전은 상호 작용성을 중요한 요소로 포함하는 기능을 갖고 있다. 그러나 소셜네트워크서비스로 맺어지는 인간 관계를 진정한 소통이라고 말할 수 있는가? 오히려 보드리야르가 지적하듯이 과잉의 의사소통이 의사소통의 부재 혹은 의사소통의 황홀경을 초래하고 있지는 않는가?

요즘 인구에 회자되는 스마트 아일랜드족이라는 표현이 보드리야르의 견해를 다소 반영하는 듯하다. 예를 들어 사람들이 친구들을 오래간만에 만나고서는 처음에 근황을 묻다가 조금 지나면 각자 자기 스마트폰을 확인한다는 것이다. 함께 있지만 함께 있지 않는 것 같은, 다시 말해서 연결되고 있지만 연결되지 않는 것 같은 상황이 연출된다는 것이다. 이런 현상은 우리의 사회적 삶에도 깊숙이 관련되어 있다. 미국의 10대들은 월 3천 개의 문자메시지를 보낸다는 통계가 이미 나와 있다. 만약 휴대폰이 불통이라면, 그들은 사회적으로 고립되어 있다고 느낄 것이다.

이는 우리를 계속 접속하도록 강요하는 사회 전체의 분위기와 관련이 있다.[110] 서로 소통할 수 있도록 해주는 소셜네트워크서비스는 대단한 의사소통의 기술임에는 분명하다. 그러나 페이스북과 트위터는 때로는 양면적·상호적 의사소통을 형성하기도 하고, 때로는 의사 교환의 일방성을 형성하기도 한다. 특히 소셜네트워크서비스

110) 〈소셜 네트워크 세상을 바꾼다〉, SBS 시사토론, 2011년 5월 27일 참조.

를 통해서 잘못된 정보들이 마구잡이로 유포되는 것은 보드리야르가 말하는 비의사소통 혹은 일방적 의사소통을 초래한다.

보드리야르는 분명히 매체 자체가 비의사소통 양식 혹은 일방적 의사소통 양식이라고 말한 바 있다. 보드리야르의 이런 입장은 소셜네트워크서비스가 출현하기 이전에는 어느 정도 설득력을 갖고 있었지만, 소셜네트워크서비스의 시대에는 부분적으로 수용될 수밖에 없는 한계를 갖고 있다고 여겨진다. 그러나 의사소통하는 인간의 상호 작용이 스크린의 상호 작용이 되었다는 것과 의사소통의 불확실성이 의사소통의 네트워크의 고도화에서 비롯된다는 그의 주장은 오늘날의 매체와 의사소통과 관련하여 진정한 의사소통을 향한 길을 탐색하는 데 하나의 참조 사항이 될 수 있으리라 믿어진다.

제3부

형이상학적 사유와 상상력

1. 탈근대적 징후 혹은 사회적인 것의 위기

사회와 문화의 급격한 변동은 기존의 생활 양식과 사고방식에 심각한 위기로 받아들여진다. 과거에 안정적이던 사회 질서와 사고 유형이 무너지게 되면, 사회가 파편화되고 혼돈과 무질서와 직면하게 된다는 인식이 팽배해진다. 이에 대한 반응은 때로는 비관론과 과장된 담론으로 나타나기도 하지만, 명백한 위기에 대한 해결책을 모색하기도 한다. 이러한 상황에서 역사의 새로운 단계, 새로운 기술의 발전, 새로운 양식의 출현, 사회문화적 변동은 이전의 사회와의 단절을 나타낸다. 이것은 어떻게 보면 근대의 사회 조직이 무너짐으로써 야기된 일련의 위기와 새로운 탈근대 지형의 도래에 의해 설명될 수 있다.

'포스트모더니즘의 큰 별'로 불리는 보드리야르는 《침묵하는 다수의 곁에서 혹은 사회적인 것의 종언 *A l'ombre des majorités silencieuses ou la fin du social*》과 《시뮬라크르와 시뮬라시옹 *Simulacres et Simulation*》에서 완전히 새로운 영역과 새로운 단계로 접어든 탈근대 사회를 묘사한다. 그가 기술하는 이 탈근대 사회는 시뮬라크르와 시뮬라시옹[1]이 사회적 질서를 지배하고 사회적인 것의 실재를 초과 실재

---

1) 보드리야르에 따르면, 시뮬라시옹은 기호와 이미지가 실재를 지배하고 대체하는 현상, 혹은 기호와 이미지에 의해 실재보다 더 실재적이고 우월한 초과 실재(하이퍼리얼리티)가 산출되는 과정을 뜻한다. 시뮬라크르는 시뮬라시옹의 결과이다. 보드리야르는 시뮬라시옹 이론을 통해 탈근대의 사회문화적 현상을 분석했다.

(hyperréalité)로서 구성하는 사회이다. 보드리야르가 보기에 이전의 사회에서 사회적인 것은 일관성 있는 공간으로서, 그리고 실재 원칙으로서 존재했다. 말하자면 사회 관계·사회 관계의 생산·역동적인 추상화로서의 사회적인 것, 구조와 목적으로서의 사회적인 것, 전략과 이상으로서의 사회적인 것이었으며, 합리적이고 균형 있는 공간에서만 권력처럼, 노동처럼, 자본처럼 어떤 의미를 지녔다. 그러나 탈근대 사회의 출현은 사회적인 것을 위기에 직면하게 했다. 즉 시뮬라크르와 시뮬라시옹에 흡수되어 사회적인 것은 사라지고 있다. 사회적인 것은 균형 있는 공간에서만 존재하며, 저지(dissuasion)의 공간인 시뮬라시옹의 공간에서는 사라진다는 것이다.

시뮬라시옹의 공간은 실재와 모델이 혼동되는 공간이다. 실제로 모델이 실재에 투영되는 것이 아니라 실재가 여기 지금 모델로 변형되는 것이다. 따라서 실재는 모델로부터 생겨나는 초과 실재가 된다. 이 초과 실재는 실재의 모델이자 추상적 패러다임이 된다는 점에서 실재보다 더 실재적이다. 이 초과 실재는 실재의 체계를 끝내고 지시 대상으로서의 실재를 끝낸다. 이 초과 실재는 또한 사회적인 것도 끝낸다. 초과 사회적인 것(hypersocial), 즉 사회적인 것의 초과 실재, '사회적인 것의 시뮬라시옹'이 사회적인 것을 파괴하기 때문이다. 이는 바로 사회적인 것의 위기이다.

보드리야르는 탈근대적 징후로서 사회적인 것의 '위기'와 '종언'을 깊이 숙고했다. 그러나 그것은 사회적인 것에 대한 새로운 사회학과 사회과학을 구성하는 차원을 넘어 탈근대 사회에서 어떤 사회적인 것이 작동하게 되는지, 그것이 어떤 방식으로 작동하는 것인지를 보기 위한 것이었다. 이러한 시도를 통해, 그는 사회적인 것의 초과 실재, 사회적인 것의 시뮬라시옹을 통해 사회적인 것을 사라지게 하는 탈근대 사회를 새로이 파악한다. 그가 보기에 사회적인 것의 파괴를 조장하는 것은 매체와 대중이다. 사회적인 것의 확장이나 사회화의 증대를 가져오기는커녕 매체는 대중 속에서 사회적인 것의 내파를 초래한다. 대중은 대단한 밀집 상태의 공간이며, 이 공간 속에서 사회적인 것이 내파되고 시뮬라시옹의 과정에 근거하고 있다.

그러면 보드리야르가 규정짓는 대중은 사회적인 것을 삼켜 버리는 '침묵하는 다수'를 형성하면서 어떻게 내파적 현상으로서 탈근대적 특징을 나타내고 있는가? 보드리야르에게 '사회적인 것의 시뮬라시옹'은 대중의 실재와 사회적인 것의 실재 사이의 간격을 메우는 시도로서 적절한가? 그리고 대중매체는 시뮬라시옹화된 사회적인 것의 기능을 구체화할 수 있는가? 탈근대성은 흔히 탈경계화와 내파(implosion)의 과정으로 해석될 수 있는데, 보드리야르가 말하는 '매체 속에서의 의미의 내파' '대중 속에서의 사회적인 것의 내파' 현상에 대해, 다시 말해서 매체와 정보의 증식이 결국 대중을 중화하고 사회적인 것을 파괴하는 현상에 대해 대중은 어떤 전략으로 어떻게 반응하고 저항하는가? 이러한 물음과 관련하여 우리는 사회 제도들이 사회적인 것을 생산하고 파괴한다는 보드리야르의 견해에 주목하면서 탈근대 사회가 사회적인 것을 '사회적인 것의 시뮬라시옹' 아래 매장할 것이라는 보드야르의 급진적 사유를 통찰하고 비판해 보고자 한다.

I. '침묵하는 다수'에 대하여

오늘날 우리는 대중의 사회학적 이해에 반대론을 펼치면서 대중의 위치를 다시 설정할 필요가 있다. 사회학의 전제가 사회적인 것의 긍정적이고 결정적인 가정에, 그리고 '사회과학'이 되는 자격에 기초를 두고 있기 때문에 대중은 분석할 수 있는 범주 속에서 개념화되어야 한다. 사회학적 실재 속에서 대중의 존재는 결국 여론 조사 분석을 통한 코드들(계급, 사회적 지위, 성, 인종 등)의 재현일 뿐이다. 따라서 '침묵하는 다수'는 사회학적이고 정치적인 상상력을 위한 '상상적 지시 대상'이다. 침묵하는 다수가 상상적 지시 대상이라는 것은 그들이 존재하지 않는다는 것을 의미하지 않는다. 이는 그들의 재현이 더 이상 가능하지 않다는 것을 의미한다. 대중은 더이상 지시 대상이 아니다. 왜냐하면 대중은 재현의 영역에 속하지 않기 때문이다. 대중은 스스로를 표현하지 않으며 여론 조사된다. 대중은 스스로를 숙고하지 않으며 테스트된다. 의견 조사는 정치적지시 대상을 대신한다. 이제 여론 조사, 의견 조사, 테스트, 매체는 재현의 차원이 아닌 시뮬라시옹의 차원에 속하는 장치들이다.[2]

따라서 보드리야르는 여론 조사와 의견 조사, 테스트, 메시지의 폭격을 받는 대중은 빛 스펙트럼——통계와 여론 조사와 의견 조사에 상당하는 방사 스펙트럼——의 분석을 통해 알려진 항성의 집단처럼 불투명하고 빛이 들어오지 않는 층(gisement)일 뿐이다라고 말한다.[3] 말하자면 여론 조사와 의견 조사와 테스트의 과정에서 대중은 그들이 있는 그대로 남아 있음으로써 모든 표현과 재현을 방해한다. 대중은 어떤 진단이나 예측의 가능성을 잊어버리면서 모든 사회적 신호를 공허한 순환에 빠져들게 한다. 그러므로 표현이나 재현

---

2) Jean Baudrillard, *A l'ombre des majorités silencieuses ou la fin du social*(이하 *OMS*로 표기함), Denoël/Gonthier, 1982, p.25.

3) 같은 책, p.26.

이 문제가 아니라 언제나 표현될 수 없고 표현되지 않는 어떤 '사회적인 것의 시뮬라시옹'이 문제이다. 이것이 바로 대중의 침묵이 지니는 의미이다. 그러나 이 침묵은 역설적이다. 말하자면 이 침묵은 말하지 않는 침묵이 아니다. 그것은 자신의 이름으로 말해지는 것을 거부하는 침묵이다. 이러한 의미에서 소외의 형태이기는커녕 그것은 절대적인 무기이다.

어느 누구도 침묵하는 다수를 재현한다고 말해질 수는 없다. 이는 바로 침묵하는 다수의 복수이다. 대중은 예전에 우리가 계급이나 사람들을 참조하듯이 참조할 수 있는 결정 기관이 아니다. 그들의 침묵 속으로 물러난 대중은 더 이상 (특히 역사의) 주체도 아니다. 따라서 대중은 더 이상 말해지거나 분명해지거나 재현될 수도 없고, 정치적 '거울 단계'와 상상적 동일시의 순환을 거칠 수도 없다. 여기서 분명히 대중의 어떤 힘이 생겨난다. 더 이상 주체가 아니기 때문에 대중은 혁명적 희망의 종언을 나타내면서 그들의 언어 속에서나 그들을 위해 말하기를 바라는 어떤 다른 언어 속에서도 소외될 수 없다. 왜냐하면 혁명적 희망은 스스로를 부정하는 대중이나 프롤레타리아를 위한 가능성에 항상 편승했기 때문이다.

그러나 이제 "대중은 부정성이나 폭발의 장소가 아니라 흡수와 내파(implosion)의 장소이다."[4] 보드리야르는 대중의 본질을 파악하기 위해 일련의 은유를 확장하면서 대중을 '스펀지 레퍼런트(spongy référent)' '관성(inertie)' '침묵' '무관심' '내파의 형태' '사회적인 것을 삼켜 버리는 블랙홀'로 묘사한다. 그에 따르면 대중은 자신의 철저한 침묵 속에서 사회적인 것과 정치적인 것의 에너지를 흡수하고 내파시킨다. 말하자면 대중의 내부에서 의지와 재현으로서의 정치적인

4) *OMS*, p.27.

것과 사회적인 것이 파괴된다.

보드리야르의 견해로는 권력의 전략은 오랫동안 대중의 관성에 근거한 것처럼 보였다. 대중이 수동적일수록 권력은 확실해졌다. 그러나 이 논리는 권력의 관료주의적이고 중앙집권적인 양상의 특징을 나타낼 뿐이다. 오늘날 이 관성은 권력에 불리하게 작용한다. 즉 권력이 조장했던 관성은 권력의 죽음의 기호가 된다. 그래서 권력은 대중에 대한 자신의 전략을 수동성에서 참여로, 침묵에서 발언으로 바꾸려고 한다. 그러나 너무 늦다. 권력은 '임계질량'의 위험 수위, 즉 관성에 의한 사회적인 것의 퇴행의 위험 수위를 넘어섰다.[5]

오늘날 어디에서나 대중은 말하도록 권유받고 참여와 축제를 통해서, 그리고 자유로운 표현을 통해서 사회적으로, 조직적으로, 성적으로 살기를 재촉받는다. 유일한 진짜 문제는 대중의 침묵, 침묵하는 다수의 침묵이라는 것을 보다 극적으로 보여주는 것이라고는 없다. 오히려 대중이 불안한 관성과 침묵 속으로 빠져들지 못하도록 모든 힘이 동원되는 듯하다. 의지나 재현의 지배 아래 놓여 있지 않은 대중은 진단과 무조건적인 예측의 통제 아래, 정보와 통제의 보편적인 지배 아래 놓여 있다. 여론 조사, 테스트, 선거를 통해 대중은 사회적 힘보다 오히려 시뮬라시옹 모델에 맞선다. 여론 조사, 테스트, 선거는 사회적인 것의 추상화, 즉 사회적인 것의 시뮬라시옹을 생산한다. 그러나 사회적인 것의 시뮬라시옹은 진짜 사회성을 죽이고 대중을 보다 수동적이고 냉담하고 관성적으로 만든다.

그러나 보드리야르의 관점에서 이 관성은 저항의 형태를 나타

---

5) *OMS*, p.28 참조. 보통 핵 폭발의 과정과 관련 있는 '임계질량'의 개념은 여기서 핵 '내파'에 적용된다. 우리가 대중과 침묵하는 다수의 '퇴행적 현상'과 더불어 사회적인 것과 정치적인 것의 영역에서 목격하는 것은 관성에 의한 일종의 정반대의 폭발이다. 이것은 또한 되돌아올 수 없는 지점을 내포한다.

내고 참여와 반응과 활동의 어떤 제한된 형태를 적어도 원하는 권력 구조를 방해한다.[6] 대중의 이 관성의 힘은 어떻게 보면 이해할 수 없는 것이다. 실제로 어떠한 여론 조사나 테스트도 대중의 관성을 분명하게 하지 못할 것이다. 대중의 효과는 이 관성을 파악하지 못하게 하는 것이기 때문이다. 관성과 마찬가지로 침묵 또한 견딜 수 없는 것이다. "침묵은 우리가 대중을 인식하는 하이퍼-리얼리티(hyper-réalité) 속에서 정치적인 것과 사회적인 것을 전복시킨다."[7] 만약 정치적인 것이 사회적 반향과 시뮬라시옹의 영역(정보, 미디어)에 대중을 끌인다면, 대중은 사회적인 것의 반향과 사회적인 것의 시뮬라시옹의 영역이 되기 때문이다.

II. 대중과 사회적인 것의 시뮬라시옹

보드리야르는 탈근대 사회의 명백한 구성체를 '대중'으로 특징짓는다. 이 구성체의 본질은 '사회적인 것'의 증가하는 위기 아래서 근본적인 사회적 존재의 완전한 부재 혹은 쇠퇴이다. 여기서 보드리야르는 근본적인 사회적인 것의 개념을 환기시키지만 그의 분석에서 국가와 사회의 권력 관계에 대한 푸코의 개념을 파악하기는 어렵다. 말하자면 보드리야르는 푸코 개념의 부재 속에서 그 개념에 맞서기를 피한다. 푸코의 신중한 고찰과는 대조적으로, 보드리야르의 접근은 이성적 도식에 지나지 않는 과학적 접근에 대한 자기 비판을 충실히 보여줌으로써 흔히 데리다에 더 많이 가깝다. 따

---

6) Douglas Kellner, *Jean Baudrillard: From Marxism to Postmodernism and Beyond*, Polity Press, 1989, p.86 참조.
7) *OMS*, p.34.

라서 논증의 모델을 이용하고 어떤 결론에 이르는 논점을 축적하기는커녕 사회적 존재와 사회적인 것에 대한 보드리야르의 논의는 대중에 대한 그의 은유 방식에 다양한 이데올로기적 요소들을 끌어들이면서 쇠퇴한 사회적인 것의 개념을 중심으로 전개된다. 그의 분석의 핵심은 탈근대 사회에 대한 그의 개념과 탈근대 사회를 완전히 뒤덮는 다른 개념, 즉 대중매체 이다.

《침묵하는 다수의 곁에서 혹은 사회적인 것의 종언》에서 보드리야르는 탈근대 사회에서 사회적인 것이 쇠퇴하는 경향을 깊이 생각한다. 물론 여기에는 몇 가지 가정이 있을 수 있다. 그러나 그는 어떤 가정을 다른 가정보다 강조하거나 어떤 가정에 다른 가정보다 특권을 부여하려는 욕망을 드러내지 않은 채, 그리고 이러한 가정들의 구상을 통일된 맥락 속에서 서로 관계지으려는 욕망을 드러내지 않은 채 이 가정들을 열거하고 논의한다. 그의 논의 과정에서 이 가정들은 서로 다르긴 하지만 여전히 주요한 기능을 수행한다. 만약 사회적인 것이 존재하지 않는다면, 사회적인 것으로 스스로를 표명하는 이러한 현상의 특징은 무엇인가? 보드리야르는 이 현상이 '부재하는 사회적인 것의 시뮬라시옹'이 된다는 점에서 이 현상의 '허위성'을 설명한다. 보드리야르는 푸코가 말하는 규율 사회가 사회적인 것에 힘을 쏟는 상황을 산출하는 것으로서 그 진보적인 제도화를 예시한다. 이 경우 사회적인 것의 존재 방식은 사회적인 것을 끊임없이 환기하고 재현하며 비(非)사회화된 대중에 의해 사회적인 것의 진실성을 부정하지 않는 데 있다. '사회적인 것의 시뮬라시옹'의 이러한 개념은 그람시에 의해 시작되어 알튀세의 작업을 통해 치밀하게 구상된 지배적 헤게모니의 존속의 개념과 다소 유사하다. 그러나 그람시와 알튀세의 개념과는 달리, 보드리야르에게 '사회적인 것의 시뮬라시옹'은 대중의 실재와 사회적인 것의 가정적 실재 사이의 간격을 메우거나 희미하게 하려는 매우 불확실한 시도인 것처럼 보인다.

그러면 보드리야르에게 '사회적인 것의 시뮬라시옹'이란 무엇을 의미하는가? 보드리야르에게 사회적인 것은 실재가 초과 실재(hyperréalité)로 되는 일반적 과정에서 초과 사회적인 것(hypersocial)으로 되었다. 실재처럼 사회적인 것은 모델, 시뮬라크르, 시뮬라시옹과 등가의 재현 형태 속에서만 존재한다고 말해질 수 있다.[8] 보드리야르의 세계에서 사회적인 것을 삼켜 버리는 것은 대중이다. 그에게 대중이라는 말은 확실한 지시 대상이나 의미를 갖지 않는다. 다시 말해서 대중은 대중의 전통적인 사회학적 범주, 즉 '민중' '노동자' '프롤레타리아'를 지시하지 않는다.

여기서 보드리야르의 대중의 개념은 초기의 마르크스주의적 분석에 따른 프롤레타리아로서의 대중의 개념과 비교될 수 없다는 점이 강조되어야 한다. 오히려 대중의 개념은 실제로 상징적 지배의 체계에 종속되지도 않고 경제이데올로기적 체계에 영향을 미치는 지위에 있지도 않은, 특히 '다수로서의 대중'의 탈근대적 개념이다. 이러한 대중의 실재와 사회적인 것의 실재 사이의 관계는 시뮬라시옹 과정과 그로 인해 산출된 사회적 에너지의 엔트로피에 대한 보드리야르의 개념을 가장 간결하게 요약한다. 보드리야르는 '침묵하는 다수'라는 자주 환기된 탈근대적 현상을 검토하기 위해 대중의 이 구성체를 이용한다. 보드리야르는 참여하는 사회 생활로부터 다수의 물러남을 설명하기 위해 대중의 이 구성체를 지배적 이데올로

---

8) William Bogard, 'Sociology in the Absence of the social: The Significance of Baudrillard for Contemporary Thought,' *Jean Baudrillard(1)*, edited by Mike Gane, Sage, 2000, p.240 참조.

기가 필요로 하는 개념으로 제시하고, 파악하기 어려운 이 개념의 모호함을 사회논리적 담론의 범위 안에서 적절한 형태로 시도된 의미 작용의 결과로 본다. 따라서 '침묵하는 다수'는 '상상적 지시 대상'이며, 대중은 더 이상 재현의 영역에 속하지 않는다.

보드리야르는 재현의 영역에서 대중의 물러남을 어떤 집단적이고 사회적인 의식의 상실로 간주한다. 이는 대중이 스스로 표현하지 않고 스스로를 숙고하지 않는 결과를 초래한다. 따라서 자기 표현의 이러한 부재는 탈근대의 사회적 체계 속에서 '침묵하는 다수'를 되찾는 기능을 하는 어떤 재현의 생산을 필요로 한다.

그러면 보드리야르가 생각하는 '사회적인 것의 시뮬라시옹'에 대한 계획은 무엇인가? 그것은 근본적으로 재현에 대한 계획, 다시 말해서 재현의 존속에 대한 계획이다. 탈근대 생활 양식에 고유한 이러한 계획의 특성이 주어진다면, 대중매체의 역할은 매우 중요하다고 여겨진다. 이는 "사회적인 것의 시뮬라시옹에 대한 계획이 대중매체의 조작으로 환원될 수 있다고 생각하기보다는 오히려 대중매체가 재현의 기능을 구체화하고 탈근대 사회의 산물이라고 생각하는 것이다."[9] 이것은 대중매체 조작의 주요한 맥락과 효과로 기술될 수 있지만, 거기에는 또한 이차적인 수준에서 대중매체 조작의 명백한 기능이 존재한다.

오늘날 지배적인 정치 계급과 제도는 두 가지 상호 의존적인 기능을 수행한다. 하나의 기능은 이들의 유일한 기반인 사회적인 것의 시뮬라시옹을 존속하는 것이고, 또 다른 기능은 대중에게 사회적이고 경제적인 힘을 명백하게 행사하는 것이다. 그러나 정치적인

---

9) Philip Hayward, 'Implosive Critiques: A Consideration of Jean Baudrillard's *In The Shadow of the Silent Majorities,' Jean Baudrillard(1)*, edited by Mike Gane, Sage, 2000, p.251.

것이 반드시 구체화하고 조장해야 하는 사회적인 것의 시뮬라시옹에 대한 끊임없는 논의는 그 자체에 해결할 수 없는 문제를 초래한다. 말하자면 가정된 사회적인 것에 적용된 정치적이고 사회경제적인 계획들은 필연적으로 부수적인 결과를 낳는다. 왜냐하면 이들은 사회적 모델과 관련하여 구상되긴 했지만 비사회적인 것, 즉 대중에 적용되었기 때문이다.

보드리야르는 어떤 과정에서 필연적으로 생성되는 분리를 분석했는데, 이 분리에 의해 '구상된 것으로서의 사회'와 '존재하는 것으로서의 대중'의 모호함과 대립은 관습적인(미시적인) 정치 체제의 범위 안에서 이들의 대체된 재현에 의해 끊임없이 감추어지거나 희미해진다.[10] 대중매체가 재현의 이차적인 수준에서 조작하는 것은 이러한 기능의 범위 안에서이다. 그러나 이러한 수준은 투명한 형태의 수용과 대중매체를 통한 실재의 왜곡되지 않은 재현으로 특징지어지는 근본적인 미학을 필요로 한다. 이러한 미학에 사회적 집단으로서의 대중의 개념의 추론이 덧붙여질 수 있을 것이다. 물론 사회적인 것과 대중의 실재 개념의 추론의 가능성은 열려 있긴 하지만, 보드리야르에게 대중매체는 시뮬라시옹화된 사회적인 것의 기능을 여전히 구체화하는 동시에 정치적인 것을 반영하는 수준에 머물러 있는 듯하다.

III. 대중 속에서 사회적인 것의 내파,
　　　 매체 속에서 의미의 내파

---

10) Philip Hayward, 'Implosive Critiques: A Consideration of Jean Baudrillard's *In The Shadow of the Silent Majorities*,' *Jean Baudrillard(1)*, edited by Mike Gane, Sage, 2000, p.251 참조.

보드리야르는 《침묵하는 다수의 곁에서 혹은 사회적인 것의 종언》과 《시뮬라크르와 시뮬라시옹》에서 인간 경험의 새로운 영역, 역사의 새로운 단계로 접어든 탈근대 사회를 묘사하면서 사회적인 것·사회 관계·계급에 대한 이전의 이론들을 문제시한다. 사회적인 것·사회 관계·계급의 개념들이 탈근대 사회에서는 내파되기 때문이다. 다시 말해서 극도로 세분화되고 혼잡하며 과도하게 통제되고 있는 탈근대 사회에서는 사회적인 것·사회 관계·계급이 내부로부터, 또 내부에서 폭발하고 무너지기 때문이다. 이 탈근대 시대에는 대중은 오로지 스펙터클에만 관심을 갖는다. 대중은 스펙터클의 세계에 갇혀 조작의 대상이 되어 버린다. 말하자면 흡수되고 왜곡되고 역전될 수 있는 모든 조작은 대중 속에 파고들어 맴돈다. 대중이 어디로 나아가는지 아는 것은 불가능하다. 대중은 사회와 사회 현상에 대해서는 무관심하고 냉담한 반응을 보일 뿐이다. 즉 대중은 모든 의미·정보·의사소통·메시지를 흡수하고, 그것들을 의미 없는 것으로 만든다. 대중의 이러한 실체는 '내파의 형태'로, 그리고 '사회적인 것을 삼켜 버리는 블랙홀'로 묘사된다.

따라서 보드리야르의 관점에서 사회적인 것은 인간 상호 작용·의사소통의 모든 이상적인 반향과 더불어 대중 안에서 내파된다. 그러면 보드리야르에게 내파란 무엇인가? 보드리야르가 말하는 '매체 속에서의 의미의 내파' '대중 속에서의 사회적인 것의 내파'는 탈근대적 장면이다. 보드리야르의 세계에서 의미의 내파는 매체뿐만 아니라 사회적 제도와 실천에도 영향을 미친다. 내파를 통해 보드리야르는 정보와 의사소통의 광범위한 사용에서 비롯되는 기호의 과잉 증식과 무질서한 확산, 정보의 과잉 생산의 극적인 결과를 기술하려고 한다. 보드리야르의 이러한 사유에서 유추해 보면 내파는 기호학적 교환 질서의 붕괴와, 의사소통과 사회적 연대의 상실을 초래하는 현상을 말한다. 따라서 내파는 기호의 생산이 사회적 기호 생산의 유일한 내용이 될 때 의미의 사회적 생산의 어떤 단계와 관련이 있다.

이는 정보의 인플레이션에 비례해서 의미의 디플레이션이 초래되는 것이다. 그러므로 보드리야르에게 내파는 모든 것이 흡수되어 응축되는 현상으로, 사회와 관련해서는 사회적인 것의 포화에 대한 격렬한 반응 또는 수축 작용이다. 확장, 에너지 방출과는 정반대로 내파는 "사회 제도의 발전에 비례해서 사회적인 것의 퇴행이다."[11] 예를 들어 사회보장제도는 미래의 사회복지를 약화시킨다. 서둘러서 하는 도시화와 도시 정책은 도시를 파괴한다. 그리고 대중 교육은 문맹의 문제를 증대시킨다. 중력처럼 내파는 극성을 갖는 것을 약화시키고, 정보의 연속 속에서 순환하는 메시지를 희미하게 한다.

따라서 "내파는 사회 체계로 하여금 디지털화의 자기 코어(core)를 향해 항상 더 깊이, 그리고 더 빨리 나아가게 한다. 마치 블랙홀에 빨려 들어가듯이, 사회 조직이 이전의 생산제일주의적 패턴에서 비사회화된 탈근대적 시뮬라크르로 변형되는 방식으로 말이다."[12]

여기서 내파를 통해 사회 조직이 시뮬라크르와 시뮬라시옹으로 변형되는 과정에서 대중매체가 행사하는 지배력에 주목할 필요가 있다. 대중매체는 사회적인 것의 시뮬라시옹의 일반화에 결정적으로 기여한다. 대중매체는 실재의 세계를 삼켜 버리고 초과 실재의 세계를 토해 낸다. 대중매체의 영향력이 커질수록 초과 실재가 도처

11) Jean Baudrillard, 'The implosion of meaning,' *The Myth of Information*, Coda Press, 1980, p.137.

12) Briankle G. Chang, 'Mass, Media, Mass Media-Tion: Jean Baudrillard's Implosive Critique of Modern Mass-Mediated Culture,' *Jean Baudrillard(2)*, edited by Mike Gane, Sage, 2000, p.115.

에서 실재를 대체하게 되는 것이다. 이렇게 대중매체에 의해 실재가 사라지는 상황에서 사회적인 것 또한 대중 속에서 내파되어 더 이상 실재의 영역으로서 존재하지 않게 된다. "대중은 이제 모든 사회적인 것이 내파하는, 그리고 끊임없는 시뮬라시옹 과정 속에서 삼켜져 버리는 더욱더 촘촘한 영역이다."[13]

사회성의 최종적 산물로서 대중은 단숨에 사회성[14]을 끝내 버린다. 대중의 침묵과 무관심과 더불어 '사회적인 것의 시대는 끝났다'라고 보드리야르는 선언한다. 사회적인 것의 힘은 전도되고, 사회적인 것의 특수성은 상실되며, 사회적인 것의 역사적 특성과 관념성은 정치적인 것이 증발할 뿐만 아니라 사회적인 것 자체도 어떠한 이름조차 갖지 못하는 어떤 형태를 위해 사라지기 때문이다.[15] 이러한 관점에서 대중은 시뮬라시옹의 질서에 속하며, 사회적인 것의 시뮬라시옹은 대중을 보다 냉담하고 관성적으로 만든다. 그리고 대중을 냉담한 침묵하는 다수로 만드는 주요한 힘은 정보와 매체의 증식인 듯하다.

정보화 시대의 신화는 정보의 흐름이 "정보를 보다 잘 제공하고 보다 잘 사회화하고 대중의 문화적 수준을 드높이는 것"[16]이라고 우리에게 말한다. 이는 대중의 순진함과 어리석음이 하나의 전제로 주어지면 행해질 수 있는 비판적 사유의 함정에 연루되어 있는 것이다. 비판적 사유의 입장에서 보면 매체는 대중을 조작하는 이데올로기적 장치의 가장 교묘한 형태가 되었다. 그러나 보드리야

---

13) Jean Baudrillard, *l'effet Beaubourg: implosion et dissuasion*, Galilée, 1977, p.32.
14) 사회성이란 서로 다른 개인들 사이의 관계를 규정한 것이다. 그러나 다름이 사라져 버린 미분화의 대중 속에서는 사회적인 것이 사라지게 된다.
15) *OMS*, p.24 참조.
16) 같은 책, p.15.

르에게 이러한 것들은 모두 무의미한 것처럼 보인다. "대중은 합리적 의사소통의 절대적 필요성에 저항한다. (…) 대중은 기호와 스테레오타입의 유희를 열렬히 좋아한다. (…) 대중은 의미의 변증법을 거부한다."[17] 대중은 의미의 이면에 숨겨진 계획된 이데올로기를 무시하고 무너뜨린다. 대중은 모든 것을 표면화한다. "대중과 매체의 그 어느쪽도 다른 쪽보다 우위에 있지 않다."[18] 대중과 매체는 서로에게 절박한 것이다. 매체가 없다면, 어떠한 대중도 존재하지 않는다. 대중이 없다면, 어떠한 대중매체도 존재하지 않는다. 여기서 문제시되는 것은 매체와 정보의 과잉 증식이다. 보드리야르는 매체와 정보의 이러한 증식이 결국 대중을 중화하고 사회적인 것을 파괴한다고 주장한다.

정보는 대중을 에너지로 변형시키기는커녕 언제나 더 많은 대중을 생산한다. 대중이 요구하는 대로 정보를 제공하기는커녕, 다시 말해서 형태와 구조를 제공하기는커녕 정보는 훨씬 더 '사회적 장(champ social)'을 중화하고 사회적인 것의 제도에 침투할 수 없는 관성적인 대중을 생산한다. 오늘날 사회적인 것과 그 이성적 폭력에 의한 상징적 구조의 분열을 대신하는 매체와 정보의 비이성적 폭력에 의한 사회적인 것 자체의 분열이 발생하고 있다.[19]

보드리야르의 이러한 분석에 따르면 공적 영역과 사적 영역을 조작하는 특수한 영역으로서 그리고 개인들간의 관계로서 간주되는

---

17) *OMS*, p.15.
18) 같은 책, p.49.
19) 같은 책, pp.30-31.

사회적인 것은 글자 그대로 직접적인 사회 관계와 맞부딪치기보다는 오히려 개인들을 관계짓고 조직하는 매체 속에서 파괴된다. 따라서 대중매체를 대중을 조작하는 것으로, 그리고 정보를 대중을 사회화하는 것으로 여기는 매체와 정보의 이론들은 문제시된다.

보드리야르는 특히 "정보는 의사소통과 사회적인 것을 삼켜 버린다"[20]고 강조한다. 정보의 과잉이 의사소통과 사회적 연대의 가능성을 사라지게 하는 것은 시뮬라시옹의 과정 때문이다. 즉 정보는 의미의 소통과 전달을 연출한다. 그러나 이 연출은 진정한 의사소통과 연출이 이루어지지 않은 채 가짜의 의사소통을 만들어낸다.

가령 인터뷰, 청취자의 전화, 시청자의 투표 같은 방식을 배합하여 의사소통을 연출하고, 그러한 시뮬라시옹의 과정이 실재보다 더 실재적인 초과 실재를 보여줄수록 진정한 의사소통은 무대 뒤로 사라져 버린다. 말하자면 시뮬라시옹의 과정을 통해 의사소통과 사회적 연대의 가능성이 정보의 과잉 속에서 사라져 버리는 것이다.

따라서 정보를 산출하는 "대중매체는 사회적인 것을 구축하기보다는 오히려 사회적인 것을 저항할 수 없는 탈구조화[21] 속에 빠뜨린다. 그러므로 "대중매체는 사회화를 실행하는 것이 아니라 그와 정반대로 대중 속에서 사회적인 것을 내파시키는 것이다. 이 사회적인 것의 내파는 기호라는 미시적 차원의 '의미의 내파'가 거시적 차원으로 팽창한 것에 지나지 않는다."[22]

실제로 대중매체가 정보를 산출할수록 기호의 의미 작용 안에서 혼돈이 생겨나고, 그 작용에 근거한 의미들이 내파된다. 즉 "정보

---

20) Jean Baudrillard, *Simulacres et Simulation*(이하 *SS*로 표기함), Galilée, 1981, p.123.
21) 같은 책, p.124.
22) 같은 책, p.125.

는 의미와 의미 작용을 직접 파괴하거나 중화한다."[23] 따라서 정보는 의미를 분해하고 의미의 소통을 방해한다. 정보의 내용이 어떻든간에 정보의 목적은 언제나 의미를 사라지게 하고, 의미에 의해 대중을 억제하는 것이다. 대중은 의미 생산의 이 절대적 필요성에 저항한다. 대중에게 의미가 제공되지만, 대중은 스펙터클을 원한다. 대중에게 내용의 신뢰성을 갖게 하려는 어떠한 노력도 없기 때문이다. 대중에게 메시지가 전달되지만, 대중은 기호만을 원한다. 내용이 일련의 스펙터클로 되는 한 대중은 모든 내용을 열렬히 좋아한다. 그러기에 대중이 거부하는 것은 '의미의 변증법'이다.

그러면 대중이 표명하는 의미의 거부와 스펙터클에의 의지에 대해 대중매체는 어떤 전략을 구사해야 하는가? 대중매체가 대중의 재조직이나 사회적 연대의 조성을 계획하는 것은 실제로 불가능한 일이다. 기호와 정보의 과잉 증식 속에서 매체와 매개의 가능성 자체가 무화되기 때문이다. 물론 사회적 연대가 가능하지 않은 상황에서, 대중매체는 권력의 손아귀에서 슬그머니 빠져나와 "문화·지식·권력·사회적인 것을 흡수하고 절멸시키는"[24] 적극적인 반대 전략을 실행할 수 있을 것이다.

그러나 이는 대중매체가 권력의 전략이 될 수 없는 것처럼 대안적 전략이 될 수는 없을 것이다. 대중매체가 사회화를 향한 전략, 보다 구체적으로 말해서 대중을 향한 전략이 될 수 없는 이유는 다른 곳에서 찾을 수 있다. 기호와 정보의 과잉 증식 속에서 의사소통적 전략을 통해 사회적인 것을 되살아나게 하려는 대중매체의 시도들에 대해 대중이 무응답, 침묵과 무관심으로 반응한다는 것이다.

23) *SS*, p.122.
24) *OMS*, p.16.

말하자면 과잉의 기호와 정보는 메시지를 교란시키고, 그것에 담기는 내용적 의미를 중화하며, 이러한 '의미의 대재난' 속에서 대중매체는 매개의 기능을 상실하는데,[25] 이는 대중에게 대중매체의 전략에 대해 의혹을 갖게 한다. "의미를 중화하고 '무정형의' 대중을 생산하는 것이 매체인가? 아니면 매체에 응답하지 않은 채 매체가 생산하는 모든 메시지를 우회시키거나 흡수하면서 그 매체에 저항하는 것이 대중인가?"[26]

어떻게 보면 대중의 무응답과 침묵은 대중매체의 미혹에 저항하는 전략인 듯하다. 여기서 보드리야르는 대중이 매체 같은 사회화하는 어떠한 힘보다 더 강할 수 있다는 가능성을 가정한다. 뿐만 아니라 보드리야르는 매체가 대중을 압도하고 흡수하기보다는 오히려 대중이 매체를 둘러싸고 흡수할 수 있는 가능성, 혹은 "적어도 대중과 매체의 그 어느쪽도 다른 쪽보다 우위에 있지 않다. 대중과 매체는 단 하나의 유일한 과정이다. 대중은 메시지이다"[27]라는 가능성을 가정한다.

오히려 매체 속에서 의미의 내파의 결과로서, 대중은 보다 더 냉담해지는 동시에 침묵하고 도전적이 된다. 보드리야르는 견해로는 "자신에게 제시된 사회적인 것의 길에서 자신의 관성을 통해서 대중은 사회적인 것의 논리와 한계를 넘어서고, 사회적인 것의 조

---

25) 김상환, 《해체론 시대의 철학》, 문학과지성사, 1996, p.454 참조. 매체의 지배력이 절정에 도달하는 바로 그 지점이 매체의 대재난이고, 이것은 기호의 과잉 증식에서 비롯되는 '의미의 대재난'에서 시작한다. 이 단계에 이르면 "글자 그대로의 매체는 더 이상 존재하지 않는다(나는 특히 전자 대중매체에 대해서 말한다). 다시 말해서 한 실재와 다른 실재, 한 상태의 현실과 다른 상태의 현실을 이어주는 매개적 심급은 없다. 이것이 바로 엄밀한 의미에서 내파가 뜻하는 것이다."(*SS*, p.127.)

26) *SS*, p.128.

27) *OMS*, p.49.

직 전체를 해체한다는 것이다."[28] 이 역설적인 상황은 대중의 파괴적인 하이퍼순응(hyperconformité)의 신호로 해석될 수 있거나, 아니면 대중이 매체의 시뮬라시옹에 싫증을 느끼는 신호로, 그리고 대중이 더 이상 체계를 믿지 않고 조작에 저항한다는 신호로 해석될 수 있다. 어떻게 보면 대중의 파괴적 하이퍼순응은 외관상으로 의기양양한 도전을 갖는 듯하며, 어느 누구도 체계 전체에 가해지는 이 도전, 즉 역전의 힘을 측정하지 못할 수 있다.

따라서 오늘날 진정한 쟁점은 냉담한 침묵하는 다수와 그들에게 부과되는 사회적인 것 사이의 은밀하고 불가피한 대립에, 시뮬라시옹을 증가시키고 자체의 논리에 따라 그것을 절멸시키는 하이퍼시뮬라시옹에 놓여 있는 듯하다. 만약 이러한 상황이 연출된다면, 체계는 새로운 종류의 정당화의 위기에 처하게 된다. 이러한 관점에서 체계는 더 이상 대중의 복종을 강요하지 못하고 이데올로기적으로 대중을 지배하지 못한다. 때로는 능동적인 것처럼, 때로는 수동적인 것처럼 보이는 침묵하는 대중은 매체에 의해 조작되는 것인지, 아니면 매체에 저항하는 것인지 파악하기 어렵다. 따라서 다음과 같은 물음이 제기된다. "대중매체는 대중을 조작한다는 점에서 권력의 편에 있는가? 아니면 의미를 제거하고 의미에 폭력을 가하고 미혹 속에 있다는 점에서 대중의 편에 있는가?"[29]

보드리야르는 대중과 매체 사이의 이 역설적인 관계를 보여주면서 탈근대 사회에 가중화되고 있는 혼란을 암시하고 있다. 그러나 이러한 혼란 속에서 보드리야르에게 대중의 침묵과 냉담은 오히려 '의미의 거부이자 말의 거부'인 전략적 저항이 되고 있는 듯하다. 물

28) *OMS*, p.52.
29) *SS*, p.129.

론 우리는 대중의 침묵과 냉담이 새로운 의미를 위한 공간을 창조하고, 나아가 새로운 의미 체계와 새로운 사회적인 것의 생산을 지향하는 급진적 문화정치학의 개입을 위한 공간을 창조할 수 있는 가능성을 제시할 수 있다. 뿐만 아니라 우리는 대안적 의사소통 수단을 생산하려는 노력을 통해 '침묵하는 다수'가 저항하는 의미의 믿음을 되살아나게 하는 체계에 온 힘을 쏟음으로써 '의미와 말의 재생'을 촉진할 수 있을 것이다.

IV. 사회적인 것의 위기

사회적인 것은 분명하고 항상 같은 뜻을 지닌 과정이 아니다. 탈근대 사회는 사회화의 과정 혹은 진보적인 탈사회화의 과정에 부합하는가? 모든 것은 글자 그대로의 사회화에 달려 있지만, 사회화의 어떠한 뜻도 확실하게 정해진 것은 아니다. 그리고 사회화의 모든 뜻은 전도될 수 있다. 따라서 가장 효과적인 사회화의 매개인 자본을 포함하여 '사회적인 것의 진보'의 경계를 이루었던 제도들(도시화, 집중화, 생산, 노동, 의료 행위, 교육 시설, 사회보장제도 등)이 동일한 움직임 속에서 사회적인 것을 생산하고 파괴한다고 말해질 수 있다.

만약 사회적인 것이 이전 사회의 상징적이고 의례적인 체계의 폐허 위에 세워진 추상적인 심급들로 이루어져 있다면, 이 제도들은 점점 더 많은 것을 생산하게 된다. 그러나 동시에 이 제도들은 사회적인 것의 본질적인 정수를 소진시키고 삼켜 버리는 이 추상화를 확실하게 한다. 이러한 관점에서 "사회적인 것의 제도가 발전하는

한, 사회적인 것이 퇴행한다"[30]고 말해질 수 있다.

이러한 과정은 가속되고 대중매체와 정보와 더불어 최대한으로 확장될 수 있다. 가령 매체, 모든 매체, 정보, 모든 정보는 두 방향에서 작용한다. 외관상으로 이들은 더 많은 사회적인 것을 생산하지만, 근본적으로 사회적인 것과 사회 관계를 중화한다. 그러나 사회적인 것이 그 자체를 생산하는 것(매체·정보)에 의해 파괴되는 동시에 그 자체가 생산하는 것(대중)에 의해 흡수된다면, 사회적인 것의 정의는 무의미한 것이 되고 모든 담론에 보편적 구실을 하는 이 말은 더 이상 아무것도 분석하지 못하고 아무것도 지칭하지 않게 된다.[31]

어떻게 보면 '사회 관계'라는 말 자체도 수수께끼처럼 보인다. 사회 관계는 무엇이며, 사회 관계의 생산은 무엇인가? 사회적인 것은 정의상 사회적인 것의 확실한 추상화와 사회적인 것에 대한 합리적인 엄밀한 분석을 전제로 하는 어떤 '관계'인가? 아니면 '관계'라는 말이 억지로 합리화하는 것과는 다른 것인가? 사회 관계는 어떤 다른 것을 위해, 즉 그것이 파괴하는 것을 위해 존재하는가? 사회 관계는 사회적인 것의 '종언'을 확인하고 사회적인 것의 '종언의 막'을 열 것인가?

사회과학은 일반적으로 사회적인 것의 명백함과 영원성을 확고하게 하기 위해 출현했다고 한다. 그러나 보드리야르는 "우리는 이러한 환상에서 깨어나야 한다"[32]고 강조한다. 여기서 보드리야르는 아이러니컬하고 역설적인 측면으로 옮겨가기 위해 사회적인 것에

---

30) *OMS*, p.70. 대중은 의료 행위의 제도를 파괴하고 사회보장제도를 폭발시키며 상품처럼 항상 더 많은 것을 요구하면서 사회적인 것 자체를 위험에 빠뜨리고 있다. (같은 책, p.51.)
31) 같은 책, p.70 참조.
32) 같은 책, p.71.

대한 비판적 사유나 비판적 판단에 이의를 제기한다. 오늘날 근본적인 불확실성을 지닌 기이한 대상들을 향한 서구의 인간주의 계열인 비판적 사유를 고려해 보아야 한다는 것이다. 그의 견해로는 비판적 사유는 우리의 문화 이론의 본질이기도 하지만 이전의 역사와 삶의 영역에 속하며, 또한 '기만적'이다. [33]

오늘날 과도한 현실, 과도한 사건, 과도한 매체, 과도한 정보 속에서 끝을 넘어서는 것은 역설적인 상태로 들어가는 것인데, 이때 "역설적인 상태는 전통적인 가치의 회복에 만족하지 않고 역설적인 사유를 필요로 한다"[34]고 보드리야르는 말한다. 따라서 보드리야르에게 역설적인 사유는 곧 급진적 사유를 의미하며, 사유의 급진성이란 사태의 근원에까지 이르는 것이며, 현실을 의심하고 현실을 갈고 닦는 것이다.

그러므로 사회적인 것과 관련하여, 그는 탈근대 사회는 "사회적인 것을 끝내고 사회적인 것을 '사회적인 것의 시뮬라시옹' 아래 매장할 것"[35]이라고 역설한다. 이전 사회의 상징적인 구성체와 사회적인 것이 사라져 가는 탈근대 사회의 엄밀한 차이를 통하여 사회적인 것은 따라서 일시적인 존재 양식만을 지녔을 뿐이다. 이는 바로 보드리야르가 주장하는 '사회적인 것의 위기'이자 '사회적인 것의 종언'이다.

---

33) 보드리야르는 주체와 대상, 목적과 수단, 진실과 거짓, 선과 악의 관례적 세계는 더 이상 우리의 세계 상태와 일치하지 않다고 주장한다. 따라서 그는 '정상적인 차원,' 즉 시간의 차원, 공간의 차원, 결정의 차원, 재현의 차원, 비판적이고 반성적인 사유의 차원은 기만적이며, 우리를 둘러싸고 있는 심리학적인 것, 사회학적인 것, 이데올로기적인 것의 담론 세계도 함정이라고 생각한다. (Jean Baudrillard, *L'échange impossible*, Galilée, 1999, p.28.)
34) 같은 책, 같은 쪽 참조.
35) *OMS*, p.71.

V. 대안: 새로운 사유를 통한 사회적인 것의 재구축

보드리야르의 견해로는 탈근대 사회에서 사회적인 것, 사회 관계, 실재의 영역들은 시뮬라시옹의 과정에서 내파된다. 대중과 매체는 지배적인 내파 과정을 나타낸다. 이 내파는 폭력적이고 파국적일 수 있다. 왜냐하면 내파는 여러 세기에 걸쳐 서구 사회를 지배해 왔던 계획된 확장과 외파(explosion)의 체계의 실패에서 비롯되기 때문이다. 보드리야르가 보기에 탈근대 사회는 외파의 과정을 억제하고 균형을 이루는 방법을 모색하지 못했기 때문에 내파에 의해 황폐화되기 시작한다. 보드리야르는 내파는 불가피하다고 본다. 그리고 그는 실재 원칙을 지키려는 모든 노력은 퇴행적이고 향수적이라고 생각한다. 그에게 대중은 사회적인 것과 사회적 체계를 무너뜨리는 '내파의 형태'이다.

일반적으로 사회적 체계는 의미의 생산을 최대한으로 실현하고자 한다. 그러나 대중은 의미·정보·의사소통·메시지를 흡수하지만, 그것들을 무의미하게 만들며 의미의 생산을 거부한다. 무엇보다도 매체와 정보의 증식이 초과 실재를 생산하면서 대중을 시뮬라시옹의 체계에 가두고 냉담한 '침묵하는 다수'로 만드는데, 이는 의미와 의미 작용의 파괴, 즉 '의미의 내파'를 초래한다.

뿐만 아니라 "매체와 정보는 외관상으로 더 많은 사회적인 것을 생산하지만, 근본적으로 사회 관계와 사회적인 것 자체를 중화한다."[36] 다시 말해서 사회적인 것의 확장이 그 극단에 이르면, 사회적인 것은 그 자체를 파괴하기 위해 내파적으로 그 자체를 전복시

36) *OMS*, p.70.

킨다.[37] 이는 바로 사회적인 것의 시뮬라시옹의 출현이자 사회적인 것의 위기 혹은 종언이다. 이러한 관점에서 사회적인 것은 더 이상 실재의 영역으로서 존재하지 않는다. '매체 속에서의 의미의 내파' '대중 속에서의 사회적인 것의 내파,' 이러한 것들은 바로 보드리야르가 말하는 '탈근대적 징후'이다. 따라서 의미와 사회적인 것의 실재가 사라지는 탈근대적 세계는 오로지 시뮬라시옹의 순환에 갇혀버린 공허한 세계로 묘사될 수 있다. 의미와 사회적인 것의 거대한 파괴 과정을 확인한 탈근대적 세계는 허무주의적 세계이다.

그러면 보드리야르가 말하는 탈근대적 징후, 혹은 사회적인 것의 위기를 어떻게 인식해야 하는가? 이 징후를 제대로 인식하는 문제는 탈근대 시대의 대중매체와 사회 현상을 어떻게 사유하느냐에 달려 있다. 보드리야르의 비판가들은 사회적인 것과 대중과 대중매체에 관한 보드리야르의 견해가 탈근대 사회의 극단적인 경향과 흐름에 대한 극단적인 진단을 나타낸다고 지적할 수 있다. 인간 상호 작용에는 어떤 사회성이 존재하고, 정치적·사회적 참여의 어떤 단계가 존재하며, 매체 생산을 적극적으로 코드화하는 어떤 과정이 존재한다는 사실을 보드리야르가 간과하고 있다고 비판할 수 있다. 그러나 보드리야르가 분석하는 사회적 토대가 엄격하게 공식화되고 논의된 이론적 관점의 영역이기보다는 대체로 분명하지 않은 가정들의 영역이기 때문에, 보드리야르의 논의에 탈근대적 맥락에서 매체와 대중, 사회적인 것의 근본적인 개념을 재검토할 필요가 있음을 덧붙일 수 있다.

어쨌든 탈근대 시대에는 사회적인 것, 정치적인 것, 의미, 진리 등의 근대의 거대한 준거체를 무너뜨리는 새로운 사유 방식이 필요함

---

37) Kuang-Hsing Chen, 'The Masses and the Media: Baudrillard's Implosive Postmodernism', *Jean Baudrillard (2)*, edited by Mike Gane, Sage, 2000, p.138 참조.

을 촉구하고 있다. 상황의 거대한 이동이 이루어지는 탈근대 사회에서 보드리야르는 전위적인 제스처를 취하기 위해 '급진적 사유'라는 새로운 종류의 담론을 생산해 내었다. 그의 급진적 사유는 현실과 밀접한 관계를 맺고 있는 비판적 사유와는 전혀 다른 것이다. 그에게 있어 급진적 사유는 현실을 부정하지 않지만 현실을 의심하고 현실을 갈고 닦는다. 말하자면 급진적 사유는 현실의 정체를 폭로하려고 하며, 현실보다 더 빨리 나아간다. [38]

보드리야르는 자신의 비판가들에 맞서 급진적 사유가 허무주의적이라는 사실을 부인한다. 그는 "우리는 무책임, 허무주의, 절망의 모든 혐의에 대항해 싸워야 한다"[39]고 주장한다. 급진적 사유는 세계를 해독하거나 해석하는 것이 아니라 세계의 목격자로 우뚝 서 있는 것이다. 보드리야르의 이러한 사유는 아이러니컬하고 역설적이다. 물론 그의 이러한 사유는 분명히 우리에게 세계를 인식하는 하나의 틀이 될 수 있다. 그러나 우리는 사유의 바른길과 옆길을 통해 새로운 사유의 길을 항상 모색하는 방향으로 나아갈 필요가 있다.

최근 우리 사회에서 사회적인 것이 활발히 논의되고 있다. 사회적인 것은 뒤르켐에 의해 처음 제시되었고, 많은 사상가들의 논의의 대상이 되어 왔다. 포스트모더니즘과 신자유주의의 등장은 사회적인 것을 위기에 직면하게 하는 상황을 연출했다. 물론 사회적인 것의 보호와 재구축을 위한 운동이 생겨나고 있지만, 자본에 의한 포섭에서 벗어나지 못하는 국면은 '사회적인 것의 위기'를 실감나게 한다. 이러한 측면에서 이 글은 사회적인 것에 대한 논의의 장을 마련하는 작은 계기가 될 수 있으리라 생각된다.

38) 배영달, 《보드리야르의 아이러니》, 동문선, 2009, pp.295-296 참조.
39) Jean Baudrillard, *La pensée radicale*, Sens & Tonka, 1994, p.29.

2. 사회적인 것의 파괴자: 정보와 미디어

어떻게 새로움을 볼 것인가?

시대의 변화와 전망을 파악하는 합리적인 방법은 무엇일까? 즉 시대의 새로운 현상을 이해하는 바람직한 방법은 무엇일까? 새로운 것과 신기한 것의 표지를 띠고 혁신과 변화를 추구하는 새로운 현상은 사유·이론·경험의 새로운 형태를 확립하면서 기존의 형태들의 모든 경계와 범주와 가치를 무너뜨리는 과정을 내포한다. 말하자면 새로운 현상은 인간 경험의 새로운 영역, 사회의 새로운 단계, 사회와 문화의 새로운 형태를 구성한다.

이 새로운 영역과 단계와 형태 속에서 무엇보다 사회와 문화의 역동적이고 놀랄 만한 변화는 기존의 생활 양식과 사고 방식에 심각한 위기로 받아들여진다. 이전에 견고하고 안정적이던 사회 질서와 사고 유형이 무너지게 되면, 사회는 파편화되고 혼돈과 무질서에 직면하게 된다. 이에 대한 반응은 때로는 비관론과 과장된 담론으로 나타나기도 하지만, 명백한 위기에 대한 대안과 해결책을 모색하기도 한다. 이런 상황에서 역사의 새로운 단계, 새로운 기술의 발전, 새로운 양식의 출현, 사회 문화적 변동은 이전의 사회와의 단절을 나타낸다. 이것은 어떻게 보면 근대의 사회 조직이 무너짐으로써 야기된 일련의 위기와 새로운 탈근대 지형의 도래에 의해 설명될 수 있다.

오늘날 탈근대론 혹은 포스트모더니즘에 관한 논의는 이미 진행될 만큼은 다 진행되어서 이제는 더 이상 우리의 관심을 끌 수 없는 논제로 보일 수 있다. 그럼에도 불구하고 포스트모더니즘의 문제가 여전히 어떤 의미를 지닌다면, '새로움'에 관련되어 있기 때문일 것이다. 그것은 바로 새로운 논의가 아니라 '새로움'을 어떻게 볼 것인가라는 문제이다.

포스트모던 이론가들은 새로운 기술, 새로운 지식, 사회경제 체계에서의 새로운 변화가 포스트모던 사회를 창출한다고 주장한다. 보드리야르와 료타르는 새로운 형태의 정보·지식·기술이라는 관점에서 포스트모던적 전개 양상을 해석하는 반면, 제임슨이나 하비는 포스트모던을 고도로 발전된 자본주의의 단계로 해석한다. 어쨌든 포스트모던(탈근대)은 모던(근대)에 대한 근본적인 회의를 제기하고 비판을 수행하면서 미래를 선취하는 시도로 존재한다. 포스트모던은 미래적 돌출과 시대 전환적 모험에 대한 이름이다. 따라서 포스트모더니즘은 어떤 새로운 것의 도래를 가정하며, 이러한 새로움, 이러한 새로운 사회 문화적 상황을 설명하기 위해 역사적 전망과 사회 문화적 실천 전략을 성찰하는 요구를 전제한다.

사회적인 것은 대중 안에서 내파된다

'포스트모더니즘의 큰 별'로 불리는 보드리야르는 《침묵하는 다수의 곁에서 혹은 사회적인 것의 종언》과 《시뮬라크르와 시뮬라시옹》에서 인간 경험의 새로운 영역, 역사의 새로운 단계로 접어든 포스트모던 사회를 묘사하면서 사회적인 것·사회 관계·계급에 대한 이전의 이론들을 문제삼는다. 사회적인 것·사회 관계·계급의 개념들이 포스트모던 사회에서는 내파(implosion)되기 때문이다. 다시 말해서 극도로 세분화되고 혼잡하며 과도하게 통제되고 있는 포스트모던 사회에서는 사회적인 것·사회 관계·계급이 내부로부터, 또 내부에서 폭발하고 무너지기 때문이다. 이 포스트모던 시대에는 대중은 오로지 스펙터클에만 관심을 갖는다. 스펙터클의 세계에 갇혀 조작의 대상이 되어 버린 대중은 사회와 사회 현상에 대해서는 무관심하고 냉담한 반응을 보일 뿐이다. 즉 대중은 모든 의미·정보·의사소통·메시지를 흡수하고, 그것들을 의미 없는 것으로 만든다. 이런 대중의 성격은 '무기력' '침묵' '내파의 형태'로, 그리고 사회적인 것을 삼켜 버리는 '블랙홀'로 묘사된다.

따라서 보드리야르의 관점에서 사회적인 것은 인간 상호 작용·의사소통의 모든 이상적인 반향과 함께 대중 안에서 내파된다. 그러면 보드리야르에게 내파란 무엇인가? 그에게 내파는 모든 것이 흡수되어 응축되는 현상으로, 사회와 관련해서는 사회적인 것의 포화에 대한 격렬한 반응 또는 수축 작용이다. 대중은 사회적인 것이 내파하러 오는 촘촘한 영역이다. 대중의 침묵과 무관심과 함께 "사회적인 것의 시대는 끝났다"고 보드리야르는 선언한다. 사회적인 것의 강한 힘은 전도되고, 그것의 특수성은 상실되기 때문이다. 이제 대중은 시뮬라시옹의 질서에 속하며, 시뮬라시옹에 의한 사회적인 것은 대중을 보다 냉담하고 무기력하게 만든다. 그리고 대중을 침묵하는 냉담한 다수로 만드는 주요한 힘은 정보와 미디어의 증식인 듯하다. 특히 "정보는 의사소통과 사회적인 것을 삼켜 버린다"고 보드리야르는 말한다. 정보의 홍수가 의사소통과 사회적 연대의 가능성을 떠내려보내는 것은 정보에 의한 시뮬라시옹 때문이다. 즉 정보는 의미의 소통과 전달을 연출한다. 그러나 이 연출은 진정한 소통과 전달이 이루어지지 않은 채 가짜의 의사소통을 만들어낸다.

 가령 인터뷰·청취자의 전화·시청자의 투표 같은 수법을 적절히 배합하여 의사소통을 감쪽같이 흉내내고, 그러한 시뮬라시옹이 현실감을 줄수록 실제의 의사소통은 무대 뒤로 사라져 버린다. 시뮬라시옹의 연출에 의해 사회적 연대의 가능성이 정보의 홍수 속에 함몰해 버린다. 사회적 연대란 구성원들간의 의사소통이 전제되어야 하는데, 바로 이 의사소통이 중단되어 버리기 때문이다. 그러므로 정보를 쏟아내는 대중매체는 사회적 요소를 제대로 구축하지 못한다. "대중매체는 사회화의 수행자가 아니라, 그와 반대로 대중 안에서 사회적인 것을 내파시키는 것이다."

 여기서 본질적인 문제는 대중매체와 정보의 비이성적 폭력에 의한 사회적인 것의 분열이다. 오늘날 '사회적인 것'은 사회 관계와 맞부딪치기보다는 오히려 개인들을 관계짓고 조직하는 대중매체 속에서 선택된다. 따라서 보드리야르가 보기에 정보와 미디어의 증식은 대중을 중화시키고 사회적인 것을 파괴한다. 그래서 대중매체를 대중을 조종하는 것으로, 정보를 대중을 사회화하는 것으로 여기는 매체 정보 이론들은 문제시된다.

 어떻게 보면 정보와 미디어는 두 방향에서 작용한다. 그것들은 외관상으로는 더 많은 사회적인 것을 생산하지만, 근본적으로는 사회 관계와 사회적인 것 자체를 중화시킨다. 그러나 사회적인 것이 그것을 생산하는 것(정보·미디어)에 의해 파괴되는 동시에 그것이 생산하는 것(대중)에 의해 흡수된다면, 사회적인 것의 정의는 무가치하게 되며, 이 용어는 더 이상 아무것도 분석하지 못하게 되고 아무것도 지칭하지 않게 된다.

침묵하는 다수는 의미에 저항한다

그러면 포스트모던 시대에서 보드리야르는 사회적인 것이 위기에 처한 상황을 어떻게 이해하는가? 그는 포스트모던 사회는 진짜 사회적인 것을 제거하고, 그것을 시뮬라시옹화된 사회적인 것으로 대체한다고 말한다. 그의 견해로는 사회적인 것은 대중 안에서 내파되어 실재의 영역으로 더 이상 존재하지 않는다. 보드리야르의 가장 흥미로운 주장은 미디어 커뮤니케이션의 증식을 통해 사회적인 것들을 되살아나게 하려는 시도들에 대해 대중들이 불만과 무관심으로 반응한다는 것이다. 과도한 메시지·광고·이데올로기적 담론·기호·의미는 결국 대중들에게 조작을 의심케 한다는 것이다.

그러나 보드리야르는 대중들이 미디어 같은 사회화하는 힘보다 더 강할 수 있는 가능성을 가정한다. 그리고 그는 대중을 압도하고 흡수하는 미디어보다는 오히려 대중이 미디어를 둘러싸고 흡수할 수 있는 가능성을 가정한다. 그는 "대중이 바로 메시지이다"라고 말한다.

더욱이 미디어에 의한 시뮬라시옹에 냉소적이고 냉담한 대중은 모든 의미·정보·의사소통·메시지를 흡수하고, 그것을 무의미하게 만든다. 그래서 보드리야르는 '미디어 안에서 의미의 내파'를 강조한다. 그는 대중의 침묵과 냉담이 '의미에 대한 거부이자 세계에 대한 거부'인 전략적 저항으로 될 수 있다고 본다. 물론 우리는 대중의 침묵과 냉담이 새로운 의미를 위한 공간을 창조하고, 새로운 의미 체계와 새로운 사회의 생산에 도달하는 급진적 문화정치학의 개입을 위한 공간을 창조할 수 있는 가능성을 제시할 수 있다. 뿐만 아니라 우리는 대안적 의사소통 수단을 생산하려는 노력을 통해 '침묵하는 다수'가 저항하는 의미의 재생을 이룰 수 있다고 말할 수 있다.

새로운 사유의 길을 향하여

어쨌든 앞서 언급된 대중 안에서 사회적인 것의 내파, 미디어 안에서 의미의 내파는 포스트모던 징후이다. 이 징후를 제대로 인식하는 문제는 포스트모던 시대의 대중매체와 사회 현상을 어떻게 사유하느냐에 달려 있다. 포스트모던 시대는 사회적인 것·정치적인 것·의미·진리 등의 모더니즘의 거대한 준거체를 무너뜨리면서 새로운 유형의 사유 방식이 필요함을 촉구하고 있다. 따라서 우리로서는 사유의 바른길과 옆길을 통해 새로운 사유의 길을 늘 모색하는 것이 필요하다.

3. 형이상학적 사유: 《아메리카》 읽기

1980년대 이후의 보드리야르는 새로운 사유 방식의 한 예로서 숙명적 이론을 제창한다. 이는 흔히 보드리야르의 형이상학적 전환이라고 불린다. 이 전환을 어떻게 볼 것인가에 따라 보드리야르에 대한 평가는 완전히 갈라지는 경향이 있다. 인식론적으로 냉소주의와 허무주의에 빠졌으며 정치적으로는 보수주의에 기울었다는 평가가 있는 반면, 오늘날의 사회 이론과 문화 이론에 중요한 도전과 기여를 한다는 평가도 있다.

보드리야르의 가장 악명 높은 책《아메리카 *Amérique*》는 그의 이러한 사상적 궤적에 위치한다. 《아메리카》는 보드리야르의 형이상학적 사유가 투영된 책이다. 이 책은 엄밀히 말해서 학문적 저작이라기보다는 기행문 형식의 에세이(essai)이다. 그는 이 책에서 현재의 사회와 멀지 않은 미래를 향한 아메리카의 지도 그리기를 수행하면서 미국이 현재 겪고 있는 변화에 대한 중요한 시각과 통찰을 제공하고자 한다. 따라서 그의 아메리카 지도 그리기는 미국을 여행하면서 현재의 미국의 변화에서 그 새로운 미래를 파악하는 내용을 담고 있다.

끊임없이 현대성을 탐구하는 보드리야르는 오늘날의 미국의 풍경을 냉정하고 아이러니컬하게 조명한다. 그에게 있어서 아메리카, 곧 미국은 현대성 속에서 태어난 사회이고 무한한 가능성을 표현하는 초현대성(hypermodernité)이며, 따라서 그밖의 세계의 모델이 되고 있다. 그러므로 그는 오늘날의 미국을 미래의 기호 풍경(signscape), 즉 유럽과 다른 모든 곳의 미래가 될 하나의 초과 실재(hyperréalité)로 이해한다.

《아메리카》에 실린 보드리야르의 짧은 글들은 그가 기호에 지속적으로 매료되어 있음을 보여준다. 그는 미국을 기호의 성좌로, '별의 아메리카'로 해독한다. 말하자면 그는 미국의 복합성과 모순을 '기호들의 유희' 혹은 '기호들의 순환'으로 파악한다. 기호에 의한 이러한 전망은 《아메리카》의 어디에서나 드러나며, 보드리야르는 "미국이 전체에 관한 정보가 그 요소들에 포함되어 있는 거대한 홀로그램"⁴⁰⁾이라고 주장한다. 이러한 원리에 의거하여 보드리야르는 자신의 이론적 대상에 대한 일반화를 수행한다. 그에게 미국은 "현재에 존재하는 유일한 원시 사회"⁴¹⁾이고, '실현된 유토피아'이며 문화적 사막이다. 그는 미국을 해석하는 핵심적 은유로 사막을 이용한다. 그가 보기에 미국 사회는 무의미의 사막으로 특징지어지며, 그의 미국 여행은 의미의 미묘한 증발을 보여준다.

따라서 그의 눈에 비친 아메리카는 의미나 가치가 결여된 순수 기호의 유희인 한 나라에 대한 알레고리이다. 보드리야르가 미국을 사막·빈 공간·무의미로 기호학적 환원을 수행하는 것은 도시보다 사막에 특권을 부여하는 것일 뿐만 아니라 부분적으로 속도와 자동차 운전을 사물에 대한 그의 접근 방식으로 이해하는 방법론적 선택의 결과이다.⁴²⁾ 자동차로 미국을 질주하는 것은 순수한 속도와

40) Jean Baudrillard, *Amérique*, Grasset, 1986, p.59.

41) 같은 책, p.21.

42) Douglas Kellner, *Media Culture: Culture Studies, Identity and Politics between the Modern and the Post-modern*, Routledge, 1995, p.317 참조(약호 *MC*).

순수한 여행과 무관심 속에 지나가는 순수한 기호들의 의미 없는 스펙터클을 보여준다.

보드리야르의 미국 여행은 대체로 사막과 풍경과 속도에 대한 그의 경험, 미국의 도시적·정치적·사회적·문화적 특징들에 대한 그의 경험을 반영한다. 특히 미국의 사막은 우리 미래의 기호들을 발견할 수 있는 풍경으로 보드리야르를 매혹시킨다. 보드리야르에게 미국의 실현된 유토피아를 특징짓는 것은 바로 사막의 기호와 이미지이다. 그래서 《아메리카》에서 보드리야르의 사유가 끝나는 곳은 '영원한 사막'이다. 사막은 미국 자체, 그것의 풍경, 도시, 고속도로, (비)문화, 그리고 생활 양식의 형상으로 서 있다. 보드리야르는 미국 여행을 통해 미국 사회에서 사라지고 있는 사회적인 것·정치적인 것·의미·깊이 등의 현대성의 중요한 준거체들을 발견한다. 이는 바로 탈현대의 시뮬라시옹 세계에서 사라지고 있는 것들이다.

극단적으로 전개된 현대성 혹은 초현대성으로서의 미국,[43] 그리하여 탈현대의 세계가 된 미국 사회는 보드리야르가 자신의 철학적

---

43) 《아메리카》에서 현대성(modernité)이라는 용어는 자주 사용되고 있다. 보드리야르는 이 책에서 이 용어의 적용과 관련하여 어떻게 이해하고 있을까? 그에 따르면 이 용어는 변동이 있는 모호한 말이다. 그는 이 용어에 특별한 의미를 부여하지 않는다. 특히 보드리야르는 탈현대성(postmodernité)과 관련하여 현대성의 의미를 정하지 않는다. 그는 초정치적이고 초역사적인 실재를 환기시키기 위해 현대성이라는 용어를 사용하는데, 미국의 경우 무한한 가능성을 표현하는 초현대성(hypermodernité)이라는 말이 보다 정확할 수 있다고 말한다.(*Jean Baudrillard Live*, 'America As Fiction', edited by Mike Gane, Routledge, 1993, p.133 참조.) 보드리야르의 이러한 견해에 대해, 켈너는 다음과 같이 말한다. "보드리야르는 《아메리카》에서 탈현대성이라는 범주를 거의 사용하지 않지만, 끊임없이 미국을 현대성과 동일시한다. 그가 보기에 미국은 현대성의 가장 순수한 형태를 재현했다. 그러므로 그가 미국에서 끊임없이 경험했던 '세계의 종말'은 현대성의 종말로 독해될 수 있고, 신세계의 여명은 새로운 탈현대성의 도래로 독해될 수 있다."(*MC*, p.318.) 이 글에서 우리는 보드리야르 자신의 생각과는 달리 탈현대적 세계로서의 미국을 분석할 것이다.

사유로 이론화하는 시뮬라시옹 현상들을 나타내는가? 그리고 이러한 현상들은 아메리카를 범람하여 미국 사회의 경계들을 무너뜨리고 있는가? 보드리야르는 20세기 후반 미국에서 극단적으로 발전한 현대성을 탐색하고 조명한다. 즉 그는 아메리카를 종횡하면서 탈현대의 세계로 접어든 현대성의 실현을 발견한다. 그러나 탈현대의 미국 사회에 대해, 그는 비판과 아이러니로 가득한 시선을 던진다. 즉 극단으로 나아간 미국의 현대성에 대해, 그는 아이러니컬한 비판을 하면서도 찬미하고, 찬미하면서도 아이러니컬한 비판을 한다.

그러면 형이상학적 사유 세계를 구축하는 보드리야르의 《아메리카》를 어떻게 읽는 것이 바람직한 방법일까? 보드리야르의 '아메리카' 지도 그리기는 어떠한 것인가? 말하자면 보드리야르는 미국 여행을 통해 어떻게 미국 문화를 비평하는가? 그의 이러한 미국 문화 비평이 미국의 사회 문화적 현상들을 제대로 꿰뚫어보고 있는 것인가? 실제로 보드리야르의 연구자들 사이에서 《아메리카》 읽기를 둘러싼 논의는 많은 논란의 대상이 되어 왔는데, 보드리야르의 사유와 글쓰기와 관련하여 이 논란의 핵심 사항들을 다시 검토하고 분석해 볼 수 있을 것이다. 이런 검토와 분석의 과정에서 미국은 "현대성의 원판이고 영속적인 시뮬라시옹 속에서, 그리고 기호들의 영속적인 현실성 속에서 살아간다"[44]는 보드리야르의 견해를 주목하면서 그의 형이상학적 사유 세계를 통찰하고 비판할 수 있을 것이다.

I. 《아메리카》 읽기

44) *Amérique*, p.151.

《아메리카》는 보드리야르가 1970년대와 1980년대에 미국을 여행하는 중에, 혹은 그의 미국 여행 후에 쓰여졌다. 그의 글쓰기는 미국 여행을 연장시켰다. 그러면 《아메리카》를 쓰고자 했던 보드리야르의 욕망은 낡은 유럽에 대한 싫증 때문에 생긴 것인가? 그는 사르트르처럼 이 낡은 유럽과 절연하고 다시 태어나기 위해 미국의 사막에 빠지고 싶은 욕망을 느꼈던 것인가? 설사 그가 자신의 여행이 유럽과 미국을 비교하려는 욕망으로 이어지지는 않았다고 말한다 할지라도, 그의 《아메리카》는 유럽의 비판적 전통의 맥락 속에 자리잡고 있는 듯하다. 그는 자신의 여행에 관한 생각들을 아메리카의 형이상학으로 이론화된 현대 사회 비평으로 나타낸다.

보드리야르의 미국 여행은 그의 철학적 체계에 대한 이해 없이는 거의 파악될 수 없다. 미국을 여행하기 전에 그는 쉬운 범주화에 맞서는 혼란스럽고 불완전하긴 하지만 인상적인 사회적 모델을 생산했다. 이는 미디어 비평가·사회학자·기호학자 혹은 정치이론가의 작업이 될 수 있었다. 보드리야르는 때때로 광기나 재능과 결부되는 일종의 근거 없는 확신으로 글을 쓰는 경향이 있다. 그는 미국을 자신의 이론으로 가득 채우려는 자기 도취적 의도로 미국을 여행한다는 비난을 받았다. 그는 사회를 연구하는 동시에 사회의 문제점을 해결하려고 한다. 그는 우리가 문화적 체계로서의 '사회적인 것'의 개념을 상실했다고 믿는다. 그는 자신의 이론 외에는 어떠한 구체적인 증거도 없이 역사·미학·정치·문화의 종언을 선언했다. 따라서 그에게는 새로운 문화적 질서를 알리는 일이 맡겨졌다.

보드리야르는 문화는 기호와 이미지에 의한 시뮬라시옹에 의해 지배된다고 생각했다. 의사소통 기술의 확장과 미디어의 현존과 더불어, 인간은 자신이 받아들이는 기호와 이미지에만 반응하는 데 길들여졌다는 것이다. 보드리야르가 보기에 자신의 논리를 확장하는 인간은 자기 자신의 시뮬라시옹이 되었으며, 실재는 사라져 버렸다. 그래서 우리가 보거나 알 수 있는 모든 것은 기호와 이미지이다. 따라서 문화와 역사는 깊이가 없고 표면만이 있을 뿐이다.

보드리야르에게 미국은 항상 미래의 모델의 지위를 유지하면서 그 탄생 이후로 새로운 것을 넘어 그 자체를 확장해 온 나라였다. 미국은 초역사적인 변화의 기이한 속도와 더불어 그 자체를 증식시키고 복제했다. 한마디로 말해서 미국은 보드리야르의 사유의 모든 것을 실현시켰다고 볼 수 있다. "유럽에서 우리는 사물을 상상하고 사물을 분석하며, 사물에 대해 성찰하는 기예를 소유한다"[45]고 보드리야르는 기술했다. 반면 미국에서 세련되고 끈기 있는 모든 기술은 산업, 즉 기계화된 조립라인이 되었고, 추상적인 것이 구체적인 것으로 되었다. 미국은 그 효과 속에서 전체를 고려하는 새로운 문화를 표명했다. 미국 사회는 물질적인 것을 생산하는 것을 멈추고 기호와 이미지를 생산할 뿐이었다. 문화적 지배의 새로운 형태로서의 시뮬라시옹은 구세계의 종언과 새로운 세계의 시작을 알렸다.

보드리야르는 유럽의 독자들에게 다음과 같이 경고했다. "만약 당신이 당신의 꿈들로부터 그 결과를 받아들일 준비가 되어 있다면, 당신은 신세계를 발견했던 세대들과 똑같은 순진한 열성을 지니고 아메리카를 바라보아야 한다."[46] 그에게 미국은 본래의 상태에서 손상되지 않은 순수한 민주주의적 문화 모델이었다.

유럽의 '역사적 미묘함과 개념적 상상력'에 싫증이 난 보드리야르는 '가상의 공간과 정신'이 지배하는 어떤 나라의 유쾌한 자유를 열

45) *Amérique*, p.50.
46) 같은 책, p.196.

망했다. 그는 답답하고 진부한 대학에 틀어박혀 있지 않았다. "다른 사람들이 도서관에서 그들의 시간을 보낼 때, 나는 사막과 길 위에서 나의 시간을 보낸다. 그들이 사상사로부터 그들의 자료를 끌어낼 때, 나는 지금 벌어지고 있는 것으로부터, 거리의 삶이나 자연의 아름다움으로부터 나의 자료를 끌어낸다."[47] 과거를 잊어버리고 현재를 알고 있는 그는 미래를 이해하기 위해 아메리카를 여행했다.

보드리야르의 미국 여행은 언제나 혼자 운전하고 마시고 영화를 보는 것으로 구성되었다. 이미 예상되었듯이, 그는 인간들을 탐구하지는 않았다. 그에게 아메리카는 글자 그대로이고, 비유적으로 황량했다. 그의 실제적인 주제는 풍경·이미지·형태였다. 어떻게 보면 아메리카를 아는 것은 사막을 아는 것이었다. 사막의 기복들은 "더 이상 자연적이지 않기 때문에 문화란 무엇인가에 대한 가장 좋은 생각을 제공해 준다"[48]고 보드리야르는 기술했다.

보드리야르의 관점에서 기계 문명의 쇄도 이후, 인간의 문화는 원래의 상태에서 훨씬 더 멀어진다는 의미에서 사라져 버렸다. 아메리카에 남아 있는 모든 것은 '광물의 표면'에 있는 시뮬라시옹화된 문화의 이미지이다. 문화에 대한 이전의 모든 개념들은 이제 쓸모없는 것이 된 듯하다. 문화의 어떤 의미심장한 개념을 규명하기 위해서는 따라서 문화의 순수한 형태, 문화의 지질학적 이미지를 찾아내는 것이 필요하다.

보드리야르가 아메리카에서 어떤 민족지학적 충동을 느꼈든간에 그것은 곧 형이상학적 사유가 되었다.[49] 《아메리카》의 한 구절에서

47) *Amérique*, p.125.
48) 같은 책, p.14.

그는 자신의 진정한 관심사를 표명했다. "나는 사회적인 것의 미래의 파국을 지질학에서, 줄무늬진 공간들, 소금과 돌의 부조들, 화석의 강이 흘러내리는 협곡들, 침식과 지질학으로서 존재하는 완만함의 태곳적 심연 등이 증언하는 그 깊이의 뒤집힘에서 찾으려고 했다."[50]

보드리야르의 이러한 탐구는 사회와 역사의 표면 밑을, 자연의 유기적인 개념 밑을, 시간 속에서, 순수함의 본래의 상태 속에서 정지되고 결정(結晶)되고 보존된 문화의 광물적 형태 밑을 파고드는 것이다. 그의 견해로는, 미국 문화는 다른 모든 문화적 형태가 가져온 형태, 즉 "현대 세계의 가능한 모든 변이형들의 분석을 위한 이상적인 재료를 구성한다."[51]

그러나 보드리야르가 보기에 미국 문화는 직접적으로는 자연의 산물이 아니었다. 미국인들은 자연을 정복하지도 않았고, 자연에 의해 길들여지지도 않았다. 그들의 지배력과 힘은 환상을 일으키게 하는 것이었는데, 이는 바로 그들의 창조의 또 다른 것이었다. 보드리야르에게 미국 여행은 무한한 환상을 통한 여행이었다. 미국 안에서는 산과 사막들은 가장 극단적인 실재(초과 실재)였기 때문에 허구, 가장 극단적인 허구였다. 그곳에서 인간은 시뮬라시옹의 감각을 유지하는 한 자유롭게 떠돌게 된다. 미국의 자연은 지질학적으로 인간에 앞서 존재할 뿐만 아니라 기호학적으로도 인간에 앞서 존재한다. 오히려 그것은 지질학적으로 생성된 기호 체계에 가깝다.

49) *Dima Cioran, The Ethnographer as Geologist: Tocqueville, Lévi-Strauss, Baudrillard and the American Dilemma, Jean Baudrillard(3)*, edited by Mike Gane, Sage, 2000, p.31 참조.
50) *Amérique*, pp.16-17.
51) 같은 책, p.58.

일상적 풍경의 물리적 고도와 대조되는 지질학적인, 따라서 형이상학적인 기념비성. 바람과 물과 얼음에 의해 깊게 조각된, 전도된 돋을새김들 (…) 여기 지표면을 파괴하기 위해 수백만 년, 수억 년이 필요했다는 생각은 잘못된 것인데, 왜냐하면 그러한 생각을 하기 위해서는 인간이 출현하기 오래전에 여러 요소들간에 가해진 일종의 마모와 침식의 꾸러미에서 유래한 기호들을 감지해야 하기 때문이다.[52]

이것은 보드리야르가 그랜드캐니언을 묘사한 것인데, 여기에는 유럽의 전형적인 풍경과는 전혀 다른 미국의 자연을 바라보는 시각이 내재되어 있다. 말하자면 유럽의 낭만적인 장엄함이라는 측면에서가 아니라 풍경의 기념비성이라는 측면에서 자연을 바라보는 방식이 내재되어 있다. 따라서 자연은 거대한 규모로 구성되고 일련의 의미와 기호 체계를 이루는 반면, 인간은 그러한 체계의 한 구성 요소에 불과하다. 그러나 여기에는 《아메리카》 전체를 관통하는 무언가가 제시되고 있다. 보드리야르는 장엄한 풍경을 해석하는 데 흔히 사용되는 자연과 문화의 대립을 비판한다. 그의 논의에서 자연은 이미 문화이며, 문화는 다른 의미 작용 체계를 고려해야 한다.

거칠게 말해서 오늘날 자연은 문화적 혹은 기술적 목적을 위해 도구적으로 조작되고 있다. 구체적으로 말하면 산업화와 도시화의 계획들이 과거와 완전히 절연된 새로운 세계를 구축함에 따라 자연은 이러한 계획의 이면에, 혹은 이러한 계획에 압도당한 채 존속하고 있다. 가령 사막은 빈 방 안에 놓인 텔레비전 세트와 같아서 누구도 사막의 중요한 기호들에 시선을 두지 않는다. 우리가 흔히 생각하듯

52) *Amérique*, p.13.

사막은 도시와 문화와 반대되는 자연으로 존재하지 않는다. 오히려 사막은 시뮬라시옹이 문화적 신기루를 창출한다는 사실을 폭로한다. 이 문화적 신기루는 결국에는 사막만을 남겨두고 사라지게 될 것이다. 따라서 "사막은 탈현대적 미국 문화에 널리 스며든 배경이자 과거와 미래를 인식하는 관점, 과거와 미래의 가능성이다."[53]

보드리야르에 따르면 이 사막은 무한하고 무수한 문화적 공식들을 상징한다. 이러한 공식들이 사라지더라도, 사막은 여전히 물리적으로 그 자리에 현전할 것이다. 어떤 의미에서 탈현대적 도시들은 사막에 비유될 수 있다. 미국인들은 끊임없이 자신들의 도시 공간을 재창조하고, 또 어디론가 계속해서 이동한다. 이러한 모습은 모래가 이리저리 바람에 날리며 사막의 지질학적 형태를 계속해서 지우고 변형시키는 것과 매우 유사한 것이다. 그러나 도시들은 또한 들뢰즈가 말하는 '욕망하는 기계들'이다. 반면 인간에 앞서 존재하는 잠재적인 기호 체계가 됨으로써 사막은 욕망을 선행한다. 여전히 자연과 문화의 대립을 비판할 때조차 보드리야르에게 "사막은 문화에 대한 황홀경적 비판, 사라짐의 황홀경적 형태"[54]일 뿐이다.

실제로 보드리야르에게 미국 문화의 매력은 정확히 말해서 미국 문화 밑에 있는 것 속에 있다. 땅에는 너무도 많은 상징이 있고, 숲에는 너무도 많은 암시가 있으며, 대기에는 너무도 많은 기억이 있다. 그래서 보드리야르는 미국과 조화를 이루는 어떤 모델을 발견하면서 미국의 새로운 문화 형태에 반응했다. 그는 인간 문화의 탐구에서부터 광물적 상태 속에서의 순화된 문화 형태의 탐구에 이르기까지 어떤 시적 감수성을 지니고 미국 문화를 재해석했다.

53) Richard J. Lane, *Jean Baudrillard, Routledge*, 2000, p.115.
54) *Amérique*, p.18.

보드리야르의 이러한 탐구는 미국 문화를 통한 자신의 탈현대적 여행으로 구체화된다. 그는 자동차 스크린·백미러를 통해 보여지 듯이 미국 문화의 섬광을 통해 미국 사회를 이해하려고 애썼다. 여행자로서 자동차 스크린을 읽는 것은 텔레비전 스크린의 경험처럼 여행의 시각적 경험이다. 어떻게 보면 풍경을 통해 여행하는 것은 깊이 없음을 초래한다. 자동차 스크린을 통해 읽는 것은 일련의 기호와 이미지를 소비하는 것이자 초과 실재를 통한 초연하고 냉소적인 여행이다.[55]

《아메리카》는 미국 사회를 대충 훑어보고 풍경을 통해 여행하는 경험, 문화를 즐기는 여행자의 경험을 보여준다. 보드리야르의 응시는 냉소적이고 초연하고 재치 있는 듯하다. 이는 학식의 부담을 피하는 응시이다. "문제는 자동차의 사회학이나 심리학을 쓰는 것이 아니다. 문제는 모든 학문들을 다 모은 것보다 사회에 관해 더 잘 알도록 운전을 하는 것이다."[56]

이러한 응시의 결과는 어떤 광휘를 드러낸다. 보드리야르는 '감정적 여행'의 유형으로 사회적 허구의 생산을 통해 이 탈현대적 경험을 획득하는데, 이에 대해 우리는 긍정적으로 바라볼 필요가 있다. 때때로 그의 이론의 결여, 진지함의 결여를 비난하기보다는 오히려 우리는 스크린 이미지를 통해 아메리카를 탐색하는 보드리야르를 읽으려고 노력해야 한다. 장소와 은유로서의 사막의 이미지는 특히 도시적 미국의 이미지만큼 강렬하다. 따라서 보드리야르의 글쓰기 자체는 자신이 기술하고 묘사하기보다는 오히려 분석하고 해부하는 세계를 반영한다. 보드리야르의 형이상학은 아메리카의 꿈

---

55) Bryan S. Turner, *Cruising America, Jean Baudrillard(3)*, edited by Mike Gane, Sage, 2000, p.90 참조.
56) *Amérique*, p.108.

을 규명하거나 아메리카의 꿈과 부합됨으로써 이론과 현실의 갈라
진 틈을 메운다.

　사회학자의 관점에서 보드리야르는 비범한 작가이다. 《아메리
카》의 문체와 반사성(réflexibilité)과 작가적 특성을 파악하지 못한 채
《아메리카》를 읽는 것은 어렵다. 그러면 보드리야르의 상상력의 구
성 요소들은 무엇인가? 첫째, 문체와 형식이 중요하다. 어떻게 보
면 내용은 유희에 지나지 않는 듯하다. 문체의 형태와 문체에 대
한 자의식은 무엇보다 〈별의 아메리카〉의 상상력에서 두드러진다.
"별의 아메리카. 순수 순환의 서정성(…) 성운. 자동차의 수평적인
그것, 비행기 고도의 그것, 사막들의 지질학적인 그것."[57] 둘째, 메
시지는 의미의 점증적인 확장에 의해 구축된다. "식욕부진의 문화:
메스꺼움의, 배설의, 인간의 토해냄의, 거절의 문화."[58] 셋째, 보
드리야르는 과장법에 의해, 다시 말해서 과장에 의해 목적을 실현
하는 초과 실재와 동등한 것에 의해 자신의 효과를 실현한다. 그의
과장법은 충격을 주기 위해 사용되지만 글자 그대로 받아들여지는
것이 아니다. '현대성의 모든 신화는 미국적이다.' '아메리카 전체
는 하나의 사막이다.'

　따라서 《아메리카》는 어떤 연속성 속에서 읽혀져서는 안 된다.
독자는 논증이나 논거 제시에 신경쓰지 않고 이 책을 통해 여행할
수 있다. 왜냐하면 각 문장이나 절은 독립적이고 자율적인 것처럼
보이기 때문이다. 각 문장이나 절의 구성 단위는 때로는 의미심장
하다. 문체와 재치 있는 말을 즐기고, 위트를 찬탄하고, 그의 상상
적 여행의 전체적 양상을 즐기거나 터무니없는 은유에 놀라면서 그

---

57) *Amérique*, p.55.
58) 같은 책, pp.78-79.

의 글쓰기를 통해 여행하는 것은 미학적으로 즐거운 일이다. 그러나 이러한 경험들은 전제로부터 결론에 이르기까지의 어떤 논의를 읽어내는 것과는 관련이 없다.

이런 관점에서 우리는 텔레비전 스크린을 보는 것과 자동차 스크린을 통해 풍경을 보는 것 사이의 유사성을 읽어낼 수 있다. '별의 아메리카'의 스펙터클은 "자동차 전용도로를 미끄러져 내려갈 때 크라이슬러 스테레오의 진공관이 꽝꽝 울리고, 열기가 파도치는"[59] 뜨거운 풍경 속에서 여행의 물리적 경험에 의해 마법적으로 만들어진다. 보드리야르의 화려한 문장들은 미국의 상업적 담론의 간단하고 명료한 말과 유사한 듯하다. 그것들은 자동차 스크린을 스쳐 지나가는 광고판처럼 오히려 스크린을 스치는 의미의 항목들이다. 그리고 의미는 소화할 수 있는 큰 덩어리 속에서 해체된다. 이렇게 보드리야르의 탈현대적 미국 여행을 읽어내는 것은 《아메리카》의 표현 형식과 명백한 목적에 부합할 수 있을지 모르겠지만, 이는 이 책을 읽는 하나의 방법이 될 수 있을 것이다.

II. '아메리카' 지도 그리기

《아메리카》는 보드리야르의 형이상학적 상상계가 투영된 현대성 비판의 기행문 형식의 에세이다. 이 책에서 보드리야르는 현대성의 발전된 단계에서 주체와 대상의 관계에서 확립되는 복잡한 인식론에 상당한 논의를 불러일으킨다. 그는 그의 관심을 끄는 것이 새로운 사물의 형태들인 것처럼 어떻게 해서든 이론을 넘어서 환상적인

59) *Amérique*, p.9.

사물을 발견하려고 시도한다. 요컨대 그는 미국 여행을 통해서 미국의 특이한 것을 발견하려고 한다.[60]

보드리야르의 '아메리카' 지도 그리기의 출발점은 《아메리카》의 시작하는 글 〈소실점〉이다. 〈소실점〉의 첫 구절은 경고로 시작된다. "주의: 이 거울 속에 비치는 사물들은 보이는 것보다 더 가까이 있을 수 있다."[61] 이 첫 구절에 담긴 함의는 미국 여행의 두 가지 핵심적 요소들을 나타낸다. 자동차의 백미러에 쓰여진 기호를 보드리야르가 전유하는 것은 문화적 분석에 미학적으로 접근하려는 자신의 의도를 분명하게 한다. 이 함축적인 공식적 표명을 수반하는 메시지 자체는 그의 여행의 이유로 해독될 수 있다. 왜냐하면 미국은 사물의 특성이 가장 스펙터클하게 실현되는 나라이기 때문이다.

보드리야르에게 아메리카, 곧 미국은 서구 세계가 그 자체를 향해 가속하고 있는 미래를 응시하고 지켜볼 수 있는 거울로서 제시된다. 미국의 도시들, 특히 뉴욕과 로스앤젤레스는 '세계의 중심'에 있는 것처럼 보이지만, 미학적 접근의 의도에 따라 이러한 판단의 기준은 허용되지 않는다. 보드리야르가 보기에 미국은 오히려 세계의 패러다임적 지리와 그 공간으로서 자리잡고 있다. 이 공간 안에서 보드리야르가 다른 곳에서 계획한 모델의 특성들이 가장 순수한 형태 속에서 발견될 수 있다. 여기서 풍경은 사진처럼 존재하고, 사건은 텔레비전처럼 존재한다. "아메리카는 꿈도 아니고 실재도 아니다. 그것은 하나의 초과 실재(hyperréalité)이다."[62] 따라서 아메리카에서 완벽한 시뮬라크르, 즉 모든 가치들이 내재하고 물질적으로 전사되는 시뮬라크르가 발견된다.

60) 배영달, 《보드리야르의 아이러니》, 동문선, 2009, pp.247-248 참조.
61) *Amérique*, p.9.

보드리야르에게 아메리카, 곧 미국은 현대성 속에서 태어난 진정한 탈현대 사회이다. 그는 미국 여행을 통해서 미국의 탈현대적 사회에서 사라지고 있는 사회적인 것·정치적인 것·의미·깊이·진리 등의 현대성의 중요한 준거체들을 목격한다. 이는 바로 탈현대의 시뮬라시옹 세계에서 사라지고 있는 것들이다. 그리고 그는 미국에서 이 "사라짐의 특권적 장소뿐만 아니라 현대성의 다양한 도상들의 소실점을 보게 된다."[63] 그리하여 그는 아메리카의 형이상학으로 이론화된 탈현대 사회의 문화 비평의 지도를 그리게 된다.

따라서 미국 문화 비평에 대한 그의 지도 그리기는 탈문화화 속에서 미국 문화의 파국을 깊이 있게 조명하고 분석한다. 다시 말하면 그는 미국 여행을 통해 시뮬라시옹의 현단계에 적합한 획기적인 진전을 발견하며, "지질학에서 사회적인 것의 미래의 파국"[64]을 찾아내는 데 전념한다. 그러므로 그가 아메리카 공간의 윤곽을 그리는 것은 이전에 알려진 모든 것을 없앨 수 있을, 다가올 것들의 형태의 윤곽을 그리는 것이다.

보드리야르의 미국 여행은 대체로 사막과 풍경과 속도에 대한 그의 경험, 미국의 도시적·정치적·사회적·문화적 특징들에 대한 그의 경험을 반영한다. 보드리야르가 느끼는 미국 여행의 시뮬라시옹은 '속도의 형이상학,' 오늘날 미국의 사막과 생활과 관련이 있다.

---

62) 같은 책, p.57. 움베르토 에코(Umberto Eco)도 미국 여행을 한 후《초과 실재 속으로의 여행 *Travels in Hyperreality*》이라는 비평적 에세이를 출간했다. 에코와 보드리야르가 말하는 초과 실재의 개념은 거의 동일하다. 보드리야르의 핵심 개념들 중의 하나인 초과 실재는 기호와 이미지에 의해 산출되는, 실재보다 더 실재적이고 우월한 실재를 뜻한다. 국내에서 하이퍼리얼리티(hyperreality)는 초과 실재, 과잉 실재, 파생 실재, 과실재 등으로 번역되고 있는데, 우리는 이를 초과 실재라 명명한다.

63) Douglas Kellner, *Jean Baudrillard: From Marxism to Postmodernism and Beyond*, Polity Press, 1989, p.168 (약호 *MPB*).

64) *Amérique*, p.16.

"내가 자유로워졌을 때, 나는 사막으로 떠났다. 나에게 사막은 진정한 무대였다"[65]라고 보드리야르는 말한다. 이렇게 보드리야르의 미국 여행은 뉴멕시코의 뾰족뾰족한 산맥과 텍사스주 언덕을 넘고 사막을 가로질러 속도를 내면서 시작된다. 라스베이거스와 솔트레이크 시티 사이의 어딘가에, 말하자면 자기 도취적 탐닉과 청교도적 억제가 교차하는 지점에 위치한 보드리야르는 사막의 지질학적 기념비성과 마법을 보게 된다.

이와 같은 스펙터클은 다음과 같은 물음을 제기한다. "인간에 선행하는 기호들이 그러한 힘을 가지고 있다면, 인간이란 과연 무엇이겠는가?"[66] 풍경의 힘의 근원은 그 기호들이 "의미 없고 자의적이고 비인간적이며, 사람들이 그 기호들을 해독하지 않은 채 가로지른다"[67]는 사실에 있다. 보드리야르는 사회적인 것의 부정과 사라짐의 이상적 도식을 위한 패러다임으로서 사막을 제시한다. "사막은 모든 사회성, 모든 감상성, 모든 성적인 것을 멀리 물리치는 숭고한 형태이다."[68] 아메리카를 질주하면서 폴 비릴리오(Paul Virilio)가 '사라짐의 미학'이라고 부르는 것을 추구하는 그의 시각에서는, 미국이라는 나라는 사막과 같은 아우라, 말하자면 현실의 삶의 모든 흔적이 사후 효과로서의 죽은 이미지만을 남겨 놓은 채 사라져 버리는 분위기를 연출한다.

어쨌든 보드리야르는 사막과 원시성을 아메리카를 이해하는 일차적인 범주로 선택하고 있다. 자신의 형이상학적 상상계를 통해 미국을 설명하는 그는 이미 《숙명적 전략》에서 미국을 '기호들의 순

---

65) Jean Baudrillard, *Le paroxiste indifférent*, Grasset, 1997, pp.147-148(약호 *PI*).
66) *Amérique*, p.14.
67) 같은 책, p.78.
68) 같은 책, pp.141-142.

환'의 좋은 예라고 말한 바 있다. 그러면 보드리야르가 말하는 기호들의 순환과 사막의 원시적 무대 사이에는 어떤 관계가 존재하는가? 그가 보기에 이들 사이에는 필연적이고 심오한 관계가 존재하지만, 그것은 똑같은 것이다. 그것은 두 극단 사이의 상관 관계이다. 다시 말해서 "사막의 부동의 영원성이라는 극단과 미국 무대의 초이동성과 초현대성이라는 극단의 상관 관계인데, 이는 아메리카의 절대적 특이성을 낳는다."[69]

바로 그 점에서 아메리카의 이 특이성은 보드리야르에게 깊이 영향을 미쳤는데, 왜냐하면 이 두 극단이 원시 사회 같은 미국 문화의 놀랄 만한 부정 속에서 결합되는 것처럼 보였기 때문이다. 사막은 (인디언의 전멸을 포함하여) 전멸의 장소이자 (자연의 의미를 포함하여) 의미의 사라짐의 장소이며, 미국의 생활 양식과 함께 사막 주위의 대도시들과 거대도시들 역시 인간의 교묘한 전멸의 장소이자 의미의 교묘한 전멸의 장소이기도 하다.

보드리야르에게 사막은 의미의 죽음을 탐색하는 선도자 같은 존재인 듯하다. 사막은 일종의 무한한 전망이며 자연 상태보다는 오히려 헐벗음의 극단적 형태이다. "사막은 반문화의 가장 극단적 형태이다. 그것은 문화의 모든 상부 구조를 쓸어내는 한 방식이다. 다시 말해서 일종의 초공간, 사물과 의미의 완전 부재, 정신적인 지질 구조이다."[70] 그것은 속도, 자동차, 열기, 피상적이고 물리적이며 형이상학적인 방사에 의한 율동적인 사막이다. 이 실험적인 장(場)은 보드리야르에게 '극단적 무관심'에 이르게 했다. 말하자면 보드리야르의 눈에는 사막은 사물의 무관심이 지배하는, 그리고 인간

<hr>

69) *Jean Baudrillard*, dirigé par François L'Yvonnet, L'Herne, 2004, p.103.
70) *PI*, p.148.

'주체'가 낯선 침입자에 불과한 풍경을 드러낸다. "사막: 냉혹한 지성의, 극단적 무관심의, 화석으로 된 빛나는 그물망. 그것은 하늘의 무관심일 뿐만 아니라 지질학적 물결의 무관심이기도 한데, 여기서는 공간과 시간의 형이상학적 열정만이 결정화(結晶化)되어 있을 뿐이다."[71]

이렇게 미국의 사막이 보드리야르를 매혹시키는 것은 사막의 무관심과 건조함과 침묵이다. 사막의 건조함은 유럽의 점액질의 문명화된 기질과는 반대되는 것이고, 사막의 침묵은 공허를 방사하는데, 이 공허는 그 속에서 우리 미래의 기호들을 발견할지도 모르는, 파국의 가능성을 목격하는 화석화된 풍경에 특유한 것이다.[72] 어떻게 보면 사막은 하나의 함정, 즉 공간의 함정, 가상(apparence)의 함정이다. 정신의 모든 가치들과 범주들은 이 함정에 빠져들며 자동적으로 사라진다. 그래서 "사막은 더 이상 풍경이 아니다. 그것은 다른 모든 것들의 추상의 결과로 생긴 순수 형태이다."[73]

의외로 보드리야르는 자신이 관찰하는 원시적인 풍경들에는, 즉 데스밸리와 텍사스주 언덕들에는 이미 무수한 미디어 재현을 통해 사회적 의미가 새겨져 있다는 사실을 잊어버린다. 반면에 사막의 태양 속에서 모든 것은 소실점을 향해 질주하고 보드리야르가 미끄러지듯 나아가는 속도는 자동차의 운전 방식을 재현한다. 자동차의 운전은 깊이로서의 시간의 순간적인 경험, 역사를 넘어 풍경의 경험을 용이하게 한다. "자동차로 달리는 것은 스펙터클한 형태의 기억 상실"[74]이 된다. 더 이상 흔적이 남지 않기 때문에 '사라짐의 미

71) *Amérique*, p.19.
72) *MPB*, p.169 참조.
73) *Amérique*, pp.247-248.
74) 같은 책, p.25.

학’과 ‘의미의 증발’이 존재한다.

보드리야르의 자동차 운전은 침묵·부재·사라짐·순수함이 불확실한 것처럼 불연속적인 의미를 지닌 어휘들에 의해 연료를 얻게 된다. 물론 ‘아메리카’ 지도 그리기 속에서 이들의 정확한 의미를 조사하는 것은 정확히 말해서 이데올로기적 공상을 다시 끌어들이는 것인데, 《아메리카》는 이 이데올로기적 공상의 사라짐에 할애되고 있다. 어떻게 보면 보드리야르의 서정적 반복은 마치 자신이 아메리카의 신화적 표면들(사막·도시·공간·속도·이동 등)을 즐기면서 스스로 만족하듯이 감정적 경험을 위해 때때로 분석적 깊이를 포기하는 듯하다.

보드리야르가 도시를 향해 사막을 떠날 때, 미국의 도시 공간들은 ‘사회적인 것의 미래의 파국의 완성된 형태’로서, 그리고 신화적 사막의 재현으로서 해석될 뿐이다. 로스앤젤레스는 이 도시를 둘러싸는 사막과 구별되어 존재하지는 않는다. 오히려 로스앤젤레스는 사막의 부재를 반영한다. 도시는 모든 인간적 의미의 전멸을 표현하는 방식으로 지도 그려진다. 보드리야르의 ‘아메리카’ 지도 그리기는 후기자본주의의 위기가 잊혀질 수 있는 장소들(어바인·뉴실리콘 밸리·소크 생물학 연구소·대학 캠퍼스·보나벤처 호텔·디즈니랜드)에 특권을 부여한다. 보드리야르의 간단하고 명료한 말——‘산다는 것이 너무 용이하다’——은 자본주의적 지리의 한계를 잊어버림으로써 받아들여질 수 있다. 여기서 자본주의적 지리의 한계란 로스앤젤레스의 하층 계급이 점유하는 공간, 착취 공장 산업의 현장, 경찰과 집단 폭력, 마약 문제와 붕괴하는 하부 구조 등을 뜻한다.

보드리야르가 뉴욕에 도착할 때 하이퍼리얼한 탈산업적 지리의 이면을 반향하는 어떤 기억들의 암시는 거의 없었다. 보드리야르는 미국 도시가 직면하는 위기들을 계속 잊어버린다. 뉴욕은 세계를 이끌어 가는 금융센터의 하나로 남으며, 강력한 미디어 회사의 본부이기도 하다. 그러나 보드리야르의 눈에는 뉴욕의 핵심은 부패한 듯하다. 뉴욕은 전통적으로 제3세계와 결부된 야비함과 탈취의 무대가 되고 있다. 예를 들어 하부 구조를 악화시키는 불법거주자 캠프·집없음·실업 등이 눈에 띈다. 그럼에도 불구하고 보드리야르가 무시해 버리는 것은 바로 도시의 이러한 양상들이다. 뉴욕은 '세계의 중심' '완전한 전기 불빛'의 장소로서 묘사된다.

보드리야르는 거리를 산책하며 그를 둘러싸는 무대와 기호들을 즐긴다. "미국의 거리는 항상 활기차며 생동적이고 운동학적이고 영화적이다."[75] 물론 완곡하게 도시의 시급한 사회경제적 난관을 언급하는 부분이 있긴 하지만, 그것은 지방색의 사례로 분류된다. 보드리야르는 도시 위기를 미학화하려고 애쓴다. 그의 눈에는 도시는 자신의 파국의 연극을 상연한다. 이는 퇴폐의 효과가 아니라 도시 자체가 지닌 권능의 효과이다.

그러면 보드리야르의 '아메리카' 지도 그리기 이면에 있는 본질적인 충동은 무엇인가?《아메리카》전체에 걸쳐서 관념과 이미지들은 끊임없이 서로 상쇄되는 듯하다. 보드리야르가 좋아하는 수사학은 모순어법이다. 아메리카는 '낙원' '실현된 유토피아'로서, 그리고 기호의 유혹적이고 탈현대적인 공원으로서 묘사된다. 아메리카는 "풍요·권리·자유의 유토피아, 사회적 계약과 재현의 유토피아"[76]이다. 반면에 아메리카는 또한 "재현의 종언, 주체의 종언, 모든 가치의 중화, 문화의 죽음의 반유토피아"[77]이기도 하다. 말하자면 아

75) *Amérique*, p.41.
76) 같은 책, p.194.

메리카에서는 유토피아가 실현되어 왔고, 반유토피아가 실현되고 있다.

사실 아메리카에는 실현된 유토피아의 마술적 역설과 아이러니가 남아 있다. 환상 없는 이 유토피아는 실현된 평범함의 유토피아이자 현대성의 숙명이다. 이와 같은 반해석학은 경우에 따라서는 도발적이며 우리를 당혹하게 한다. 그러나 이는《아메리카》와 아메리카로부터 무의미를 향해 항상 연결되고 있다. 결국 보드리야르는 사막의 침묵을 갈망하고 시뮬라시옹화된 풍경과 기호를 초월한 무엇인가를 갈망하는 듯하다.

《아메리카》는 '소실점'으로 시작되며 '영원한 사막' 혹은 사막 속의 부재라는 침묵하는 중심점으로 끝난다. 그 사이에서 기호들은 사라짐의 미학과 의미의 사막화에 의해 포화 상태가 된다. 보드리야르의 관점에서 아메리카는 탈현대적 지도 그리기와 함께 이 지도그리기의 연속을 나타내는 '거대한 홀로그램' '특수 조명 효과', 하이테크 은유로 된다. 아메리카는 사물들이 초과 실재로 구성되어 있는 듯한 곳이다. 아메리카의 물질성은 기호와 이미지들의 자기 지시적 유희로 분해되는데, 이는 바로《아메리카》가 지향하는 목적이다."[78]

아메리카에서는 수정된 견해의 합의는 이루어지고 있지만, 이러한 과정에서 모든 사회 관계, 자본과 욕망의 순환, 모든 위기와 갈등, 약속과 희망 등은 기호학적 환상의 백열 상태 속으로 사라져 버린다. 현대가 사물에 대한 물신 숭배로 특징지어진다면, 탈현대는

---

77) *Amérique*, p.194.

78) Brian Jarvis, *Everything Solid Melts into Signs, Jean Baudrillard(3)*, edited by Mike Gane, Sage, 2000, p.178 참조.

특권을 부여받은 기호와 이미지의 물신화를 향한 점증하는 경향을 드러낸다. 이러한 관점에서 보드리야르의 '아메리카' 지도 그리기는 탈현대 문화 전체에 걸친 명백한 경향의 절정에 이르는 듯하다. 말하자면 시뮬라시옹 속에서 질식 상태로 되기 위해 아메리카의 확실한 모든 것이 기호와 이미지로 변하고 있는 듯하다. 어떻게 보면 《아메리카》는 탈현대 신화의 종착지일지도 모른다.

III. 《아메리카》 읽기를 둘러싼 논의

《아메리카》는 보드리야르의 연구자들에 의해 폭넓게 논평되긴 했지만, 그 개념들에 대한 논의는 다소 부정적이고 서로 엇갈리는 측면들이 있다. 보드리야르의 대표적 연구자들로는 더글라스 켈너(Douglas Kellner)와 마이크 게인(Mike Gane)을 들 수 있는데, 이들의 《아메리카》 읽기는 첨예하게 대립된다. 켈너는 아메리카에 대한 보드리야르의 분석이 '터무니없다'고 지적하고, 실제로 자본주의가 미국에서 존재하지 않았다는 보드리야르의 견해가 비합리적이라고 생각한다. 그러나 여기에는 켈너가 지적하는 문제점 이상의 뜻이 담겨 있다. 왜냐하면 보드리야르는 켈너가 텍스트를 인용하는 바로 그 무렵에 미국을 자본주의의 요새라고 부르기 때문이다. 켈너는 이 특별한 책을 위한 진정한 가이드는 아닌 듯하다. 그러면 이 책은 어떻게 읽혀져야 하고 이해되어야 하는가?

보드리야르는 단순한 여행자가 아니라 여행자 그 이상이다. 보드리야르에게 여행의 매혹은 평범함을 초월하는 유혹이 되고 있다. 그러나 그는 미국 문화의 황홀경적 형태에는 관심이 없다. 그는 순수한 여행과 풍경과 속도라는 관념 속에서 무엇인가 다른 것을 발견하려고 시도한다. 실제로 이러한 시도를 통하여 현대성의 발전된 단계에서 그가 주체와 사물 사이에서 확립하는 사유가 매우 분명해진다. 이러한 사유는 그의 '아메리카' 지도 그리기 속에 자리잡는다.

《아메리카》는 기행문 형식의 에세이로서, 특히 미국 경험에 대한 유럽적 해석으로 읽혀질 수 있다. 그리고 이 책을 통해 광범위한 문화적 동질성의 상실 속에서 미국 문화의 파국이 분명하게 드러난다. 이 책은 형이상학적으로 사유하는 유럽 지식인의 노트로서, 그리고 현대성과 탈현대성의 신랄한 비판가의 노트로서 읽혀질 수 있다. 이에 반해 켈너는 이 책을 "보드리야르 자신의 환상의 초형이상학적 투영"[79]으로 읽는다. 그러므로 켈너에게 보드리야르가 분석하는 미국의 어떤 양상들은 수수께끼이며, 켈너는 미국을 그밖의 세계의 모델로 제시하는 보드리야르의 계획에 주목하지 않는다. 켈너는 이 책이 문화적 사막으로서의 미국의 불완전한 개념을 나타낸다고 지적하면서, 이 책에 담겨 있는 어떤 풍자를 인간이 '침입자'가 되고 있는 사막의 단순한 설명으로 바꾸어 놓는다. 켈너의 이러한 분석에 대해, 게인은 보드리야르 작업의 징후적 읽기를 시도하는 켈너의 논의에는 때때로 보드리야르의 사유 세계를 꿰뚫어보지 못하고 문제의 본질을 왜곡하는 측면이 있다고 비판한다."[80]

그러면 여기서 보다 구체적으로 켈너의 논의를 추적하면서 그의 견해를 살펴보자. 켈너에 따르면 보드리야르의 최종적 결론은 아메리카에서 무관심이 의미를 물리치며 아메리카는 '욕망의 종언'의 시대에 매혹할 뿐이라는 것인데, 이는 보드리야르의 '아메리카' 지도

79) *MPB*, p.170.

80) Mike Gane, *Baudrillard: Critical and Fatal Theory*, Routledge, 1991, p.179 참조(약호 *CFT*).

그리기의 최종적 실패이자 그의 사회적 분석과 비판의 실패로 간주된다. 따라서 켈너의 관점에서 보드리야르의 글쓰기는 평범하고 완전히 본질주의적인 것이 된다.

말하자면 보드리야르가 기술하는 원시성으로서의 아메리카의 개념은 민족주의적이고, 사막의 이미지는 평범하며, 사막에 여자를 제물로 바쳐야 한다는 도발적 암시는 성차별주의적이라는 것이다. 그리고 캘리포니아에 대한 보드리야르의 설명이 '레이건화되고 여피화된 것'이라고 말하면서 켈너는 자신의 아메리카 읽기를 다음과 같이 요약한다. "거기에는 어떠한 이민 노동자도 멕시코계 미국인 빈민굴도 없고, 어떠한 중앙아메리카 난민도 베트남 난민도 없으며, 심지어 어떠한 흑인조차도 없다 (…) 레이건주의를 동일한 효과로 만드는 것은 미국의 복합적 현상의 다양한 양상들을 제대로 파악하지 못하는 것이다."[81]

켈너의 이러한 혹평은 어떻게 받아들여져야 하는가? 게인은 켈너의 아메리카 읽기에는 매우 이해하기 어려운 것들이 있으며, 그의 많은 관찰들은 보드리야르의 텍스트 읽기에 의해 확증될 수 없다고 반박한다. 게인에 의하면 켈너는 징후적 읽기를 마음 내키는 대로 한다. 이는 켈너가 《아메리카》를 결코 읽지 않았다는 것을 말하는 것이 아니라 그의 읽기가 《아메리카》의 이론적 구조와 결말을 이해하지 못한다는 것을 말하는 것이다.

여기서 앞서 언급된 《아메리카》 읽기에 대한 보다 세부적이고 심층적인 논의가 필요하다고 여겨진다. 맨 먼저 보드리야르가 아메리카를 원시 문화로 이해할 때 이것을 민족주의적이라고 넌지시 말하는 것은 매우 잘못된 듯하다. 켈너는 실제로 어떠한 논거도 제시하

---

81) *MPB*, pp.171-172.

지 않는다. 마치 켈너가 '원시성'의 개념이 보드리야르에 의해 순진하고 경멸적인 방식으로 사용될 수 있다고 생각하듯이, 켈너 자신이 보드리야르의 텍스트를 읽었음에도 불구하고 이 개념 속에서 아이러니의 어떤 흔적도 발견하지 못하는 것은 매우 놀라운 일이다. 둘째, 보드리야르는 사막의 기호와 이미지가 어떤 점에서 독창적이라고 주장하지 않는다. 보드리야르가 관심을 갖는 유일한 문제는 자신이 이 기호와 이미지로 무엇을 실현하는가이다. 셋째, 사막에 여자를 제물로 바치는 것이 적절하다는 표현의 위험을 무릅쓰면서 보드리야르가 그럼에도 불구하고 켈너 같은 비평가의 일탈하는 표현의 사용을 때때로 감추기 때문에 오해를 받는 것은 분명하다. 이 점에 대해, 게인은 "켈너는 텍스트 전체를 파악하지 못했으며, 텍스트가 도달하는 아이러니컬한 결말을 완전히 파악하지 못했다"[82]고 지적한다.

그러면 보드리야르는 아메리카에서 인종적 억압을 중시하지 않는가? 미국의 인종 차별에 대해, 그는 멕시코계 미국인 노동자들의 삶의 아이러니컬한 문제를 논하면서 "그들의 땅을 훔친 미국인들"[83]에게 자각을 촉구한다. 뿐만 아니라 그는 레이건주의에 대해서도 단순히 레이건의 미소의 반영을 넘어서 위트와 풍자로 묘사한다. " '이 나라는 좋다. 나는 좋다. 우리는 최상이다.' 그것은 또한 레이건의 미소이기도 하다. 그의 미소에서 미국 국민 전체의 자기 만족은 절정에 도달하며, 또 그의 미소는 유일한 통치원리가 되고 있다."[84] 그리고 아메리카가 '실현된 유토피아'라는 아이러니는 가난한 사람

82) *CFT*, p.180.
83) *Amérique*, p.10.
84) 같은 책, p.68.

들이 존재하지 않는 것을 의미한다고 그는 말한다.

이는 분명히 보드리야르의 아이러니컬한 사유이다. 켈너 같은 비평가들은 왜 그의 이러한 사유를 파악하지 못했을까? 켈너의《아메리카》읽기는 보드리야르에 대한 켈너의 의식적 경멸을 나타내는데, 보드리야르에 맞서 그는 자제의 최소 형태, 즉 최소의 지적 엄격함도 보여주지 못한 듯하다. 게인의 주장처럼 여전히 단순한 문제들에 대한 인식이 있다면, 적어도 텍스트에 대한 적절한 평가가 있어야 한다.[85] 이제 우리는 켈너와 게인의 입장을 넘어서 무엇보다도 미국 문화를 비판적 시각으로 아이러니컬하게 읽어내고 '아메리카'의 지도 그리기를 형이상학적으로 사유하는 보드리야르를 이해하는 것이 필요하다.

IV. 결론적 성찰

보드리야르는 단순히 기존의 시각을 따르면서 미국을 여행한 유럽의 지식인이 아니었다. 그는 기행문 형식의 담론을 취하면서 그 전제들을 비판하는 방식으로 미국의 풍경과 사막과 거대도시들을 관찰했다. 그의 미국 여행은 형이상학적 사유와 이론이 담긴 비판적 실천이었다. 유럽의 전통 속에서 미국 문화는 보드리야르에게 일종의 지진과 같은 형태를 지닌 것으로 간주되었다. 말하자면 "구세계와의 단층에서 태어난 프랙탈적인 틈새기의 문화, 촉각적이고 부서지기 쉬우며 유동적이고 피상적인 문화"[86]였다. 요컨대 기호와

85) *CFT*, p.181 참조.
86) *Amérique*, p.27.

이미지에 의한 초과 실재(hyperréalité)와 시뮬라시옹의 문화였다.

보드리야르의 '아메리카' 지도 그리기, 즉 그의 미국 문화 비평은 단순히 현대주의적이지 않고 초현대주의적이다. 다시 말하면 그의 미국 문화 비평은 그 내용에서 분명하게 드러나듯이 현대주의에 저항하고 탈현대주의 혹은 초현대주의를 지향한다. 게인에 의하면 그의 미국 문화 비평은 탈현대적 축제의 일부도 아니며, 절충적이지도 않다. 게인의 이러한 견해와는 달리, 켈너는 《아메리카》 읽기를 통해 아메리카가 보드리야르의 탈현대적 축제에 불가결한 요소라고 주장한다.[87] 이 글에서는 때로는 게인의 견해를, 때로는 켈너의 견해를 부분적으로 수용하면서 탈현대적 세계로서의 미국을 분석하였다.

《아메리카》에서 분명하게 드러나듯이, 보드리야르의 미국 문화 비평은 마르크스주의적이지도 않으며, 켈너의 정통마르크스주의를 뒤엎는 사회주의적 비평을 지향하지도 않는다. 미국의 경우 마르크스주의는 유럽의 상황으로부터의 불행한 이동이라고 보드리야르는 강조한다. 보드리야르는 자신의 이론을 후기자본주의의 설명으로 이용하려는 켈너와 제임슨 같은 마르크스주의자들이 불행히도 자본주의의 발전을 후퇴시킨다고 넌지시 말한다. 확실히 미국의 상황에 단순한 마르크스주의적 분석을 적용하는 것은 매우 부적절한 듯하다. 왜냐하면 이러한 분석은 미국의 상황에 고유한 것을 파악하지 못하는 측면이 때문이다. 게인은 켈너 자신이 "습속과 심성의 깊은 아메리카"[88]를 고찰하지 못했다고 지적한다.

보드리야르는 나중에 《아메리카》에 대한 자신의 견해를 다음과

---

87) *MPB*, p.168 참조.
88)*Amérique*, p.16.

같이 밝혔다. "70년대말에 나는 이론을 넘어서 어떻게 해서든 환상적이고 놀랄 만한 사물을 발견하려고 했다. 그리고 나에게 있어서 아메리카는 순수한 상태 속의 빛과 현대성이었다. 그것은 꿈도 실재도 아니며, 초과 실재와 실현된 유토피아였다."[89] 분명히 보드리야르 자신의 '아메리카' 지도 그리기는 사물의 형태를 분석하는 보다 폭넓은 궤도 속에 자신의 글쓰기를 연결하는 것일 터이다.

보드리야르의 '아메리카' 지도 그리기가 이러한 작업을 기술하는 데 있었다는 사실을 발견하는 것은 흥미있는 일일 것이다.《차가운 기억들 I *Cool Memories I*》에는 보드리야르의 '아메리카' 지도 그리기와 글쓰기에 관한 언급이 있다. 그는 수많은 단상과 관찰들, 어느 시기의 통일성 있는 글쓰기가 존재한다고 말한다. 보드리야르에게 "작업은 모든 것이 이미 거기에 있고, 핵심을 발견하는 것이 필요할 뿐이라는 확신에서 비롯된다."[90] 이 구절은 보드리야르 작업의 본질을 내포한다. 그것이 글쓰기의 형태를 나타내기 때문이 아니라 어떤 문제를 나타내는 것처럼 보이기 때문이다.

분명히《아메리카》의 지도 그리기와 글쓰기는 쉬운 것이 아닐 터이다. 그에게 아메리카에 관한 충분한 재료들이 주어지긴 했지만 어떤 핵심을 발견하는 것이 필요했다. 이것은 적어도《아메리카》읽기의 가능한 방식을 암시한다. 말하자면《아메리카》읽기는 징후적 읽기로서가 아니라 보드리야르 자신의 사유와 글쓰기의 반영으로서, 그리고 비판적 읽기로서 행해져야 한다.《아메리카》는 문화비평의 특수한 형태인《보부르 효과 *L'effet Beaubourg*》와 유사한 측면이 있기 때문이다.

89) Jean Baudrillard, *America*, Verso, 1988, p.5.
90) Jean Baudrillard, *Cool Memories I*, Galilée, 1987, p.273.

보드리야르는 《아메리카》에서 깊이나 변증법적인 분석을 지향하기보다는 오히려 아이러니컬한 비판을 시도했다. 그는 극단적으로 전개된 현대성 혹은 초현대성으로서의 미국을 탐색하고 미국의 사회 현상을 분석하면서 미국 문화를 비평했다. 그의 미국 문화 비평은 미국의 사회 문화적 현상과 경험을 이론화하는 데 어떻게 기여하는냐에 따라 높이 평가될 수도 있고, 미국의 사회 현실을 신화화하거나 왜곡하는 정도에 따라 비판될 수도 있다.

어떤 의미에서는 보드리야르의 역설적이고 아이러니컬한 이론조차도 이론적 전망과 지도 그리기의 한 형태이다. 보드리야르가 자신의 이론적 담론을 문화적 관찰과 비평, 아포리즘과 결합하는 새로운 종류의 담론을 산출하는 것에 주목할 필요가 있다. 따라서 보드리야르의 고유한 담론이 내포되어 있는, 그리고 아이러니와 역설로 가득한 《아메리카》를 그의 글쓰기와 관련하여 비판적으로 읽는 동시에 그의 '아메리카' 지도 그리기를 형이상학적으로 사유하는 것은 《아메리카》를 이해하는 가장 바람직한 길이 될 것이다.

제4부

창조적 사유와 상상력

1. 속도를 사유하기―속도와 현대 세계

폴 비릴리오는 우리 시대의 가장 독창적인 사상가이다. 그는 철학자·도시계획전문가·건축가·문화이론가·영화비평가·군사역사가·평화전략가 등 다양한 경력을 거치면서 오늘날 새로운 테크놀로지와 미디어뿐만 아니라 현대 세계의 지배적인 요소로서의 시간·공간·속도에 관한 이론적인 글들을 발표하고 있다. 사실 들뢰즈와 가타리가 《천 개의 고원》에서 이미 지적했듯이, 그의 이론적인 글들과 텍스트들은 아주 중요하며 정말 독창적이다. 무엇보다 그는 시간과 공간과 속도 속에 포함되는 것을 통해서 현대 세계를 이해하는 데 전념하고 있다. 그는 보기 드물게 ‘속도의 정치 이론’과 ‘기술의 철학’을 끊임없이 추구한다.

어떻게 보면, 비릴리오가 구축하는 속도의 정치 이론은 손자가 《손자병법》에서 제시한 전쟁의 원리들을 정치적 사유의 특정한 영역에, 그리고 현대 사회의 특정한 영역에 적용한 것이라고 해석될 수 있다. 속도·정치·전쟁·기술의 문제를 둘러싸고 전개되는 비릴리오의 철학적 사유에는 그의 특유한 논증 방법이 있다. 그는 우리가 무의식적으로 혹은 자연스럽게 받아들이던 속도·정치·전쟁·기술 개념들이 질주학적으로 구성되어 왔으며, 가속화의 논리에 추동되어 왔다고 주장한다. 그에 따르면 우리가 속도의 세계에 진입하는 것이 바로 속도의 정치학이라 불리는 영역에 진입하는 것과 마찬가지라는 것이다.

비릴리오는 '미래의 고고학'이라고 특징지을 수 있는 독특한 방법론을 통해 속도의 정치 이론이 부각시킨 현대 사회의 문제에 천착한다. 비릴리오에게 미래의 고고학은 어떤 의미를 지니는 것일까? 그에게 미래의 고고학자가 된다는 것은 우리 시대의 정치적 발전과 기술적 진보를 탐구한다는 것과 관련이 있다. 이는 비릴리오가 우리와 세계와의 관계를 조직하는 속도의 정치와 기술의 잠재성을 끊임없이 연구하기 때문이다. 따라서 미래의 고고학을 탐구하는 그의 방법론은 속도의 정치적 본성과 기술의 지배를 파악하는 데 크게 도움이 될 수 있을 것이다.

다시 말해서 현대 세계와 속도의 관계를 분석하는 비릴리오의 통찰력과 상상력은 현대 문명을 읽어내는 새로운 관점을 제공할 수 있을 것이다. 그러면 비릴리오의 사유 세계에서 일관된 중요한 문제인 속도의 문제와 관련하여 그의 속도의 정치 이론은 어떤 논리적 근거로 구체화되고 있는가? 현대 세계에서 새로운 기술의 발전이 사고를 초래함에도 불구하고, 기술의 진보가 곧 속도의 진보라는 비릴리오의 견해는 우리로 하여금 속도와 기술의 상관 관계를 다각적으로 분석하게 한다. 현대 세계에서의 속도와 정치, 속도와 기술에 대한 비릴리오의 사유는 여전히 현대 문명을 둘러싼 논쟁을 끊임없이 자극할 수 있을까?

I. 속도의 정치 이론

비릴리오는 현대 세계를 속도의 정치 이론으로 설명한 독창적인 이론가이다. 비릴리오에게 있어 현대 세계에서의 속도와 정치의 관계는 대단히 문제적이다. 속도와 정치의 관계에 대한 그의 문제 의식은 전통적인 이론과 사유의 틀로는 설명되지 않는 현대 사회의 영역을 새로운 방식으로 탐구해야 할 필요가 있음을 알려준다. 오늘날 속도·정치·전쟁·기술·가속화 등으로 요약되는 현대 사회의 변화 양상은 인간의 존재 양식에 적지않은 영향을 끼치고 있으며, 미래의 정치·사회적 변용을 예측 불가능한 상황으로 몰고 가기 때문에 비릴리오는 자신의 상상력을 통해 속도와 정치의 관계, 속도와 기술의 관계를 규명하는 이론적인 탐구를 늘 모색하고자 했다. 그리하여 속도와 정치, 속도와 기술에 관한 그의 이론적 작업은 세계를 바라보는 관점을 바꾸는 것, 다시 말해서 정치를 변화시키는 것에 초점을 맞추었다.

오늘날 비릴리오는 현대 이론에서 분명히 중요한 한켠을 차지한다. 왜냐하면 비릴리오의 속도의 정치 이론은 '현대=속도의 시대'로 이해될 정도로 엄청난 영향력을 지니고 있기 때문이다. 실제로 현대 이론에서 속도의 정치 이론에 관한 담론들은 흔히 우리가 새로운 현대 사회 혹은 새로운 패러다임 속에 살고 있다는 생각으로부터 파토스와 반향을 얻고 있다. 따라서 현대 사회에서 비릴리오의 속도의 정치 이론은 현대 이론의 핵심적 요소가 될 수 있다.

비릴리오의 속도의 정치 이론은 그의 여러 저서들《속도와 정치》《동력의 기술》《탈출 속도》《정보과학의 폭탄》 등에서 그 흔적과 아우라가 발견된다. 이렇게 그의 속도의 정치 이론은 그의 이론과 사상에서 지배적인 양상을 띠고 있다. 여기서 우리는 그의 속도의 정치이론을 구성하는 핵심적 개념들에 주목할 필요가 있다. 그의 이론의 핵심적 개념들은 속도·정치·전쟁·기술·가속화인데, 현대 세계를 분석하기 위해 그는 속도의 개념과 다른 개념들(정치, 전쟁, 기술, 가속화) 사이의 관계에 관심을 집중시킨다. 이 점을 고려해 본다면, 비릴리오의 이론을 이해하기 위해서는 무엇보다도 현대 세계와 속도의 관계를 고찰하는 것이 선행되어야 한다. 보다 구체적으로 말하면 현대 세계에서 속도는 어떤 양상을 띠고, 어떤 작용을 하며, 어떤 결과를 초래하는가에 초점을 맞추면서 속도가 행사하는 영향력과 지배력, 즉 속도의 정치학을 분석하는 것이 필요하다.

그러면 속도의 정치 이론이 생겨나는, 현대 세계와 속도의 관계는 비릴리오에게 어떻게 나타나고 있는가? 《속도와 정치》에서 비릴리오는 현대 세계에서 가속화된 속도, 기술의 영향력 및 그 효과를 기술하려고 시도한다. 그는 속도의 역할, 도시적·사회적 생활, 전쟁, 의사소통 등의 다양한 양상 속에서의 속도의 중요한 기능에 대해 물음을 제기한다. 그는 현대 세계에서는 속도의 기술과 권력이 도시를 대신하게 되었으며, 정치의 공간이 기술의 힘에 의해 침범당했다고 주장한다. 어떻게 보면 그의 이러한 주장은 속도의 역할이 문명의 조직과 정치에서 매우 중요하며, 또한 속도가 권력의 생산에 결정적이라는 사실과 관련이 있다.

만약 현대 세계에서 속도가 어떤 임계점을 넘어서면, 정치적 의사 결정은 어떻게 되겠는가? 정치적 의사 결정은 믿을 수 없을 만큼 짧은 순간에 이루어진다. 가령 핵무기 시대에 이루어진 군비 축소는 정치적 의사 결정의 자동화라는 위험에 얽혀 있다. 여기서 위험이란 오로지 전자 장치에 의해서만 운영되는, 정치적 행위 능력이 전혀 부재한 상태로 작동하는 핵무기의 발사를 의미한다. 의사 결정의 자동화를 보여주는 월 스트리트 시스템이라는 또 다른 예를 들어 보자. 인간의 도움 없이 실시간으로 기능하는 자동 시스템 장치는 더 이상 함께하지 않는 의사 결정의 문제를 제기한다. 이는 바로 속도가 권력의 근본적인 요소가 되고 있는 이유이다. 비릴리오에게 속도는 권력 그 자체이며, 속도와 권력은 분리될 수 없다. 다시 말하자면 속도의 문제는 곧 근본적인 정치적 문제가 되고 있다.[1]

사실 비릴리오는 권력의 구조에 영향을 미치는 속도의 효과를 지속적으로 연구한다. 그의 견해에 따르면 새로운 유형의 정보 무기의 등장은 문명의 세계화를 동반하게 되었는데, 도시들의 복합체로 구성된 세계 도시의 탄생이 목격된다는 것이다. 이 모든 것은 정치, 아니 적어도 정치의 차원을 전복하려고 위협한다. 속도와 권력을 통해 전쟁과 관련된 모든 것은 정치의 차원과도 관련이 있다. 군사적 폭력, 즉각적인 정보와 통신 속에서 증가된 속도가 정치적 행위인 정치적 의사 결정을 축소함으로 인해 정치는 속도의 논리를 따른다. 따라서 속도와 전쟁은 정치의 토대를 침식한다. 속도의 기술이 정치적 의사 결정을 대신하기 때문이다. 이제 현대인은 정치 전반의 급진적 변화라는 시대를 살아가고 있다. 시간의 정치학에 자리를 내주며 소멸하고 있는 지정학의 위기가 눈앞에 펼쳐지며, 실시간의 정치학이 실재 공간의 정치학을 지배하기 시작한다. 이는 바로 공간의 정치학으로부터 시간의 정치학으로의 전환을 나타낸다.

《속도와 정치》에서 비릴리오가 보여준 속도 이론은 질주학(dromologie),[2] 즉 질주의 논리가 거쳐 온 혁명적·정치적·사회적 발전과 기술적 진보를 드러냄으로써 그 논리 자체를 해체하고 있다. 그의 급진적인 속도 정치는 현대 세계의 흐름 및 구조적 상황, 그리고 무엇보다도 현대 세계의 정치적 상황에 상당한 영향을 끼친 도시적·지리적 갈등과 전쟁의 양상을 드러내 보여준다. 그는 이러한

1) Steve Redhead, *Paul Virilio: Theorist for an Accelerated Culture*, University of Toronto Press, 2004, p.43 참조.

상황을 다음과 같이 설명한다. "공간의 전쟁이 가져온 포위 상태가 시간의 전쟁이 가져온 비상 사태로 바뀌는 데는 고작 몇십 년밖에 걸리지 않았다. 이 기간 동안 정치인들이 이끌던 정치적인 시대는 국가 장치에 의한 비정치의 시대로 대체되었다."[3]

비릴리오의 시각에서 현대 세계의 전쟁 기계는 기술적 진보가 테크놀로지를 군사적 형태와 정치적 지배로 돌려 놓는 상황을 초래한다. 이 전쟁 기계는 누가 정보·통신·파괴의 수단을 통제하든간에 지배적인 사회적·정치적 힘이 된다. 이제 우리는 대량 파괴 무기가 대량 학살을 초래할 수 있는 현대 세계에서 '속도의 기술'의 위협을 받고 있다. 여기서 비릴리오는 우리에게 속도를 둘러싼 여러 문제들을 제기하면서 여태껏 전례를 찾아볼 수 없을 정도로 급변한 세계를 보여주려고 한다.

그러나 이 경우 비릴리오의 입장은 정치와 전쟁에서 속도가 차지하는 역할을 다룬 손자의 전술론을 어느 정도 수용한다는 것이다. 사실 비릴리오는 속도가 정치나 전쟁과 관계를 맺는 근원을 철학적으로 설명하려고 시도한다. 그리하여 그는 "전쟁의 문제란 속도의 문제로 요약될 수 있기 때문에 현대 세계의 상황을 다루기 위해 속도의 조직화와 생산을 다룰 수 있는 방법을 구축해야 한다"[4]고 주

---

2) 비릴리오의 드로몰로지(dromologie) 개념은 흔히 '속도학'으로 번역되고 있으나 드로몰로지의 접두어인 그리스어 'dromos/δρòμοs'가 '경주(장), 달리는 행위, 민첩한 움직임'이라는 뜻을 지니고 있음을 고려하여 '질주학'으로 옮긴다. 그러므로 드로몰로지는 '속도의 논리'라기보다는 오히려 '경주(질주)의 논리'를 뜻한다. 사실 비릴리오는 속도를 둘러싼 은유를 많이 사용하고 있지만, 그의 논의의 핵심은 속도 그 자체라기보다는 속도를 둘러싸고 벌어지는 일종의 경쟁과, 그로 인한 역사의 '가속화'에 있다. 따라서 드로몰로지는 속도라는 개념으로 역사를 다시 쓰는 또 다른 학문적 담론이기 이전에 속도를 사유하고, 속도에 맞서 저항을 사유하는 정치학으로 간주될 수 있을 것이다. (폴 비릴리오, 《속도와 정치》, 이재원 옮김, 그린비, 2004, pp.207-271, p.289 참조.)

3) Paul Virilio, *Vitesse et Politique, Galilée*, 1977, p.45.

장한다. 그러나 비릴리오는 전쟁에서 속도와 정치가 차지하는 역할을 다룬 손자의 이론을 뛰어넘는다. 그는 미래의 고고학이라 특징지을 수 있는 독특한 방법론을 통해 속도의 정치 이론을 부각시킨다. 비릴리오가 보여주는 방법론의 주요 목적은 다가올 미래에 과학 기술에 의한 속도의 가속화가 어디에서 발생할 것인지를 나타내는 징후들을 식별하는 것이다.

따라서 그의 방법론은 과학기술에 의한 속도의 가속화가 초래할 수 있을 유해한 결과나 파국, 즉 현재로서는 식별할 수 없는 결과나 파국을 드러내려고 한다. 비릴리오는 최근 이렇게 말한 바 있다. "저는 곧 있을 법한 파국을 내다보는 일종의 전망경이 되려고 노력하고 있습니다."[5] 이렇게 그는 현대 세계의 경향을 예측하고 증폭시키려고 한다. 실제로 그가 꿈꾸는 방법론은 현재와 미래를 동시에 포착하는 것이다.

II. 삶과 사유의 원천: 전쟁

비릴리오는 이탈리아인 아버지와 브르타뉴인 어머니 사이에서, 1932년 파리에서 태어났다. 그는 전쟁의 산물이자 전쟁의 피해자였다. 1939년 제2차 세계대전이 발발하자 어머니의 친척집이 있는 낭트로 피난을 갔던 그는 그곳에서 두 차례에 걸쳐 전쟁의 결정적인 경험을 했다. 처음에는 그는 독일군의 스펙터클한 폭격을 보았다. 그것은 마치 걸프전의 생방송을 보는 느낌이었다. 비릴리오의

---

4) Paul Virilio, *Vitesse et Politique, Galilée*, 1977, p.46.

5) Paul Virilio, 'Crepuscular Dawn,' interview with Sylvère Lotringer, Serniotext(e), 2002, p. 10.

관점에서 보면, 그것은 속도에 대한 중요한 경험이었다. 속도는 무엇보다도 완전한 놀라움, 즉 현실과 일치하지 않는 어떤 정보이다. 왜냐하면 정보는 현실보다 더 빨리 나아가기 때문이다.

또 다른 경험, 즉 1942년과 1943년에 낭트를 파괴하는 폭격의 경험은 전율을 느끼게 했다. 단 한번의 폭격으로 모든 것이 사라져 버렸고, 지평선만이 보였다. 아이의 관점에서 보면 도시는 영원한 것인데, 갑자기 도시가 어떤 무대처럼 무너져 버린 것이다. 이때 비릴리오는 죽음과 비극적 사건보다는 자신이 '사라짐의 미학'이라고 불렀던 것, 즉 '소멸의 측면'에 민감한 반응을 보였다. 그것은 기술의 완전한 힘, 기술의 전쟁, 기술의 지배인 동시에 현실·삶의 현실·도시의 어떤 구역을 사라지게 하는 것이었다. 비릴리오는 전쟁의 이 스펙터클, 편재하는 강력한 테크놀로지의 이 스펙터클에 완전히 익숙해졌다. 그가 세 가지 요소들(도시·전쟁·기술)에 대해 지녔던 관심은 어느 순간에 이 폐허된 도시에서 비롯된 것이었다. 이렇듯 유년 시절의 비릴리오의 경험은 전쟁의 전체주의적 특성에 대한 경험이었다. 그것은 말하자면 전격전(Blitzkrieg), 놀라움의 전쟁, 라디오와 영화에서 엿볼 수 있는 미디어 전쟁, 대량 파괴의 전쟁과 같은 것이었다. 이러한 경험은 실제로 그의 사유를 형성하는 계기가 되었다.

비릴리오에게 전쟁은 그의 삶과 사유의 원천이 되었다. 전쟁은 그의 아버지인 동시에 어머니였다. 어떻게 보면 전쟁은 한 인물을 비극적 사건으로 몰아넣는 특성을 지닌다. 그러나 전쟁 이후, 어떤 방식으로든 그는 비극적 사건을 체험하지 않았다. 그렇다고 해서 비릴리오의 삶과 사유를 형성했던 모든 것은 전쟁중에 이루어졌던 것만은 아니다. 전쟁 이후의 그의 삶과 사유 역시 그의 지적 형성 과정과 밀접한 관련이 있다.

제2차 세계대전이 종식되자 비릴리오는 대서양 바다에 깊은 관심을 가졌다. 그는 대서양 바다의 끝없는 지평선과 파크(Pâques) 섬의 조상(彫像)에 필적할 만한 기이한 대상들에 흠뻑 매료되었다. 비릴리오 자신의 말처럼 이 끝없는 지평선과 기이한 대상들이 없었다면, 그는 결코 건축 공부를 하지 못했을지도 모른다. 대서양의 군사적 공간과 영토, 특히 대서양 장벽(제2차 세계대전 때 나치가 연합국의 공격을 저지하기 위해 프랑스의 해안을 따라 건설한 1만 5천여 개의 벙커들)을 탐구하기 위해 비릴리오는 대서양 해안을 따라 항해하면서 이 모든 대상들의 일람표를 만드는 데 약 10년의 세월을 보냈다. 요컨대 그는 헤겔이 말하는 '미적 총체성'을 이해하려고 애쓰면서 전쟁의 공간을 연구했다. 그리하여 그는 벙커들의 건축을 요구하는 사각(死角), 사격장의 은폐, 지각의 문제들을 통해 전쟁의 영토, 전쟁의 풍경, 전쟁의 기능주의적 논리, 탄도학에 관심을 갖게 되었으며, 모든 영토의 구성을 이해하게 되었다.

1968년 이후, 비릴리오는 두 권의 책을 저술했다. 첫번째 책은 벙커들에 관한 책《벙커의 고고학 *Bunker archéologie*》(1975)인데, 비릴리오의 관점에서 보면 총력전을 통해 순수한 상태에서 기술의 성과를 나타내는 공간으로서의 군대 공간이 무엇인지를 보여주는 책이다. 두번째 책은《불안정한 영토 *L'Insécurité du terriroire*》(1976)인데, 이 책은 전쟁이 존재한다는 것뿐만 아니라 기술이 영토와 지정학(여기서 지정학은 인간의 지정학뿐만 아니라 영토를 형성하는 기술 수단의 지정학을 의미한다)을 규정한다는 것을 보여주었다. 사실 비릴리오의 관점에서 보면, "영토는 운송·교통·교환의 기술에 의해 구성되며, 이러한 기술에 의해서만 존재한다. 영토는 토지가 아니다."[6]

《벙커의 고고학》과 《불안정한 영토》는 비릴리오의 뿌리에 해당한다. 특히 《불안정한 영토》는 불안정한 영토의 특성을 극명하게 보여준다. 비릴리오에 따르면, 기술은 영토를 불안정하게 만들고 범위와 지속으로서의 영토를 위협한다. 더욱이 기술은 영토를 축소한다. 그것이 몇 분 안에 낭트를 휩쓸었던 독일군 탱크의 기술이든 예상하지 못한 순간에 폭격을 가한 비행기의 전격전이든 간에 말이다. 이렇게 영토는 기술에 의해 축소되고 불안정한 것이 된다. 현대의 기술, 초고속 기술, 전격전, 미래 지향적 전쟁은 토지와 정착을 사라지게 할 뿐만 아니라 영토를 불안정하게 만든다. 기술이 발전할수록 영토는 더욱더 바뀌고 축소된다. 속도의 문제가 중요하다. 왜냐하면 전쟁에는 본질적인 두 요소, 즉 놀라움과 빠른 속도가 존재하기 때문이다. 전쟁은 국가들간의 대결이나 사람들간의 대결만은 아니다. 그것은 테크놀로지에 의한 공격이다. 그것은 동시에 어떤 기술에 의해 형성되었다가 다른 기술에 의해 파괴된 영토 형태의 패배이다. "기술은 다른 영토를 만들기 위해 어떤 영토를 파괴한다. 그래서 영토는 항상 불안정하다."[7]

비릴리오의 관점에서 보면, 전쟁의 필요성 같은 것이 존재한다. 그는 '전쟁은 모든 것의 원천이다'라는 헤라클레이토스의 말을 즐겨 인용한다. 비릴리오는 전쟁을 체험했다. 사실 20세기는 냉혹한 세기이자 총격전의 세기였다. 그에 따르면 "전쟁은 영속적이다. 그것은 전투에 의한 전쟁을 행한다는 점에서는 영속적이지 않지만, 전쟁을 준비한다는 점에서는 영속적이다."[8] 사람들은 앞으로 다가올

---

6) Paul Virilio, *L'insécurité du territoire*, Galilée, 1976, p.58.

7) 같은 책, p.68.

8) Paul Virilio, 'Une guerre non-conventionnelle,' *Transversales 14*, 1992, pp.4-6.

전쟁의 파괴 양식에 대해 말하지 않고서는 생산 양식·산업적 발명·과학·수공업 등에 대해 말할 수 없다. 비릴리오의 관심을 끌고, 비릴리오가 '순수 전쟁'이라고 부르는 전쟁은 전쟁의 선전 포고보다는 전쟁의 발전에 있다.

1950년 이후로 전쟁의 현상이 줄어들고 있고, 사람들이 세계 전쟁을 체험하지 못한 것은 사실이다. 이는 사람들이 절대 무기인 핵무기를 발명하고, 핵억지를 생각해 내었기 때문이다. 베를린 장벽의 붕괴는 핵억지의 종말이다. 오늘날 우리는 제3의 무기 체제 안으로 들어가고 있다. 이 제3의 무기는 도시의 성벽과 함께 무너져 버린 진로 방해 무기나, 핵폭탄이라는 대량 파괴 무기로 완성된 파괴 무기가 아닌 '통신의 무기,' 다시 말해서 '지각의 무기'이다. 위성·도청 수단·경보 시스템은 너무도 강력하고 세계 주위의 순환 속에서 너무도 편재하기 때문에 억지는 '시각'에서 생겨난다.

비릴리오의 견해에 따르면, "핵억지는 비전쟁, 아니 오히려 순수하게 되어 버린 전쟁"[9]이다. 다시 말하면 전쟁이 사용하지 않는 수단들을 산출해 내는 데 만족하는 전쟁이다. 사실 순수 전쟁은 군산복합체(complexe militaro-industriel)라고 불리는 것 속에서 명백하게 드러난다. 핵억지가 사용할 수 없는 무서운 폭탄의 발명과 관계 있는 것이 아니라 핵운반 수단·탐지 수단·무기 체제·군사 기지·경보 수단의 끊임없는 개선과 관계 있기 때문이다. 핵억지와 함께 전쟁은 자체의 과학적 준비 속으로 이동하고 있다. 그렇지만 핵무기의 확산은 핵억지를 사라지게 한다. 핵억지는 따라서 이중의 거래와 같다. 모든 잠재적인 적들을 견제해야 하는 순간부터 더 이상 핵억지는 존재하지 않는다. 이것은 미래의 중대한 정치적 쟁점들 중의 하

9) Paul Virilio, *L'Ecran du désert: chroniques de guerre*, Galilée, 1991, p.76.

나이다. 핵억지 같은 무엇인가가 여전히 가능할 수 있을까?

보드리야르는 '걸프전은 일어나지 않았다'라고 다소 비유적으로 주장했다. 그러나 비릴리오는 보드리야르가 주장한 견해에 동의하지 않는다. 비릴리오의 시각에서 보면, 보드리야르의 이러한 견해는 '수용소는 존재하지 않았다'라고 주장한 포리송과 같은 제스처에서 나온 것이다. 수십만 명의 희생자를 낸 전쟁이 일어나지 않은 것처럼 할 수는 없다는 것이다.

사실 걸프전은 핵억지 이후의 첫번째 전쟁이다. 그것은 전통적 전쟁의 역사를 다시 쓴다고 말할 수 있다. 전쟁을 존재하게 하는 것은 무엇보다도 사용되는 힘의 규모이다. 걸프전에서 무기들, 즉 파괴나 지각의 무기들의 기술적 집중은 세계 전쟁의 규모에 도달했다. 걸프전은 축소된 세계 전쟁이다. 그것은 세계적으로 대처했고, 국지적으로 발생했다. 그것은 원격 조종된 전쟁, 축소된 대규모 전쟁, 핵전쟁의 모든 수단들을 동원한 전쟁이었다.

비릴리오는 걸프전에 대해 이렇게 설명한다. "걸프전은 축소된 세계 전쟁이었다. 그것은 정보뿐만 아니라 미사일과 위성의 즉각성의 세계 시간 속에서 세계적이었다. 그러나 그것은 국지적인 면에서 놀랄 정도로 협소했다. 따라서 그것은 실시간으로 행해진 최초의 세계 전쟁이다. 그것은 새로운 세계화(mondialisation)라는 이 시간 압축과 관련이 있었다."[10]

걸프전은 실제로 일어났을 뿐만 아니라 또한 역사적 단절을 나타낸다. 그것은 새로운 억지——통제 무기의 억지——로 지평을 확장한다. 그것은 움직이는 모든 것과 존재하는 모든 것을 즉각적으로 파악하는 어떤 시스템의 상승을 나타낸다. 그것은 바로 별들의

10) John Armitage, *From Modernism to Hypermodernism and Beyond*, Sage, 2000, p.104.

전쟁이다. 별들의 전쟁은 로켓을 폭발시키는 레이저가 아니라 모든 행위의 지각적 통제이다. 별들의 전쟁은 '지각의 병참술' 속에 있다. 사실 전쟁은 '시선'을 거친다. 즉 목표물의 위치를 포착하고, 겨냥하고, 지정하고, 탐지한다. 통신의 무기들은 모든 행위를 꼼짝 못하게 하는 정보 자료 선취 시스템을 궤도에 올려 놓는 것이다. 자신이 발견되었다는 사실에 의해, 그리고 자신의 모든 행위와 자신의 비행기까지도 포착되었다는 사실에 의해 꼼짝 못하게 된 적은 달아날 수밖에 없으며, 더 이상 활동을 개시할 수 없게 된다. 그것이 바로 새로운 억지이다. 다시 말하면 '감시에 의한 활동의 마비'이다.

비릴리오의 견해에 따르면, 전쟁은 종식되지 않는다. 전쟁이 역사의 일부를 이루기 때문이다. "역사의 기원은 바로 전쟁의 이야기이다. 전쟁은 역사의 일부를 이루고, 전쟁은 다시 일어난다. 사람들이 어디에선가 전쟁을 막으면, 전쟁은 다른 곳에서 일어나려고 한다. 그리고 전쟁은 사라져 간다."[11] 우리는 핵억지와 함께 국제 전쟁, 세계 전쟁, '대규모 전쟁'을 막았다. 전쟁은 다른 곳에서 일어나려고 할 것이다. 오늘날 새로운 무기들은 소형화된 무기들이다. 핵억지가 실행되고 있는 동안 핵연구소들은 핵무기의 운송을 가능하게 하려고 애썼다. 대량 파괴 무기들은 소형화되었고, 따라서 운송이 가능하게 되었다. 대량 파괴 무기들이 이러한 양상을 띠는 순간부터 누구라도 그것들을 사용할 수 있게 되었다. 따라서 어느 날 핵무기에 의한 테러나 '사고(accident)'가 발생할 수 있을 것이다.

---

11) Paul Virilio, *Guerre et cinéma 1: logistique de la perception*, l'Etoile, 1984, p.113.

III. 사고와 기술, 사고와 속도

비릴리오는 《탈출 속도》를 포함한 자신의 여러 저작들에서 특히 '사고'에 대해 깊이 논의하고 있다. 그러면 그에게 있어서 사고는 구체적으로 무엇을 의미하며, 특히 '기술'과 '속도'와 관련하여 어떤 양상으로 나타나고 있는지 살펴보기로 하자.

비릴리오의 관점에서 보면, 기술을 발전시키려면 대처해야 할 것이 존재한다. 기술적 대상을 발명하는 것은 특수한 사고를 처음으로 낳는 것이다. 배를 발명하는 것은 난파를 발명하는 것이고, 열차를 발명하는 것은 탈선을 발명하는 것이다. 마찬가지로 비행기를 발명하는 것은 추락을 발명하는 것이고, 전기를 발명하는 것은 감전사를 발명하는 것이다. 이렇게 기술에 대한 비판으로서 비릴리오의 관심을 끄는 것은 사고의 특수성을 찾아내는 것이다.

네트워크·인터넷과 다른 것들의 새로운 기술은 일반적으로 같은 종류에 속한다. 이 새로운 기술은 특수한 사고를 낳는다. 이 사고는 눈에 띄지 않는다. 왜냐하면 사망자가 없고, 찢긴 신체도 부서진 철판도 보이지 않기 때문이다. 어떤 기술에 의해 사고를 폭로하는 것은 기술의 발전을 가능하게 하는 것이다. 따라서 기술은 사고를 전제로 한다.

비릴리오는 대개의 경우 사건을 지칭하기 위해 '대재앙'이라는 용어가 아닌 '사고'라는 용어를 사용한다. 그는 '사고'라는 용어에 대해 이렇게 설명한다. "사고라는 말은 철학적인 면에서 실체와 대조적으로 쓰이는 장점을 지닌다. 대재앙이라는 말은 나에게는 과장된 것처럼 보인다. 탈선은 철도공사 현장 감독에 의해 계획된 것이 아니며, 하물며 열차의 기관사에 의해 계획된 것도 아니다. 사고는 예고 없이 발생한다. 실체가 필연적인 데 반해, 사고는 상대적이고 우발적이다."[12]

오늘날 사회는 사고에 대해 강박관념을 갖고 있다. 사회의 역사는 가속화의 양상을 띤다. 다시 말하면 물리적 이동과 운송의 가속화, 통신 혁명과 함께 정보의 가속화, 사고의 가속화와 증가의 양상을 띤다. '자동 사고'가 존재한다. 예를 들어 배·기차·자동차·비행기는 모두 다 '자동적'이다. 원격 통신·재택 근무·탈국지화에 의한 시청각 사고도 존재한다. 역사의 가속화가 실현되면서 사고가 증가한다. 이는 사고(진화하는 사고)의 진보와 떼어 놓을 수 없는 변화의 진보이다. 처음에는 사람들은 철도 사고에 의해, 자동차나 트럭의 충돌에 의해, 비행기 추락에 의해 신체가 박살났다. 오늘날에는 눈에 띄는 죽은 사람들이 아닌 아무도 원치 않는 사람들이 존재한다. 사람들은 세계의 도처에서 즉각적으로 일을 지시할 수 있기 때문이다. 대량 실업은 어떤 방식으로든 원격 통신에 의한 사고의 형태이다.

물론 이런 유형의 사고는 거의 계획된 것이라고 말해질 수 있다. 그러나 일반적으로 사고는 힘의 의지(힘·자본주의·권력을 조작하는 사람들의 힘의 의지)의 일부를 이룰 뿐만 아니라 '기술의 힘'의 일부를 이룬다. 거기에는 기술을 이용하는 사람들의 힘만이 있을 뿐이다. 기술의 고유한 힘이 존재하는 것이다. 비릴리오가 전쟁 동안 놀라운 모순 속에서 체험한 것은 바로 기술의 이 고유한 힘이다.

사실 사고에 맞서 싸우려면 안전 프로그램과 사유를 발전시켜야 한다. 우리는 사고의 소멸에 대한 꿈이나 계획을 지닐 수 있을까?

12) Paul Virilio, *L'accident originel*, Galilée, 2005, p.129.

비릴리오는 "사고는 진보의 숨겨진 면이다. 완전한 진보는 존재하지 않는다. 경제적 영역에서이든 과학적·기술적 영역에서이든 진보는 오직 상대적일 뿐이다. 자신의 환영(幻影)을 갖지 않는 진보란 없다. 사고는 진보에 대한 환영이다"[13]라고 말한다. 그러나 진보는 당연히 사고를 수용해야 하는가? 비릴리오의 관점에서는 당연히 그렇다.

어느 인터뷰에서 비릴리오는 "기술의 힘의 기초가 되는 속도의 발전과 함께, 사람들은 특수한 사고·국지화된 사고에서 일반적 사고·세계적 사고의 가능성으로 옮겨갔다. 다시 말하면 공간과 시간의 총체성과 관계 있는 사고·비길 데 없는 사고·믿어지지 않는 사고의 가능성으로 옮겨갔다"[14]고 말했다. 여기서 우리는 비릴리오가 '속도의 정치'를 '사고' 개념이라는 방정식에 도입하는 것을 주목할 수 있을 것이다. 만약 우리가 '사고는 (기술) 진보의 숨겨진 면이다'라는 비릴리오의 견해를 수용한다면, 여기서 고려되어야 하는 것은 사고에 대한 속도의 역할과 우월함, 속도의 제한과 제한 속도 위반의 처벌일 것이다.

사실 19세기의 통신 혁명을 수반하는 가속화와 함께 많은 사고들이 갑자기 증가했으며, 복잡한 방식들이 항공·철도·고속도로의 교통을 통제하기 위해 발명되었다. 최근 통신과 텔레매틱스의 혁명과 함께 가속화는 물리적 한계, 즉 전자파의 절대 속도에 도달했다. 따라서 특수한 지역에서 발생하는 국지적인 사고의 위험보다는 오히려 이러한 테크놀로지에 의해 관계되는 대부분의 사람들에게 영향을 미칠 수 있을 일반적 사고·세계적 사고의 위험이 존재한

---

13) Paul Virilio, *L'accident originel*, Galilée, 2005, p.89.

14) Paul Virilio, 'Vitesse, guerre et vidéo,' entretien avec François Ewald, *Le Magazine littéraire*, 1995, p.101.

다. 사실 이런 종류의 대재앙에 의해 원거리 통신의 상호 작용은 서투르게 관리된 방사능에 의한 참담한 결과나 증권 대폭락을 초래할 수 있을 것이다.

비릴리오의 견해에 따르면, '사고'의 본질은 그 결과로서 속도와 그밖의 모든 것을 변화시킨다. "사람들이 최근 목격하고 있는 정보 혁명은 세계적 사고의 시대의 도래를 알린다. 예전의 사고들은 공간과 시간 속에 자리잡았다. 즉 기차의 탈선 사고가 파리나 베를린에서 발생했으며, 비행기가 추락할 때 런던이나 세계의 어디에서나 발생했다. 이전 시대의 대재앙은 실제 공간 속에 자리잡고 있었지만, 이제 빛의 절대 속도와 전자파의 출현과 함께 세계적 사고의 가능성은 전 세계에 동시에 일어날 수 있을 어떤 사고로 시작될 것이다."[15]

실제로 사고나 대재앙을 둘러싼 명백한 불안이 존재한다. 이러한 위협은 생태학자들의 존재 이유가 된다. 일반적 사고·세계적 사고는 생태학자들에 의해 예고된다. 비릴리오는 '녹색' 생태학에 대립되는 '회색' 생태학에 대해 말하면서 일반적 사고·세계적 사고를 달리 도입하려고 애쓴다. 녹색 생태학은 실체론적 생태학이다. 즉 동물상, 식물상, 삶의 질을 연구하는 생태학이다. 그러나 타자와 관련하여, 세계와 관련하여 거리와 간격의 생태학을 위한 자리가 존재한다. 이제 원거리 통신에 의한 극도의 근접이 초음속 통신 수단에 의한 속도의 극단적인 한계를 대신하는 오늘날, 녹색 생태학 옆에서 회색 생태학을 새로 만드는 것이 바람직하지 않을까? 상호 접속되는 인텔리전트 '도시의 무더기들'에 의한 회색 생태학은 세계를 다시 개혁할 수 있기 때문이다. 따라서 자연의 생태학(녹색 생태학)에 운송과 통신의 인위적 기술의 생태학(회색 생태학)을 덧붙이는

15) Paul Virilio, *La vitesse de libération*, Galilée, 1995, p.78.

절박함이 생겨난다. 물론 "인위적 기술의 생태학은 글자 그대로 지구물리학적 환경이 지니는 규모의 범위를 이용하고, 그 범위를 파괴한다."[16]

비릴리오는 지구물리적 환경에 대해 이렇게 말한다. "환경은 영토가 아니다. 사람들은 환경의 요소들을 연구하고, 직면하는 일반적 사고를 고려해야 한다."[17] 이것이 바로 회색 생태학의 역할이다. 시간 압축 속에는 원거리 통신의 탈선, 즉 잠재적 사고가 존재한다. 오늘날 이러한 잠재적 사고, 즉 일반적 사고의 많은 조짐과 징후들이 나타나고 있다. 일반적 사고는 실시간의 벽, 즉 상대성 이론에 의한 한계속도(초속 30만km)의 벽과 충돌할 때 돌발하는 사고이다.

정보 혁명이 비릴리오 자신에게 많은 영향을 미치지 못했다는 사실에도 불구하고(그는 드물게 인터넷을 사용할 뿐이며, 때때로 텔레비전을 보는 것을 거의 포기했다), 그는 자신이 "사이버스페이스를 새로운 형태의 전망"[18]으로 간주한다고 말했다. 비릴리오의 관점에서 보면, 특히 사이버스페이스를 통해 역사는 세계 시간(실시간)의 벽에 부딪쳤다. 이 경우 직접적인 통신과 함께 현지 시간은 더 이상 역사를 창조하지 않으며, 세계 시간은 비길 데 없는 사고를 산출하면서 실제 공간을 정복한다. 현지 시간은 여기 지금 각자의 행위와 몸짓만을 나타내고, 세계 시간은 작용과 반작용의 '즉각성'과 '동시에 도처에 존재함'을 통해 같은 순간에 모두가 일반적으로 상호 작용하는 것을 나타내기 때문이다. 비릴리오의 견해에 따르면, '속도를 빠

---

16) Paul Virilio, *La vitesse de libération*, Galilée, 1995, p.76.

17) 같은 책, p.69.

18) James Der Derian, *The Virilio Reader, Blackwell*, 1998, p.12.

르게 하는 것'은 속도의 한계, 즉 실시간의 속도의 한계에 도달하는 것을 의미했다.

　우리가 역사에 사로잡힌 사람이었던 과거 속에서 그러했듯이 더 이상 현지 시간 속에서 살 수 없을 것입니다. 우리는 세계 시간 속에서 살 것입니다. 우리는 국제적 사고, 세계적 사고를 초래하는 시대를 체험하고 있습니다. 이것은 내가 동시성과 우리에게 동시성을 부과하는 것뿐만 아니라 즉각성과 도처에 존재함을 해석하는 방법입니다. 다시 말해서 정보과학의 폭탄이 어디에나 존재함을 해석하는 방법입니다. 정보과학의 폭탄은 정보 고속도로의 덕택이며, 원거리 통신 분야에서 모든 기술적 발전과 진보는 막 폭발하려 하고 있습니다.[19]

　비릴리오가 예상하는 사고의 사회는 1990년대 후반과 21세기의 그의 사유의 주제이며, 정보 통신 체계에서 일어난 통신 기술의 혁명에 대한 온갖 종류의 함축성을 지닌다. 그러나 그의 이론적 논의 속에서 주목할 만한 것은 속도가 정치적 결과를 갖는다는 것이다. 통신 기술의 혁명으로 인해 시간 정치, 또는 속도의 정치가 등장했기 때문이다. 비릴리오는 그것이 생체적 속도이든 기술적 속도이든 간에 '속도를 정치화해'야 한다고 주장한다. 그의 관점에서 보면, 속도는 근대성과 현대성 속에서 정치를 확립하는 데 매우 중요한 역할을 하기 때문이다.

19) Paul Virilio, 'The Silence of the Lambs,' interview with Carlos Oliveira, *Ctheory*, 1995, p.21.

IV. 기술의 철학: 속도와 기술의 상관 관계

속도 · 기술 · 가속화에 매혹된 비릴리오는 오늘날 그의 이론적 작업을 우연히 관찰하는 사람들에게조차 '속도 이론가'로 잘 알려져 있다. 사실 그는 속도의 차원을 온갖 종류의 다양한 분석들(속도와 시각, 속도와 전쟁, 속도와 기술, 속도와 정치, 속도와 공간-시간 등)에 적용하고 있다. 비릴리오의 관점에서 보면, 인류가 빛의 속도에 도달한 것은 역사를 혼란 속에 빠뜨리고 인간과 세계의 관계를 복잡하게 만드는 사건이다. 속도, 특히 빛의 속도는 오늘날 세계가 어떻게 움직이는지를 근본적으로 밝혀준다. 비릴리오는 "20세기 초부터 빛의 속도의 한계는 동시에 시간과 공간을 명확히 한다"[20]고 말한다. 따라서 빛의 속도의 한계는 지속과 세계의 범위를 현상학적으로 지각하는 것을 조건짓는다.

비릴리오는 속도에 대한 철학적 정의를 다음과 같이 내린다. "속도는 하나의 현상이 아니라 현상들간의 관계, 상대성 그 자체이다."[21] 더 나아가 "속도는 하나의 환경이라고 말할 수 있다. 속도는 두 지점간의 시간이 아니라 전달 수단에 의해 생겨난 환경을 수반한다."[22] 따라서 우리가 통신 혁명을 통해 영토의 구성과 전자적 조정 속으로 들어가는 이상, 우리의 일상 생활 속에서도 빛의 일정한 속도가 중요하다. 그것은 바로 통신 혁명, 즉 이제부터 실제 영토의 개발을 대신하는 실시간[23]의 환경 통제이다.

---

20) Paul Virilio, *La vitesse de libération*, pp.25-26.

21) Paul Virilio, *Cybermonde, la politique du monde*, entretien avec Philippe Petit, textuel, 1996, p.14.

22) 같은 책, 같은 쪽.

사실 "세계는 좁아졌고, 끔찍하게 좁아졌다. 사람들은 더 이상 여행하지 않고 이동한다."[24] 이제 속도는 보다 쉽게 이동하는 데만 소용되는 것은 아니다. 무엇보다도 속도는 현재의 세계를 보다 강렬하게 보고, 듣고, 지각하고, 이해하는 데 소용된다. 게다가 미래에는 속도는 인간의 영향권을 넘어서 원격 작용하는 데 소용될 것이다. 최근 우리가 '탈출 속도'라고 명명하는 것을 획득했음에도 불구하고, 인간을 자신의 세계로부터 벗어날 수 있게 했던 가속은 우리가 기대하던 '탈출'이 아니다. 왜냐하면 이러한 탈출은 실시간의 한계 속에서 빛의 일정한 속도의 적용에 의해서만 모든 이동으로부터의 실제적인 탈출로서 가능하기 때문이다.

사실 실시간의 한계 속에서, 인간은 확실히 상대적이긴 하지만 물리적 경험의 세계와의 관계로 말하자면 결정적인 행동의 무기력에 이른다. 통신 혁명이 초래한 변화가 우리를 불확실성 속에 내버려둘 정도로 동시에 공간과 시간에 영향을 미치고 있기 때문이다. 이제는 고전적인 텔레비전의 기술이 아닌 원격 작용의 기술과 더불어 실제 공간의 도시화에 뒤이어 실시간의 도시화가 시작되고 있다. 실제 공간의 하부 구조들(항구·역·공항…)의 개조에서부터 실시간의 환경 통제에 이르기까지 상호 작용의 원격 기술에 힘입은 이 갑작스러운 기술 이전은 오늘날 임계차원을 변혁시킨다.

23) 비릴리오에게 통신 혁명은 시간의 도시적 집중화, 즉 공간이 아닌 시간 사용의 조직화를 요구한다. 그러면 비릴리오가 말하는 실시간이란 무엇인가? 그것은 전자적 파동의 절대 속도를 실효화하는 것이며, 공간적 근접성을 교란하는 시간의 인접성을 창출하는 것이다. 따라서 실시간 속에 존재한다는 것은 공간적 지평 너머에서 벌어지는 사건들을 살아간다는 뜻이며, 때로는 세계의 반대편에서 사건이 발생하는 바로 그 시간에 지금 참여한다는 뜻이기도 하다. 이것이 바로 실시간에 대한 정의이다.(미하일 리클린, 《해체와 파괴》, 최진석 옮김, 그린비, 2009, pp.202-203.)

24) Paul Virilio, *La vitesse de libération*, p.80.

여기서 우리는 이제 '속도'와 '기술'의 관계에 대한 비릴리오의 사유를 조명해 볼 필요가 있다. 무엇보다도 속도와 기술은 그의 이론적 배경과 토대에서 중요한 자리를 차지하고 있기 때문이다. 비릴리오는 "기술 지배권은 우리 문명의 중대한 유혹"[25]이라는 자크 엘륄의 말에 상당히 동의하는 것처럼 보인다. 그는 "예상되는 기술 혁명은 극적이라기보다 지식의 비극, 즉 개인적·집단적 지식의 바벨탑에 필적할 만한 대혼란"[26]이라고 강조한다. 그리고 기술적 진보를 믿는 그는 "모든 문화와 도덕을 폐기하고자 하는 새로운 세대에게, 기술은 필연적으로 홀로 발전해 나갈 것"[27]이라고 말한다. 비릴리오의 이러한 논리에서 보면, 그의 철학은 본질적으로 '기술의 철학(philosophie de la technique)'이라고 말해질 수 있다. 어느 인터뷰에서, 비릴리오는 속도와 기술의 상관 관계에 대해 다음과 같은 중요한 발언을 했다.

기술은 속도를 발전시켰습니다. 생물의 속도, 생체적 속도, 세포와 세포 재생의 속도인 원래의 속도가 있습니다. 역사의 진보는 바로 동력의 진보입니다. 최초의 동력은 말인데, 사람들은 말을 가속하기 위해, 그리고 매우 효능 있는 짐승으로 만들기 위해 길들이고 두 마리씩 잡아맬 것입니다. 그리고 나서 사람들은 범선을 만들었고, 이후 동력선을 만들었습니다. 속도의 진보는 기술의 진보입니다. 오늘날 전자파의 사용을 통해서 기술은 두 벽(음속의 벽과 열의 벽)——어떤 물체를 궤도에 진입시킬 수 있게 하

25) Paul Virilio, *La vitesse de libération*, p.170.
26) Paul Virilio, *La bombe informatique*, Galilée, 1998, p.121.
27) 같은 책, p.114.

는 벽——을 뛰어넘었습니다. 그러나 기술은 시간의 벽, 실시간의 벽, 다시 말해서 빛의 속도의 벽, 요컨대 사람들이 뛰어넘지 못하는 벽에 부딪혔습니다.[28]

이렇듯 비릴리오가 보기에 기술은 항상 공간-시간의 어떤 형태를 규정짓는다. 앞서 언급했듯이, 그에 의하면 속도는 하나의 환경이다. 우리는 지구의 표면에 살고 있을 뿐만 아니라 속도 속에 살고 있다. 한번 더 말하자면, 속도는 하나의 환경인데, 전달 수단이 그 이론이 되고 있다. 전달 수단은 환경을 해석한다. 예를 들어 자동차는 초음속 비행기와는 다른, 그리고 도보와 자전거와는 다른 속도 환경을 해석한다. 속도는 하나의 환경이며, 새로운 전달 수단(자전거·말·비행기)의 발명은 속도를 해석하는 어떤 방식이다.

속도·기술·진보의 이러한 역사를 통해, 비릴리오는 자신의 책 《탈출 속도》 속에서 공간-시간의 심오한 변화를 보여주고 있다. 사실 우리의 관점에서 보면, 공간은 공간-세계와 동일시될 수 있다. 그런데 이 공간-세계는 빛의 속도에 의한 원격 기술에 의해 오염된다. 공간-세계(실제 공간)는 시간-세계, 즉 실시간의 우위를 인정한다. 달리 말하면 실시간 속에서 작용하거나 상호 작용하는 원거리 통신은 '기술의 속도'를 이용하는데, 이러한 속도는 현지 시간이 지니는 역사적 중요성을 지배한다. 이는 국가의 역사보다는 보편적 시간 정치의 추상화에 속하는 세계 시간의 절대적 우위를 인정하는 것이다.

따라서 원거리 통신에 의한 실시간의 세계화가 이루어진다. 이는 세계화의 시대에 우리의 눈앞에서 전개되는 시간의 가속화를 나타

28) Paul Virilio, *Virilio Live: Selected Interviews*, edited by John Armitage, Sage, 2001, p.78.

낸다. 이제 '여기는 더 이상 없고, 모든 것은 지금부터이다.' 세계화
는 원거리 통신의 제한된 가속화에 빠져드는 질주권(dromologie)의 효
과와 관계가 있다. 폴 발레리의 말처럼 유한 세계의 시간이 시작되
는 것이다. 비릴리오의 관점에서 보면 역사의 가속화는 실시간의 벽
에, 즉 역사를 만들 수 있었던 현지 시간을 대신하게 될 보편적인 세
계 시간의 벽에 부딪치게 되었다. 오늘날 지구를 원격 조종하는 속
도의 실제 효과라는 피상적인 시간이 산출되는 것이다. 따라서 물
질-시간에 뒤이어 빛-시간이 오며, 이는 모든 현실의 가속화—사
물의 가속화, 존재의 가속화, 사회문화적 현상의 가속화—를 초
래한다.

　결국 빛의 속도라는 제한된 가속화인 실시간의 가속화는 지구물
리학적 범위와 실제 규모의 지구를 파괴할 뿐만 아니라 지역·국가
의 현지 시간이 지니는 장기 지속의 중요성까지도 파괴한다. 보편적
인 세계 시간의 즉각성이 현지 시간의 연대기적 연속성을 대신함으
로써, 원격 기술은 모든 활동을 상호 작용하게 한다. 따라서 이제
부터 예측되는 것은 '공간'이기보다는 오히려 '시간'이다. 그것은 예
전의 연대기적 시간(과거·현재·미래)이 아니라 빛의 속도의 시간,
즉 인간의 역사를 조건지을 수 있는 우주론의 항구적 특징이다. 이
러한 상황에 비추어볼 때, 새로운 정보 통신 수단의 절대적 속도가
예전의 운송 수단의 상대적 속도를 지배하며, 또한 전달 수단의 국
지적 가속화가 세계화로 나아가는 정보 수단의 세계적 가속화에 자
리를 내주게 될 것이다.

V. 속도를 사유하고, 속도에 맞서 저항을 사유하는

속도와 전쟁, 속도와 정치와 마찬가지로 속도와 기술은 비릴리오의 이론적 배경과 토대에서 중요한 자리를 차지한다. 어떻게 보면 현대 세계에서 기술은 속도를 발전시키고, 속도의 진보는 기술의 진보라는 비릴리오의 견해는 상당한 설득력을 갖는다. 그런데 비릴리오는 기술의 속도와 기술의 잠재성을 수용하면서도 궁극적으로는 기술의 지배에 저항해야 한다고 역설한다.[29] 그는 기술에 의한 속도의 단계적 확대(가속화)가 초래할 수 있을 유해한 결과나 파국·사고를 예상하기 때문이다.

여기서 우리는 기술공포증을 내비치고 있는 비릴리오와, 현대 기술이 제공해 준 가능성을 긍정적으로 바라보는 가타리를 비교하는 방법을 통해 현대 문명에 대한 그의 비판적 입장을 점검해 볼 필요가 있을 것이다. 어떻게 보면 비릴리오가 공공연하게 드러내는 기술공포증은 자신의 '미래의 고고학'에서 가장 두드러진 한계일 수 있지만, 이는 많은 사람들이 속도가 초래한 기술 문명을 총체적으로 비판하려고 하지 않는다는 그의 반성적 사유에서 비롯된 것이다. 반면 기술의 잠재성을 긍정적으로 평가하는 가타리는 기술은 지배와 결부되어 인간들을 분열시키는 것이 아니므로 인류와 기술 사이에 새로운 다리를 놓는 것이 가능하다고 생각한다.

그러면 비릴리오는 기술의 속도에 맞서 저항의 창출 가능성을 찾

---

29) 비릴리오의 이러한 견해와는 대조적으로, 보드리야르는 "우리의 모든 비판철학이 폭로하려고 애쓰는, '인간을 소외시키는' 기술에 대하여 우리의 판단을 재검토해야 한다"고 주장한다. 다시 말해서 보드리야르는 기술이 불가피하게 승리를 거두는 분야에 기술 자체가 침범해 들어가도록 내버려두어야 한다고 강조한다.

으려고 하는가? 그는 기술의 속도 앞에서 그저 잠자코 있기보다는 기술의 속도에 맞서 저항해야 한다고 생각한다. 나아가 그는 기술의 속도가 가속화되는 과정을 추적하여 저항의 형태를 탐구한다. 이러한 탐구를 거듭하면서, 그는 과연 저항의 창출 가능성을 넘어서 기술이 가져온 속도의 가속화를 면밀히 진단하여 그 대안과 해결책을 모색하는가? 그러나 미래의 고고학자인 비릴리오는 속도의 가속화가 초래하는 사고나 파국에 대한 현재의 대안과 해결책을 제시하지 않는 듯하다.

그렇다면 이와 달리 속도와 정치, 속도와 기술에 대한 비릴리오의 사유를 어떻게 이해해야 하는가? 앞서 언급했듯이, 그는 생체적 속도(살아 있는 존재의 속도, 사유의 속도)이든, 기계적 속도이든 '속도를 정치화해야 한다'고 주장한다. 여기서 우리는 비릴리오가 말하는 드로몰로지(dromologie)가 지니는 깊은 의미를 유추해 볼 수 있다. 요컨대 비릴리오의 드로몰로지는 '속도를 사유하고, 속도에 맞서 저항을 사유하는 정치학'인 듯하다.

이제 속도와 정치, 속도와 기술에 대한 비릴리오의 사유와 관련하여 그를 둘러싼 논쟁은 어떻게 전개되며, 그의 이론은 어떤 비판을 받고 있는지 점검하는 것이 필요하다. 따라서 우리는 비릴리오를 둘러싼 논쟁들과 그에 대한 비판을 평가하면서 비릴리오의 이론이 21세기에도 여전히 이론적 논의와 사회적 논쟁을 끊임없이 자극할 수 있는지 면밀히 검토해 보아야 할 것이다. 사실 비릴리오의 저서들을 둘러싸고 진행된 중요한 이론적 논평을 평가하는 것은 상당히 어렵다. 그의 저서들은 대체로 지금 벌어지고 있는 사태를 파악하는 차원을 넘어 이후에 벌어질 상황과 이론적 진전을 예측하는 형태를 띠고 있기 때문이다.

분명히 비릴리오의 사유는 논의의 여지가 있다. 하지만 우리는 실제의 사회적 조건과 현실적 상황을 분석한 그의 저서들이 현대 문명을 둘러싼 논쟁에 기여하고 있다는 점을 강조하고, 그것들이 우리에게 제공한 기여도를 평가해야 할 것이다. 또한 우리는 현대 세계에서의 속도와 기술을 바라보는 그의 관점과 그의 이론적 한계를 지적하면서 비릴리오가 보여주는 이론적 입장과 창조적 상상력이 비판적 인문사회과학의 영역을 넘어선 곳에 존재함을 알고 그에 대해 논의해야 할 것이다.

2. 동력의 기술과 가상적 사유

　속도·기술·가속화에 매혹된 폴 비릴리오는 오늘날 그의 이론적 작업을 우연히 관찰하는 사람들에게조차 '속도이론가' 혹은 '기술이론가'로 잘 알려져 있다. 실제로 기술과 관련하여, 그는 자신을 본질적으로 기술비평가가 아니라 '테크놀로지라는 기술'비평가로 규정한다. 즉 그는 자신의 입장을 이해하지 못하는 사람들에게 "나는 테크놀로지라는 기술의 비평가이다"라고 분명하게 밝힌다.

　사실 비릴리오의 사유 세계에서 보면, 기술은 그의 이론적 배경과 토대에서 중요한 자리를 차지한다. 그는 "기술 지배권은 우리 문명의 중대한 유혹"이라는 자크 엘륄의 말에 상당히 동의하는 것처럼 보인다. 그는 "예상되는 기술 혁명은 극적이라기보다 지식의 비극, 즉 개인적·집단적 지식의 바벨탑에 필적할 만한 대혼란"이라고 강조한다. 그리고 과학기술적 진보를 믿는 그는 "모든 문화와 도덕을 폐기하고자 하는 새로운 세대에게 기술은 필연적으로 홀로 발전해 나갈 것"이라고 말한다. 비릴리오의 이러한 논리에 비추어보면, 그의 철학은 본질적으로 '기술의 철학'이라고 말해질 수 있다.

　루이즈 윌슨과의 인터뷰에서, 근본적으로 기술이론가인 비릴리오는 "모든 테크놀로지가 기술이 되어 버렸다"라고 주장하면서 다음과 같은 중대한 발언을 했다.

이것이 바로 동력의 기술이다. 기술은 원래는 회화·조각·음악 등이 되곤 했지만, 이제 모든 테크놀로지는 기술이다. 물론 이러한 형태의 기술은 여전히 매우 본원적이지만 서서히 실재를 대체하고 있다. 예를 들어 내가 프랑스에서 TGV를 탈 때, 나는 풍경을 바라보는 것을 좋아한다. 피카소와 클레의 작품들과 마찬가지로 이 풍경은 기술이다. 동력은 동력의 기술을 만든다. 빔 벤더스는 로드 무비(road movies)를 만들었다. 그러나 무엇이 로드 무비의 동력인가. 그것은 영화 〈파리 텍사스〉에서처럼 자동차이다. 드로모스코피(풍경에 대한 속도 효과). 이제 우리가 기술의 영역에 들어가기 위해 해야 하는 모든 것은 자동차를 타는 것이다.

현대의 기술을 특징짓는, 그리고 영화·텔레비전·비디오 등에서 생겨나는 운동학적 효과가 있다. 비릴리오가 《동력의 기술》을 쓸 때, 기술의 동력화가 이루어지고 있었다. 이 기술의 동력화는 매우 중요한 현상인데, 사람들은 현대 기술의 현재의 위기를 파악하지 못하고 있다. 실제로 기술의 모든 부문들은 가속화되고 있는 이 동력화에 관련된다. 따라서 현대 기술의 위기는 동력화의 직접적인 결과이다. 왜냐하면 오늘날 동력화는 일반 기술에 영향을 미치기 때문이다.

어떻게 보면 동력화는 인간과 기술의 우위 경쟁의 보충적 양상이 아니다. 그럼에도 불구하고 비릴리오는 《동력의 기술》에서 인간과 기술이 맺는 관계로 자신의 관심을 돌린다. 특히 그는 21세기의 시작과 더불어 자신이 제3차 혁명이라고 부른 것, 즉 이식 혁명(인간의 신체와 기술을 구분지었던 경계가 거의 무너진 상황)을 중요하게 다루었다. 그의 견해에 따르면 현대는 제1차 혁명인 운송 혁명, 제2

차 혁명인 전송 혁명을 거친 다음 마침내 제3차 혁명인 이식 혁명에 이르렀다는 것이다.

그러면 그가 말하는 이식 혁명이란 무엇인가? 이것은 기술 발전으로 인해 신체 일부분을 소형 기계 장치로 대체할 수 있게 된 상황과 밀접하게 결부된 혁명으로, 비릴리오가 새로운 우생학이라고 명명한 기술의 진보를 통해 "과학 기술이 인간의 신체에 맞서 수행한 혁명"이다. 《동력의 기술》에서, 비릴리오가 호주인 사이버네틱스 행위예술가 스털락(Sterlac)을 비판하는 것은 이런 맥락에서 읽혀질 수 있다. 그러나 우리는 그의 이러한 비판이 '내부 식민화(endo-colonisation)'라는 자신의 개념과 연결되어 있는 점을 주목할 필요가 있다.

사실 비릴리오에게 이식 혁명은 자신의 '내부 식민화'의 개념과 밀접한 관계가 있다. 이식 혁명의 경우에 발생하는 것은 기술에 의한 인간 신체의 내부 식민화이다. 말하자면 인간 신체는 기술에 의해 침식되고 침입당하고 통제된다. 따라서 비릴리오는 기술(생물공학)이 신체에 난입하여 인간을 재구성하는 것을 비판한다. 그는 이미 "기술의 문제는 기술 현장의 문제와 분리될 수 없다"고 주장한 바 있다. 특히 그는 "아주 최근의 나노 기술에 의한 소형화가 생물공학에 의한 생리적 난입뿐만 아니라 생물의 인공 수정도 조장하"는 것에 주목했다. 그는 이제 우리가 이 흡수(absorption)의 기술을 갖게 되는 상황을 슬퍼한다. 그리하여 그는 미래파 예술가들이 언급한 말을 자주 떠올린다. "인간은 기술에 의해 유지될 것이다. 그리고 기술은 인간의 행동을 식민화할 것이다. 마치 텔레비전과 컴퓨터가 그렇게 하듯이 말이다. 그러나 식민화의 마지막 형태는 훨씬 더 내적이고, 훨씬 더 저항할 수 없는 형태가 될 것이다. 그것은 새로운 우생학, 내부-기술의 우생학이다."

이제 사람들은 모두를 위한 건강 상태의 범위의 반영에 근거한 우생학적 요구를 관찰하게 될 것이다. 하지만 다양한 인공 보철물 사용을 통해 인간은 수동적이고 무기력해질 것이다. 따라서 생물(인간)을 동력, 즉 끊임없이 가속하는 기계로 취급하는 것이 문제가 될 것이다. 여기서 비릴리오는 이식 혁명이 생물의 반사와 자극의 증대하는 가속화를 촉진시키는 것을 목표로 삼는 것을 경계해야 한다고 지적한다.

《동력의 기술》에서 우리의 관심을 끄는 또 다른 부문은 정보와 정보과학의 발전이다. 비릴리오는 "정보 복합체가 가상(apparence)의 끊임없는 변화에 리듬을 줄 수 있는 동력의 기술"이라고 주장한다. 이와 관련하여 그는 정보의 숭배에 근거한 사회적 사이버네틱스의 실현에 주목한다. 그는 사회를 사이버네틱스에 의해 자동 제어하는 이론에 대한 상세한 설명을 통한 그 혁신적 역할이 여태껏 무시되어 온 점을 신랄하게 비판한다. 사이버네틱스의 탁월한 연구가인 노베르트 비에너가 제2차 세계대전 직후에 군정보 복합체의 위험을 폭로했음에도 불구하고, 사람들은 자동 제어 혹은 보조 동력의 장치들과 인공 지능 혹은 두뇌 동력이라고 불리는 것을 혼동했기 때문이다.

노베르트 비에너는 "정보는 질량도 에너지도 아니다. 정보는 정보이다"라고 정의한다. 여기서 한걸음 더 나아가, 비릴리오는 정보를 물질의 3차원으로 간주한다. 그리고 그는 정보와 에너지 사이의 관계를 파악하려고 한다. 따라서 비릴리오가 말하는 정보의 에너지 양상과, 정보와 에너지를 동일시하는 문제는 우리의 시선을 끌기에 충분하다. 그의 견해에 따르면, "잠재적(포텐셜) 에너지와 현동적

(운동) 에너지 다음으로 우발적인 정보(사이버네틱스) 에너지가 갑자기 출현한다.” 첫번째 단계에서는 정보의 전산 처리와 함께 에너지를 경제적으로 사용하는 양상이 지배적이지만, 두번째 단계에서는 정보과학의 출현과 원격 통신의 발전과 함께 정보는 영상과 음향의 에너지, 촉각과 원격 촉각의 에너지처럼 출현한다. 그는 특히 “에너지와 라이브 정보의 융합은 마침내 전자공학과 정보과학의 완전한 등가에 이를 수 있다”고 말한다.

게다가 비릴리오는 칼 포터가 《경향의 세계》에서 사이버네틱스의 전망 속에 자신의 사유 세계를 기술한 것을 적극적으로 수용한다. 물론 칼 포터의 열린 세계는 이미 숨겨진 어떤 동력의 산물에 지나지 않는다. 그러나 비릴리오는 이러한 동력은 제5세대의 정보과학의 ‘전문가 시스템’의 그것과 유사한 새로운 절망적 상황을 해결해 주는 역할을 수행한다고 넌지시 말한다.

사실 미래는 열려 있고 객관적으로 열려 있지만 우리의 현재의 현실은 현실 효과, 보다 정확히 말해서 합성 환상에 다름 아니다. 라인골드의 관점에서 보면, 컴퓨터와 소프트웨어는 가상현실의 언어 속에서 불리는 것, 즉 현실의 동력을 구성한다. 무엇보다도 전송 혁명은 컴퓨터의 특수 영상에 힘입어 공간의 현실을 동력화하려고 했다. 지각적 믿음이 가상적 생성 소프트웨어에 의해 남용되는 것처럼 보였기 때문이다.

따라서 오늘날 사이버스페이스 이용자는 시각적이기보다는 가상적인 합성 환상의 희생자가 된다. 이제 시각적 사유는 특수 영상의 결실인 가상적 사유의 폐해에 굴복한다. 비릴리오는 기계적 사유의 이러한 지배적 경향에 맞서 또 다른 형태의 새로운 사유를 창조하는 방안을 모색할 것을 요청한다.

…리 탁월한 비평가이다. 그가 최근에 …노과학과 사이버 전쟁의 지배, 우리 … 정보 기술의 새로운 단계를 나타낸 …전자적으로 정보의 수신·저장·전달 …를 뿌리째 흔들어 놓고 있다. 이러한 …공간·속도·인간 관계와 깊은 관계 …은 실제로 우리의 환경이 되고 있다. …비디오 카메라 등이 주조해 놓은 정보 …될 상황이며, 따라서 그러한 기술 혁 …고 있다. 이는 인터넷이라는 정보 기 … 가능해지고 있기 때문이다. 다시 말 …음향 등 모든 정보가 디지털 기호가 되 …차가 달리듯 질주하기 때문이다.

…격인 인터넷은 지금 당장 지구의 반대 …있는지를 실시간으로 알려준다. 예를 …의 세부 상황이 지구 반대편에 위치 …고 사령부에 컴퓨터 화면으로 실시간으

로 중계되고 있는 것이나. 미릴리오에 의하면, "이제 컴퓨터는 정보를 찾는 기계일 뿐 아니라, 완전히 가상화된 현실 공간 속에서 작

동하는 영상 기계이다." 따라서 "네트워크들의 네트워크인 인터넷과 더불어 온라인 카메라에 의해 시청각 정보 고속도로인 세계의 비전을 전송하는 진정한 네트워크"가 완성되고 있는 것이다. 이는 21세기에 지구의 어떤 곳, 어떤 활동도 한눈에 다 볼 수 있는 원격 감시를 발전시키는 데 기여할 것이며, 가상 세계 네트워크를 완성시키게 될 것이라고 비릴리오는 예상한다.

《정보과학의 폭탄》에서 비릴리오는 예상되는 '기술 혁명'의 시대에 과거의 핵폭탄, 미래의 유전자 폭탄, 이러한 폭탄들 중의 그 어떤 것도 정보과학의 폭탄이라는 이름의 세번째 폭탄 없이는 상상할 수 없다고 말한다. 그러면 그가 말하는 핵폭탄, 유전자 폭탄, 정보과학의 폭탄이란 구체적으로 어떤 것들일까? 핵폭탄은 방사능 에너지로 물질을 파괴하는 최초의 폭탄이다. 의학-과학 복합체가 폭발시킨 유전자 폭탄은 진정한 인간의 삶이 하이데거가 말한 사물 자체로 환원된 하나의 사례일 뿐이다. 말하자면 인간은 사물 자체 혹은 자신의 삶을 포함해 모든 것을 과학기술 생산 과정의 원료로 만들어 버리는 세계에 종속된 기계적 존재가 되어간다. 즉 유전자 폭탄은 컴퓨터를 이용한 인간 게놈 지도의 판독으로 전례가 없는 인간 복제를 가능케 한다. 정보과학의 폭탄은 정보의 상호 작용을 이용해 국가간의 평화를 파괴시킬 수 있는 폭탄이다. 이러한 폭탄들과 관련하여 그가 표명하는 견해는 주로 정보의 체계적인 규제 완화와 연결된 다양한 변화들에 근거를 두고 있다.

일련의 경제 공황들, 되풀이되는 핵실험, 정치적·사회적 해체, 바벨탑의 비극을 되풀이하려 하는 세계의 불안스러운 조짐들….

사이버 세계를 사유하고 탐색하는 비릴리오는 기술보다는 사이버 폭탄(미래의 정보 고속도로)의 출현, 말하자면 대재난의 연쇄 반응을 야기할 수 있는 상호 작용의 체계를 폭로한다. 비릴리오의 관점에서 보면, 최고의 네트워크인 인터넷의 사이버네틱스는 기술이라기보다는 오히려 체계이다. 이것은 일종의 전략적 통신 기술 체계인데, 세계화의 실현과 동시에 일어날 연쇄 반응의 피해라는 체계적 위험을 초래할 수 있다.

사실 원거리 통신에 의한 실시간의 세계화와 함께(인터넷은 원거리 통신의 자연스런 모델이다) 정보의 혁명은 까닭 모를 소문과 의혹을 불러일으키고, 진실에 대한 의무의 근거를 파괴하고, 따라서 언론의 자유까지 침해하는 체계적인 폭로의 혁명임을 보여준다. 가령 인터넷을 통해 진술되고 폭로된 사실들의 진실성에 대해 누구나 의혹을 가지고, 출처와 여론이 통제될 수 없을 정도로 조작되는 것을 목격했던 것처럼 말이다. 이것은 진짜 정보의 혁명 역시 가상적인 허위 정보(désinformation virtuelle)의 혁명이라는 사실을 입증하는 하나의 경고이다.

물론 "독점적 성격을 지닌 궁극적 형태인 사이버 세계는 사이버네틱스 식민주의의 팽창된 형태에 다름 아니다." 왜냐하면 상호 연결된 인터넷은 일촉즉발의 사이버 폭탄을 예고하기 때문이다. 비릴리오에 의하면 "상호 작용, 즉각성, 편재성은 바로 실시간 속에서 이루어지는 송신과 수신의 진짜 메시지이다." 그리고 이러한 메시지는 뒤섞이지 않는다. 그것은 사이버네틱스가 되기 때문이다. 따라서 상호 연결된 네트워크간의 실시간 교환, 평화적 또는 호전적인 모든 교환을 사이버네틱스로 만드는 것은 21세기 '기술 혁명'의 신중한 목표가 될 수 있을 것이다.

이제 최고의 네트워크인 인터넷상에서 전례가 없는 이데올로기적 오염 현상인 웹과 온라인 서비스가 문제되고 있다. 웹은 더 이상 기술 발전과 분리될 수 없으며, '기술 혁명'은 아날로그 방식의 정보 전체를 지식 매체의 일반적인 디지털화로 대체해 버렸다. 디지털 방식이 시청각의 모든 영역을 압도해 버린 것이다. 가령 세계에 분산되어 있는 수많은 생중계 카메라와 컴퓨터 앞에서 동시에 관찰할 수 있는 수억 명의 인터넷 이용자들이 있을 때 시각적 공황이 목격될 것이며, 그때 텔레비전은 세계의 일반화된 원격 감시에 자리를 내주게 될 것이다.

인터넷상에서 펼쳐지는 가상의 공간은 이제 일차적인 정보의 차원을 넘어 세계라는 공간 전체를 압축해 놓은 공간이며, 모든 의사소통이 실시간으로 이루어지는 공간이다. 가상의 끊임없는 팽창은 인간과 세계의 관계에 대한 새로운 이해와도 관련이 있다. 따라서 연쇄 반응에 의한 심각한 체계적 위험은 인간의 무분별과 집단적 무지로 말미암은 가공할 위협, 행위들의 전례없는 실패 가능성, 그리고 거기서 기인하는 인간과 현실 관계의 방향 감각 상실에도 있다.

이는 바로 현상의 파괴이고 가시적 세계의 공황이며, 오직 허위 정보만이 그것들로부터 이익을 얻는다. 아날로그 방식은 디지털 방식으로 대체되고, 압축된 데이터들은 인간과 현실의 관계를 가속화하고 충돌시킨다. 감지할 수 있는 징후가 점점 더 사라진다는 것을 의식하지 못한 채.

따라서 직접적인 감각의 쇠퇴와 더불어 시청각과 촉각과 후각에 의한 정보의 디지털화가 이루어진다. 가까운 것과 비교할 수 있는 것을 지배하던 아날로그의 유사성은 오직 먼 것, 또는 멀리 있는 모든 것을 다루는 디지털의 신빙성에 자신의 우위를 내주게 된다. 이는 결국 우리의 감각 환경을 오염시킬 것이다.

비릴리오가 규정하는 정보과학의 폭탄의 시대에《정보과학의 폭탄》은 미래의 전쟁, 즉 정보 전쟁을 예고하고 있다. 사실 "오늘날 정보 전쟁이 예고하는 세계 전쟁은 몰살보다는 오히려 멸종의 위협을 초래하는 과학적 극단화에 근거를 둘 것이다." 다시 말하면 정보과학의 폭탄은 단일 '무기 체계'만을 구성하기 때문에 예전에 핵폭탄이 그랬던 것처럼 어떤 주민이나 인류가 아니라 개별화된 모든 삶의 원칙 자체를 위협하는 과학적 극단화에 근거를 둘 것이다. 요컨대 예전에는 지적 모험을 통해 형성되는 엄밀한 분야였던 과학이 오늘날에는 스스로를 왜곡하는 기술 모험주의에 빠져들고 있는 것이다. 이는 '극단의 과학일까?' '극한의 과학 아니면 과학의 극한일까?' 이렇게 '기술 혁명'을 사유하는 비릴리오는 헤게모니적 기술로서 전자공학을 활용하고 있는 정보 전쟁에 대해 중대한 물음을 던지고 있다.

원고 출처

이 책은 새로 쓰여진 원고들과 이미 발표된 원고들로 구성되어 있다. 아래 표기된 지면을 통해 이미 발표된 원고들은 경우에 따라서는 수정·가필하였고, 때로는 보완을 거쳤으며 전체적으로 재편집되었다.

저자 소개

지은이 **배영달**은 부산대학교 불어과를 졸업하고, 한국외국어대학교 대학원 불어과에서 석사·박사학위를 취득했다. 파리4대학·브리티시 컬럼비아대학 초빙교수를 지냈다. 현재 경성대학교 프랑스지역학과와 문화기획·행정·이론학과(대학원 협동과정) 교수로 재직중이다.

저서로는 《보드리야르의 아이러니》《보드리야르와 시뮬라시옹》(저서) 《예술의 음모》(편저) 등이 있고, 역서로는 《사물의 체계》《생산의 거울》《유혹에 대하여》《토탈스크린》《불가능한 교환》《건축과 철학》《탈출 속도》《정보과학의 폭탄》 등이 있다.

주요 관심 분야는 장 보드리야르, 폴 비릴리오, 현대예술, 미학, 사진, 문화이론이다.

문예신서
389

사유와 상상력

배영달 著

초판 발행　2013년　9월 10일

東文選

제10-64호, 1978년 12월 16일 등록
[110-300] 서울 종로구 인사동길 40
전화 02-737-2795
이메일　dmspub@hanmail.net

ISBN 978-89-8038-683-3 94160
ISBN 978-89-8038-000-8 (문예신서)

【東文選 文藝新書】

1 저주받은 詩人들	A. 뻬이르 / 최수철 · 김종호	개정 근간
2 민속문화론서설	沈雨晟	40,000원
3 인형극의 기술	A. 훼도토프 / 沈雨晟	8,000원
4 전위연극론	J. 로스 에반스 / 沈雨晟	12,000원
5 남사당패연구	沈雨晟	19,000원
6 현대영미희곡선(전4권)	N. 코워드 外 / 李辰洙	절판
7 행위예술	L. 골드버그 / 沈雨晟	절판
8 문예미학	蔡 儀 / 姜慶鎬	절판
9 神의 起源	何 新 / 洪 熹	16,000원
10 중국예술정신	徐復觀 / 權德周 外	24,000원
11 中國古代書史	錢存訓 / 金允子	14,000원
12 이미지―시각과 미디어	J. 버거 / 편집부	15,000원
13 연극의 역사	P. 하트놀 / 沈雨晟	절판
14 詩 論	朱光潛 / 鄭相泓	22,000원
15 탄트라	A. 무케르지 / 金龜山	16,000원
16 조선민족무용기본	최승희	15,000원
17 몽고문화사	D. 마이달 / 金龜山	8,000원
18 신화 미술 제사	張光直 / 李 徹	절판
19 아시아 무용의 인류학	宮尾慈良 / 沈雨晟	20,000원
20 아시아 민족음악순례	藤井知昭 / 沈雨晟	5,000원
21 華夏美學	李澤厚 / 權 瑚	20,000원
22 道	張立文 / 權 瑚	18,000원
23 朝鮮의 占卜과 豫言	村山智順 / 金禧慶	28,000원
24 원시미술	L. 아담 / 金仁煥	16,000원
25 朝鮮民俗誌	秋葉隆 / 沈雨晟	12,000원
26 타자로서 자기 자신	P. 리쾨르 / 김웅권	29,000원
27 原始佛敎	中村元 / 鄭泰爀	8,000원
28 朝鮮女俗考	李能和 / 金尙憶	30,000원
29 朝鮮解語花史(조선기생사)	李能和 / 李在崑	25,000원
30 조선창극사	鄭魯湜	17,000원
31 동양회화미학	崔炳植	19,000원
32 性과 결혼의 민족학	和田正平 / 沈雨晟	9,000원
33 農漁俗談辭典	宋在璇	12,000원
34 朝鮮의 鬼神	村山智順 / 金禧慶	28,000원
35 道敎와 中國文化	葛兆光 / 沈揆昊	15,000원
36 禪宗과 中國文化	葛兆光 / 鄭相泓 · 任炳權	8,000원
37 오페라의 역사	L. 오레이 / 류연희	절판
38 인도종교미술	A. 무케르지 / 崔炳植	14,000원
39 힌두교의 그림언어	안넬리제 外 / 全在星	22,000원

40 중국고대사회	許進雄 / 洪 熹	30,000원
41 중국문화개론	李宗桂 / 李宰碩	23,000원
42 龍鳳文化源流	王大有 / 林東錫	25,000원
43 甲骨學通論	王宇信 / 李宰碩	40,000원
44 朝鮮巫俗考	李能和 / 李在崑	20,000원
45 미술과 페미니즘	N. 부루드 外 / 扈承喜	9,000원
46 아프리카미술	P. 윌레프 / 崔炳植	절판
47 美의 歷程	李澤厚 / 尹壽榮	28,000원
48 曼茶羅의 神들	立川武藏 / 金龜山	19,000원
49 朝鮮歲時記	洪錫謨 外/李錫浩	30,000원
50 하 상	蘇曉康 外 / 洪 熹	절판
51 武藝圖譜通志 實技解題	正祖 / 沈雨晟 · 金光錫	15,000원
52 古文字學첫걸음	李學勤 / 河永三	14,000원
53 體育美學	胡小明 / 閔永淑	18,000원
54 아시아 美術의 再發見	崔炳植	9,000원
55 曆과 占의 科學	永田久 / 沈雨晟	14,000원
56 中國小學史	胡奇光 / 李宰碩	20,000원
57 中國甲骨學史	吳浩坤 外 / 梁東淑	35,000원
58 꿈의 철학	劉文英 / 河永三	22,000원
59 女神들의 인도	立川武藏 / 金龜山	19,000원
60 性의 역사	J. L. 플랑드렝 / 편집부	18,000원
61 쉬르섹슈얼리티	W. 챠드윅 / 편집부	10,000원
62 여성속담사전	宋在璇	18,000원
63 박재서희곡선	朴栽緖	10,000원
64 東北民族源流	孫進己 / 林東錫	13,000원
65 朝鮮巫俗의 硏究(상 · 하)	赤松智城 · 秋葉隆 / 沈雨晟	28,000원
66 中國文學 속의 孤獨感	斯波六郞 / 尹壽榮	8,000원
67 한국사회주의 연극운동사	李康列	8,000원
68 스포츠인류학	K. 블랑챠드 外 / 박기동 外	12,000원
69 리조복식도감	리팔찬	20,000원
70 娼 婦	A. 꼬르벵 / 李宗旼	22,000원
71 조선민요연구	高晶玉	30,000원
72 楚文化史	張正明 / 南宗鎭	26,000원
73 시간, 욕망, 그리고 공포	A. 코르뱅 / 변기찬	18,000원
74 本國劍	金光錫	40,000원
75 노트와 반노트	E. 이오네스코 / 박형섭	20,000원
76 朝鮮美術史硏究	尹喜淳	7,000원
77 拳法要訣	金光錫	30,000원
78 艸衣選集	艸衣意恂 / 林鍾旭	20,000원
79 漢語音韻學講義	董少文 / 林東錫	10,000원

80 이오네스코 연극미학	C. 위베르 / 박형섭	9,000원
81 중국문자훈고학사전	全廣鎭 편역	23,000원
82 상말속담사전	宋在璇	10,000원
83 書法論叢	沈尹默 / 郭魯鳳	16,000원
84 침실의 문화사	P. 디비 / 편집부	9,000원
85 禮의 精神	柳肅 / 洪熹	20,000원
86 조선공예개관	沈雨晟 편역	30,000원
87 性愛의 社會史	J. 솔레 / 李宗旼	18,000원
88 러시아 미술사	A. I. 조토프 / 이건수	26,000원
89 中國書藝論文選	郭魯鳳 選譯	25,000원
90 朝鮮美術史	關野貞 / 沈雨晟	30,000원
91 美術版 탄트라	P. 로슨 / 편집부	8,000원
92 군달리니	A. 무케르지 / 편집부	9,000원
93 카마수트라	바짜야나 / 鄭泰爀	18,000원
94 중국언어학총론	J. 노먼 / 全廣鎭	28,000원
95 運氣學說	任應秋 / 李宰碩	15,000원
96 동물속담사전	宋在璇	20,000원
97 자본주의의 아비투스	P. 부르디외 / 최종철	10,000원
98 宗敎學入門	F. 막스 뮐러 / 金龜山	10,000원
99 변 화	P. 바츨라빅크 外 / 박인철	10,000원
100 우리나라 민속놀이	沈雨晟	15,000원
101 歌訣(중국역대명언경구집)	李宰碩 편역	20,000원
102 아니마와 아니무스	A. 융 / 박해순	8,000원
103 나, 너, 우리	L. 이리가라이 / 박정오	12,000원
104 베케트연극론	M. 푸크레 / 박형섭	8,000원
105 포르노그래피	A. 드워킨 / 유혜련	12,000원
106 셸 링	M. 하이데거 / 최상욱	12,000원
107 프랑수아 비용	宋勉	18,000원
108 중국서예 80제	郭魯鳳 편역	16,000원
109 性과 미디어	W. B. 키 / 박해순	12,000원
110 中國正史朝鮮列國傳(전2권)	金聲九 편역	120,000원
111 질병의 기원	T. 매큐언 / 서 일 · 박종연	12,000원
112 과학과 젠더	E. F. 켈러 / 민경숙 · 이현주	10,000원
113 물질문명·경제·자본주의	F. 브로델 / 이문숙 外	절판
114 이탈리아인 태고의 지혜	G. 비코 / 李源斗	8,000원
115 中國武俠史	陳 山 / 姜鳳求	18,000원
116 공포의 권력	J. 크리스테바 / 서민원	23,000원
117 주색잡기속담사전	宋在璇	15,000원
118 죽음 앞에 선 인간(상 · 하)	P. 아리에스 / 劉仙子	각권 15,000원
119 철학에 대하여	L. 알튀세르 / 서관모 · 백승욱	12,000원

120 다른 곳	J. 데리다 / 김다은 · 이혜지	10,000원
121 문학비평방법론	D. 베르제 外 / 민혜숙	12,000원
122 자기의 테크놀로지	M. 푸코 / 이희원	16,000원
123 새로운 학문	G. 비코 / 李源斗	22,000원
124 천재와 광기	P. 브르노 / 김웅권	13,000원
125 중국은사문화	馬 華 · 陳正宏 / 강경범 · 천현경	12,000원
126 푸코와 페미니즘	C. 라마자노글루 外 / 최 영 外	16,000원
127 역사주의	P. 해밀턴 / 임옥희	12,000원
128 中國書藝美學	宋 民 / 郭魯鳳	16,000원
129 죽음의 역사	P. 아리에스 / 이종민	18,000원
130 돈속담사전	宋在璇 편	15,000원
131 동양극장과 연극인들	김영무	15,000원
132 生育神과 性巫術	宋兆麟 / 洪 熹	20,000원
133 미학의 핵심	M. M. 이턴 / 유호전	20,000원
134 전사와 농민	J. 뒤비 / 최생열	18,000원
135 여성의 상태	N. 에니크 / 서민원	22,000원
136 중세의 지식인들	J. 르 고프 / 최애리	18,000원
137 구조주의의 역사(전4권)	F. 도스 / 김웅권 外	I-IV 15-18,000원
138 글쓰기의 문제해결전략	L. 플라워 / 원진숙 · 황정현	20,000원
139 음식속담사전	宋在璇 편	16,000원
140 고전수필개론	權 瑚	16,000원
141 예술의 규칙	P. 부르디외 / 하태환	23,000원
142 《사회를 보호해야 한다》	M. 푸코 / 박정자	20,000원
143 페미니즘사전	L. 터틀 / 호승희 · 유혜련	26,000원
144 여성심벌사전	B. G. 워커 / 정소영	근간
145 모데르니테 모데르니테	H. 메쇼닉 / 김다은	20,000원
146 눈물의 역사	A. 벵상뷔포 / 이자경	18,000원
147 모더니티입문	H. 르페브르 / 이종민	24,000원
148 재생산	P. 부르디외 / 이상호	23,000원
149 종교철학의 핵심	W. J. 웨인라이트 / 김희수	18,000원
150 기호와 몽상	A. 시몽 / 박형섭	22,000원
151 융분석비평사전	A. 새뮤얼 外 / 민혜숙	16,000원
152 운보 김기창 예술론 연구	최병식	14,000원
153 시적 언어의 혁명	J. 크리스테바 / 김인환	20,000원
154 예술의 위기	Y. 미쇼 / 하태환	15,000원
155 프랑스사회사	G. 뒤프 / 박 단	16,000원
156 중국문예심리학사	劉偉林 / 沈揆昊	30,000원
157 무지카 프라티카	M. 캐넌 / 김혜중	25,000원
158 불교산책	鄭泰爀	20,000원
159 인간과 죽음	E. 모랭 / 김명숙	23,000원

160 地中海	F. 브로델 / 李宗旼	근간
161 漢語文字學史	黃德實·陳秉新 / 河永三	24,000원
162 글쓰기와 차이	J. 데리다 / 남수인	28,000원
163 朝鮮神事誌	李能和 / 李在崑	28,000원
164 영국제국주의	S. C. 스미스 / 이태숙·김종원	16,000원
165 영화서술학	A. 고드로·F. 조스트 / 송지연	17,000원
166 美學辭典	사사키 겡이치 / 민주식	22,000원
167 하나이지 않은 성	L. 이리가라이 / 이은민	18,000원
168 中國歷代書論	郭魯鳳 譯註	25,000원
169 요가수트라	鄭泰爀	15,000원
170 비정상인들	M. 푸코 / 박정자	25,000원
171 미친 진실	J. 크리스테바 外 / 서민원	25,000원
172 玉樞經 硏究	具重會	19,000원
173 세계의 비참(전3권)	P. 부르디외 外 / 김주경	각권 26,000원
174 수묵의 사상과 역사	崔炳植	24,000원
175 파스칼적 명상	P. 부르디외 / 김웅권	22,000원
176 지방의 계몽주의	D. 로슈 / 주명철	30,000원
177 이혼의 역사	R. 필립스 / 박범수	25,000원
178 사랑의 단상	R. 바르트 / 김희영	20,000원
179 中國書藝理論體系	熊秉明 / 郭魯鳳	23,000원
180 미술시장과 경영	崔炳植	16,000원
181 카프카	G. 들뢰즈·F. 가타리 / 이진경	18,000원
182 이미지의 힘	A. 쿤 / 이형식	13,000원
183 공간의 시학	G. 바슐라르 / 곽광수	23,000원
184 랑데부	J. 버거 / 임옥희·이은경	18,000원
185 푸코와 문학	S. 듀링 / 오경심·홍유미	26,000원
186 각색, 연극에서 영화로	A. 엘보 / 이선형	16,000원
187 폭력과 여성들	C. 도펭 外 / 이은민	18,000원
188 하드 바디	S. 제퍼드 / 이형식	18,000원
189 영화의 환상성	J. -L. 뢰트라 / 김경온·오일환	18,000원
190 번역과 제국	D. 로빈슨 / 정혜욱	16,000원
191 그라마톨로지에 대하여	J. 데리다 / 김웅권	35,000원
192 보건 유토피아	R. 브로만 外 / 서민원	20,000원
193 현대의 신화	R. 바르트 / 이화여대기호학연구소	20,000원
194 회화백문백답	湯兆基 / 郭魯鳳	20,000원
195 고서화감정개론	徐邦達 / 郭魯鳳	30,000원
196 상상의 박물관	A. 말로 / 김웅권	26,000원
197 부빈의 일요일	J. 뒤비 / 최생열	22,000원
198 아인슈타인의 최대 실수	D. 골드스미스 / 박범수	16,000원
199 유인원, 사이보그, 그리고 여자	D. 해러웨이 / 민경숙	25,000원